普通高等院校文化产业管理专业教材

文化创意与品牌推广

主编 王 鹤

北京理工大学出版社
BEIJING INSTITUTE OF TECHNOLOGY PRESS

内容简介

本书首先介绍了文化产业创意与策划的基础理论，阐述了文化产业创意和策划的内涵与特征，然后对文化产业创意与策划的程序和原则进行了分析。在阐述创意与策划的基本理论后，分别对文化产业不同行业的创意与策划内容进行了讲解。主要内容包括：纸质传媒文化产业创意与策划、网络文化产业创意与策划、出版产业创意与策划、手机媒体产业创意与策划、影视文化产业创意与策划、动漫文化产业创意与策划、娱乐业创意与策划、网络音乐产业创意与策划、广告产业创意与策划、文化旅游产业创意与策划、会展业创意与策划、文化产业创意与策划典型案例解读。每章包含课前引例、课后思考和案例分析，部分章节穿插相关知识链接和典型案例。

本书可供文化产业管理专业及致力于培养文化产业管理或创意专业技能的相关专业师生使用，也适合企业营销、管理人员以及对文化创意产业感兴趣的读者阅读。

版权专有　侵权必究

图书在版编目（CIP）数据

文化创意与品牌推广 / 王鹤主编 . -- 北京：北京理工大学出版社，2022.1（2022.6 重印）
ISBN 978-7-5763-0830-3

Ⅰ.①文… Ⅱ.①王… Ⅲ.①文化产业—品牌营销—研究　Ⅳ.① G114

中国版本图书馆 CIP 数据核字（2022）第 005127 号

出版发行 /	北京理工大学出版社有限责任公司
社　　址 /	北京市海淀区中关村南大街 5 号
邮　　编 /	100081
电　　话 /	（010）68914775（总编室）
	（010）82562903（教材售后服务热线）
	（010）68944723（其他图书服务热线）
网　　址 /	http://www.bitpress.com.cn
经　　销 /	全国各地新华书店
印　　刷 /	涿州市新华印刷有限公司
开　　本 /	787 毫米 × 1092 毫米　1/16
印　　张 /	16.25	责任编辑 / 王玲玲
字　　数 /	299 千字	文案编辑 / 王玲玲
版　　次 /	2022 年 1 月第 1 版　2022 年 6 月第 2 次印刷	责任校对 / 周瑞红
定　　价 /	49.00 元	责任印制 / 施胜娟

图书出现印装质量问题，请拨打售后服务热线，本社负责调换

前 言

近年来，精彩的文创现象和成功案例越来越多地引起广泛关注，我国文化创意产业发展态势迅猛，特别是直播、网综、网剧"三驾马车"并驾齐驱，带来了互联网内容行业的兴盛繁荣，以 IP 为核心，文学影视、游戏动漫和音乐体育等多个文化创意行业找到了创新发展的结合点。在互联网背景下，文化创意产业积极与各行业深度融合，探索并创新形成新的行业形态，有效地促进了我国的消费结构升级，推进了经济结构转型。

本书的编写涵盖了文创的多个领域，用全新的视角诠释文创产品的内容、形式，以期给读者最新和最全面的理论介绍及商业模式的启发。本书的案例选择非常谨慎，要么是具有代表性的经典案例，要么是具有时代性的最新案例。文化产业不是一种单纯的文化现象，也不同于一般的经济产业，它是一个跨学科的新兴领域，涉及文学、艺术学、政治学、经济学、传播学、管理学、法学、国际关系等学科领域，因此，在本书的编写过程中，我们尽量以跨学科的视角，运用不同的研究方法，选择不同的切入角度，来阐述文化产业各个门类的策划与创意内容，以期提供一种极具包容性的参照。

在写作过程中，从多学科背景入手，作者对内容进行了多方位诠释，对某些案例进行了实地考察。本书可供文化产业管理专业及致力于培养文化产业管理相关专业的师生使用，也适合注重培养创意技能的院校使用，同时，还适合企业营销人员、企业管理人员以及对文化创意产业感兴趣的读者阅读。

本书在编写过程中参考和借鉴了国内外专家的研究成果和来自互联网的诸多案例材料，在此一并表示感谢和敬意。由于作者水平有限，书中不足之处敬请大家提出宝贵意见。

目 录

第一章 文化的相关概念

学习目标	001
课前引例	001
1.1 文化的概念	002
1.1.1 文化的分类	003
1.1.2 文化的产生	004
1.2 文化的特质	004
1.2.1 文化特征	004
1.2.2 中国文化的特点	004
1.3 亚文化	008
1.3.1 区域亚文化	008
1.3.2 年龄亚文化	012
课后思考	013
案例分析	013

第二章 文化创意产业的相关概念

学习目标	018
课前引例	018
2.1 文化产业的概念	019
2.1.1 文化产业的概念	019

  2.1.2 文化产业的特征 …………………………………………………… 020
  2.1.3 中国文化产业的发展 ………………………………………………… 023
2.2 **创意产业的概念** ……………………………………………………………… 034
  2.2.1 创意的概念 …………………………………………………………… 034
  2.2.2 创意产业的概念 ……………………………………………………… 041
  2.2.3 创意产业的发展 ……………………………………………………… 043
2.3 **文化创意产业的概念** ………………………………………………………… 046
  2.3.1 文化创意产业的概念 ………………………………………………… 046
  2.3.2 文化创意产业与文化产业、创意产业的联系 ……………………… 047
  2.3.3 文化创意产业与传统文化产业的联系 ……………………………… 048
课后思考 …………………………………………………………………………… 049
案例分析 …………………………………………………………………………… 050

第三章　文化创意产业的特征

学习目标 …………………………………………………………………………… 054
课前引例 …………………………………………………………………………… 054
3.1 **国外文化创意产业发展的概况** ……………………………………………… 056
  3.1.1 美国 …………………………………………………………………… 056
  3.1.2 英国 …………………………………………………………………… 056
  3.1.3 法国 …………………………………………………………………… 058
  3.1.4 日本 …………………………………………………………………… 060
  3.1.5 韩国 …………………………………………………………………… 060
  3.1.6 泰国 …………………………………………………………………… 062
  3.1.7 其他国家 ……………………………………………………………… 064
3.2 **我国文化创意产业发展的现状** ……………………………………………… 068
  3.2.1 我国文化创意产业发达的地区 ……………………………………… 068
  3.2.2 我国文化创意产业的分类 …………………………………………… 073
  3.2.3 发展我国文化创意产业的意义 ……………………………………… 082
3.3 **文化创意产业的特征** ………………………………………………………… 082
  3.3.1 知识型劳动者 ………………………………………………………… 082
  3.3.2 低消耗、高附加值产业 ……………………………………………… 084

3.3.3　文化与技术相互交融 …………………………………… 084
　　　3.3.4　产业组织呈现集群化、网络化 …………………………… 085
课后思考 ………………………………………………………………… 088
案例分析 ………………………………………………………………… 088

第四章　文化创意产业的 IP 管理

学习目标 ………………………………………………………………… 093
课前引例 ………………………………………………………………… 093
4.1　文创 IP 的相关概念 ………………………………………………… 094
　　　4.1.1　文创 IP 的概念 …………………………………………… 094
　　　4.1.2　知识产权的概念 …………………………………………… 097
　　　4.1.3　著作权与版权 ……………………………………………… 101
　　　4.1.4　IP 与版权 ………………………………………………… 113
4.2　文创 IP 的分类和评价模型 ………………………………………… 113
　　　4.2.1　IP 的分类 ………………………………………………… 113
　　　4.2.2　文创 IP 评价模型 ………………………………………… 117
4.3　IP 的发展趋势 ……………………………………………………… 119
　　　4.3.1　IP 对文创项目的作用 …………………………………… 119
　　　4.3.2　IP 的发展趋势 …………………………………………… 120
课后思考 ………………………………………………………………… 121
案例分析 ………………………………………………………………… 122

第五章　文化创意产业的商业模式

学习目标 ………………………………………………………………… 125
课前引例 ………………………………………………………………… 125
5.1　文化创意产业的商业模式 …………………………………………… 127
　　　5.1.1　商业模式的基本知识 ……………………………………… 127
　　　5.1.2　互联网商业模式的分类 …………………………………… 137
　　　5.1.3　文化创意产业的商业模式 ………………………………… 139

5.2 文化创意产业的盈利模式 ········ 142
 5.2.1 内容付费 ········ 142
 5.2.2 电商销售 ········ 142
 5.2.3 "流量主""打赏" ········ 143
 5.2.4 广告 ········ 144
 5.2.5 金融 ········ 144
 5.2.6 其他 ········ 144

5.3 文化创意产业的产业链 ········ 145
 5.3.1 文化创意产业的产业链的概念 ········ 145
 5.3.2 文化创意产业链的环节 ········ 146

课后思考 ········ 150
案例分析 ········ 150

第六章 内容创意与生产

学习目标 ········ 153
课前引例 ········ 153

6.1 文化创意产品 ········ 154
 6.1.1 文化创意产品的概念 ········ 154
 6.1.2 文化创意产品的特点 ········ 155
 6.1.3 文化创意产品的分类 ········ 156
 6.1.4 文化创意产品的开发原理 ········ 158
 6.1.5 文化创意产品的价值实现路径 ········ 161
 6.1.6 文化创意产品的生产方式 ········ 164

6.2 创意生产者 ········ 165
 6.2.1 创意阶层 ········ 166
 6.2.2 创意人才 ········ 166
 6.2.3 文创人才 ········ 167
 6.2.4 文化创意企业形态 ········ 169

6.3 内容生产 ········ 170
 6.3.1 内容生产的类型 ········ 170
 6.3.2 内容创业 ········ 176

课后思考 181
案例分析 181

第七章 产品分发与营销

学习目标 183
课前引例 183
7.1 文创产品分发渠道与推广 184
 7.1.1 我国文创产品分发渠道 184
 7.1.2 分发渠道与推广的类型 186
7.2 文创产品营销策略 187
 7.2.1 参与营销 187
 7.2.2 游戏营销 191
 7.2.3 社会化营销 191
 7.2.4 事件营销 193
 7.2.5 体验营销 195
 7.2.6 娱乐营销 197
 7.2.7 精准营销 198
 7.2.8 口碑营销 203
课后思考 204
案例分析 204

第八章 文化创意与品牌推广

学习目标 207
课前引例 207
8.1 品牌的概念 208
 8.1.1 品牌的基本知识 208
 8.1.2 品牌文化 212
 8.1.3 品牌形象设计 215
 8.1.4 品牌资产 224

8.2 品牌策略 227
8.2.1 单一品牌策略 227
8.2.2 品牌延伸策略 228
8.2.3 多品牌策略 229
8.2.4 品牌特许经营策略 231

8.3 品牌定位 233
8.3.1 品牌定位的概念 233
8.3.2 品牌定位策略 234

8.4 品牌传播 236
8.4.1 品牌广告 236
8.4.2 公关 238
8.4.3 品牌终端形象 240
8.4.4 品牌合作 242

课后思考 245
案例分析 245

第一章

文化的相关概念

学习目标

1. 了解什么是文化以及文化是怎么产生的。
2. 了解文化的特质是什么。
3. 了解什么是亚文化。

课前引例

年收入超15亿，故宫是如何靠文创赚钱的？

2017年，故宫文创的年收入就达15亿元，这个数字超过了1 500家A股上市公司。故宫里做生意的历史也不过10多年，在2007年之前，主要收入来源还是门票收入，2012年的文创的收入也只有1.5亿元左右。其文创营收是如何在5年内实现10倍增长的呢？

故宫的文创之路，始于2008年，成立了"故宫文化创意中心"，同年12月，故宫淘宝上线，成为国内第一家开淘宝店的博物院。但由于当时的文创产品缺乏实用性和趣味性，故宫的文创生意一直不温不火。

2014年8月，故宫淘宝微信公众号发布了一篇名为《雍正：感觉自己萌萌哒》的文章。该文一改帝王正襟危坐的形象，以动态图的形式辅以生动的故事文案，在一周内阅读量就超过80万。

从严肃到卖萌，故宫开始慢慢找到了自己的IP打造之道，那就是借助互联网渠道，创造观众喜闻乐见的内容。故宫博物院微博开始不间断地上传好看的照片，其中2016年紫禁城初雪主题在网络上获得1 425万的点击量。

推出故宫出品系列APP，到目前为止，包括《韩熙载夜宴图》《每日故宫》等十多部作品上线。2015年12月，位于端门的数字馆开始试运行，在这里参观者可以通过 VR 技术沉浸式感受故宫文化，比如走进养心殿、穿龙袍、批阅奏折、与大臣对话等。2016 年，纪录片《我在故宫修文物》在央视播出，这部充满匠人情怀的慢节奏片子，深受年轻人的喜爱，豆瓣网友给这部片子打出了 9.4 的高分。

这部片子不仅让钟表修复师王津成为网红，还让大众对故宫产生了更多的向往之情。此后，故宫又推出了纪录片《故宫新事》和由明星参与的综艺节目《上新了故宫》，还有与腾讯视频联合推出的《故宫贺岁》纪录片。2003 年，故宫数字研究所成立，2012 年故宫开始推出数字展览。

以上种种，都让原本承载中国历史文化的故宫，与现代生活相联系，提高了故宫 IP 的认知度。2013 年，一款"朕知道了"的纸胶带火遍海峡两岸，引起了院长单霁翔的注意，他和副院长王亚民分别带队前往该胶带的出处——台北故宫博物院学习文创经验。回来后举行了"把故宫文化带回家"的文创设计大赛，第一次面向公众征集文化创意，入选的创意后来大多被转化成了商品。

玩跨界的故宫还先后与时尚芭莎、稻香村、kindle 等品牌合作推出联名款产品。2018 年，故宫文创旗舰店和故宫淘宝推出故宫口红。故宫淘宝彩妆上线 10 小时的整体销量则超过了 5 万件，并喜提 500 万元销售额。

故宫博物院成立了公共文化服务中心、经营管理处、故宫出版社和故宫文化传播公司等部门。专门从事文创工作的员工达到了 150 多人，分布在文化创意产品策划、设计、生产、销售各个环节。

（参考资料来源：微信公众号"冯仑风马牛"2020-01-16，有删节）

1.1　文化的概念

文化这个词来源于古拉丁文，原意是指"耕作""教习"和"开化"。在中国，最早把"文"和"化"两个字联系起来的是《易经》，其提出了"观乎天文，以察时变；观乎人文，以化成天下"的主张，意思是用儒家的诗书礼乐来教化天下，使社会变得文明而有秩序。

在汉语里，"文化"就是"以文教化"，它表示对人的性情的陶冶和品德的教养，本属精神领域的范畴。《辞海》对"文化"下的定义是：文化"从广义的角度来说，指人类社会历史实践过程中所创造的物质财富和精神财富的总和"。

中国学者余秋雨认为，文化是一种精神价值以及与此相呼应的生活方式，它的最终成果是集体人格。陈华文在《文化学概论》一书中，给"文化"做出的定义是："文化是人类在存在过程中，为了维护人类有序生存和持续的发展所创造出来的，关于人与自然、人与社会、人与人之间各种关系的有形、无形的成果。"

18世纪末以前，西方学者关于文化的阐述，主要是指自然成长的倾向以及据此类比人的培养过程。到了19世纪，文化用来指"心灵的某种状态或习惯，与人类完善的思想具有密切的关系"。19世纪末，文化指"一种物质上、知识上和精神上的整体生活方式"。

1952年，美国文化学家克罗伯和克拉克洪在《文化·概念和定义的批评考察》一书中，对西方自1871年到1951年关于文化的160多种定义做了梳理和评析，并在此基础上给文化下了一个综合的定义：文化，由外显的和内隐的行为模式构成，这种行为模式通过象征符号而传递。

文化，代表人类群体的成就，包括在人造器物上的体现；文化的核心部分是传统观念，尤其是价值观；文化体系一方面可以看作活动的产物，另一方面则是进一步活动的决定因素。这一定义受到普遍认同，有着广泛的影响。

文化是人类在不断认识自我、改造自我的过程中，所创造的，并获得人们共同认可和使用的符号（以文字为主、以图像为辅），与声音（语言为主，音韵、音符为辅）的体系的总和。

英国文化人类学家爱德华·泰勒认为："文化是一个复杂的总体，包括知识、信仰、艺术、道德、法律风俗，以及人类在社会里所获得的一切能力与习惯。"美国管理学家斯蒂芬·P.罗宾斯认为："文化是一种知觉，这种知觉存在于组织中，而不是个人中。"

汉科特·汉默里（Hammerly）把文化分为信息文化、行为文化和成就文化。信息文化是指受教育所掌握的关于社会、地理、历史等知识。行为文化是指人的生活方式、实际行为、态度和价值等。成就文化是指艺术和文学成就，这是传统的文化概念所指的内容。

综上，我们认为，文化是人类在社会实践过程中产生的物质财富和精神财富的总和。现在，"文化"已成为一个内涵丰富、外延宽广的概念，成为众多学科探究的对象。

1.1.1　文化的分类

文化分为广义、狭义两种。广义的文化是指人类在社会历史发展的实践过程中所创造的物质财富和精神财富的总和。它包括物质文化、心理文化和制度文化。物质文化是指人类创造的物质文明，包括交通工具、服饰、日常用品等，是可见的显性文化；心理文化和制度文化包括生活制度、家庭制度、社会制度、思维方式、审美情趣等，属于不可见的隐性文化，包括文学、哲学和政治等方面。

狭义的文化是指人类精神活动所创造的成果，如哲学、科学、艺术、道德等。具体的人类文化内容指历史、地理、风土人情、传统习俗、工具、附属物、生活方式、文学艺术、规范、律法、制度、思维方式、价值观念、审美情趣等。文化既包括世界观、人生观、价值观等，又包括自然科学和技术、语言和文字等。

文化的内涵包括了影响个体行为与思想过程的每一件事物，也为大多数人提供行为和思想的边界；文化对人的影响无处不在，无时不有。

1.1.2 文化的产生

文化是伴随智慧群体的出现而产生的，是伴随人群的发展而传承和发展的内在精神和社会现象。"文"是"记录、表达和评述"，"化"是"分析、理解和包容"，文化产生于生产生活，是地区人类的生活要素形态的统称，是人类相互之间进行交流的普遍认可的一种能够传承的意识形态。

文化是相对于政治、经济而言的人类全部精神活动及其活动产品。世界文化是多元的、地域性的，不同文化之间的交流，促进了人类的文化繁荣。

1.2 文化的特质

1.2.1 文化特征

1. 文化是人类社会共同生活过程中创造出来的

自然存在物及其运动，如山川河流、日月星辰不是文化，但人类据此而创造出来的历法、文学、艺术以及其他物品却是文化。人能够进行点头和摇头，这种生理机能本身不是文化，但赋予点头和摇头以特定的含义，使其成为一种沟通符号，这时，点头和摇头就成为文化。

2. 文化是一个群体或社会全体成员共同享有的

个别人的特殊习惯和行为模式，不被社会承认的，不能成为这个社会的文化。一个社会的人在共同生活中创造出来并共同遵守和使用的，才成为这个社会的文化，如语言、规范、制度、风俗习惯和社会价值观念等。

3. 文化具有多样性与共同性

文化是具体的，因此无论是从纵向的历史角度看，还是从横向的空间角度看，世界各个时期、各个地域的文化都是有差异性的。

1.2.2 中国文化的特点

人们在社会发展过程中形成并经世代流传下来的风俗习惯、价值观念、行为规范、态度体系和生活方式等，必然对社会的每个成员产生直接或间接的影响，从而使社会成员在价值观和生活方式上具有该特定文化背景下的特征。

每个国家、地区都有自己独特的区别于其他国家、地区的社会文化，都会有自己独特的风俗习惯、生活方式、伦理道德和价值标准等，这些不同导致了不同社会文化之间的差异。

1. 中华传统文化的主要特点

与其他国家和民族相比，中华传统文化具有如下主要特点：源远流长、博大精深和注重交流等。

（1）源远流长

中国是世界四大文明古国之一，也是人类发祥地之一。5 000年来，中国文化虽历尽沧桑，却始终绵延不绝、生生不息，得到了完整而有序的保存和发展，具有顽强的再生力和强烈的时代性。

中国文化还呈现出一种继承与变易的对立统一的状态，旧的形式不断地被新的形式取代，但在新的形式中又凝聚着永久性的精神。

（2）博大精深

中国地大物博，自周秦以来，除少数时间以外，绝大多数时间处于"大一统"状态，长期保持着一种统一的国家政治结构。

同时，中国各地区文化发展的不平衡，又造成了一种多元倾向，从而给这种具有整体性特征的文化增添了无比活跃的因子，使之丰富而多彩。

（3）注重交流

中华传统文化主要是一种积淀型文化，长期以来，形成了一种具有相当稳定性的精神。然而，中华传统文化并不是封闭的，而是具有一定的开放性。

数千年来，祖先也在许多方面勇敢地接受、吸收和改造外来文化因素，同时，又不断地向外输出自身文化，形成中外文化多方位、多层次的交流，从而既丰富了中华传统文化，又对世界文化的发展产生了积极的影响。[1]

2. 中华传统文化的分类

（1）地域方面

中华传统文化做区域性研究并非易事，学术界有不同区分标准。可分为长白文化、齐鲁文化、关中文化、中州文化、三晋文化、西北文化、吴越文化、荆楚文化、巴蜀文化、滇黔文化、闽台文化、岭南文化等。

长白文化，又称为关东文化、关外文化、东北文化、辽海文化或边外文化等。其

---

[1] 石麟. 中国传统文化概说[M]. 武汉：湖北教育出版社，2000：3.

地域大致指的是今辽宁、吉林黑龙江三省及内蒙古东部，以及今华北一带和更广阔的周边地区。绵延 8 000 多平方千米的长白山，是长白文化的摇篮，自然环境优美，有高山、森林、河流、湖泊、草原，有"白山黑水"之地的称号。长白地区自古尚武、质朴、热情、豪爽和彪悍。

齐鲁文化，广义上指今山东省区为主，以泰山为中心向周边地区辐射的文化系统，是儒学的发源地，饮食文化源远流长。

关中文化，又称三秦文化，指今陕西省为主，向周边地区辐射的古代文化。秦岭、乔山横贯东西，这里土壤肥沃、气候温和，适宜农业，是中国古代文明最早的发祥地之一。关中文化重实用和纳异进取。

中州文化，今河南省一带，以洛阳为中心，是中国文字典籍出现最早的地区。中州文化有极强的内聚力和容纳性，体现了中华传统文化的主体特征，代表着一种华夏主体文化。中州民风敦厚朴实，强调人伦。

三晋文化，指山西省为中心，向周边地区扩散的传统文化。三晋地区也是中华民族的发祥地之一。三晋土著汉人强悍，戏曲繁荣。

西北文化，指今西藏、青海、新疆、甘肃、宁夏及内蒙古部分地区。这里从服饰到习俗都绚丽多姿。

吴越文化，狭义的吴越文化指古代吴国和越国，广义指今江苏、浙江为核心，包括江西、安徽部分地区的一种区域文化。境内江河湖泊，纵横交错。吴越文化与"水"有不解之缘，这里的人心灵手巧，创造了奇妙秀美的文化艺术。

荆楚文化，又称荆沙文化、两湖文化、湖湘文化、楚文化。狭义指的是先秦时的楚国，广义指今湖北、湖南以及河南、江西的部分地区的传统文化。荆楚文化是长江流域传统文化的主体和代表，与黄河流域的中原文化南北辉映，共同成为华夏文明的摇篮。荆楚文化有强烈的进取意识和爱国精神以及神奇浪漫、自由开放的独立品格。庄子和屈原代表的大概就是一种楚人风致吧。

巴蜀文化，指今四川省和重庆为中心加周边地区的文化。这里有独具特色的川酒、川菜和川戏。

滇黔文化，又称云贵文化，指云贵高原一带的传统文化，有着丰富的地方情调。

闽台文化，指台湾和福建省的传统文化，这里从唐朝就开始了国际性交流，这里华侨也多。

岭南文化，指五岭以南，今广东、广西、海南三省及港澳地区的传统文化。

（2）实用方面

古人常以精通琴棋书画作为一个有高雅文化素养的标志，这四种文化载体是有文化层次的人的智慧与情操的双重寄托。

琴，不是指某种乐器，而是代指中国传统音乐和乐器；棋，是中国传统棋牌类游戏的泛称，主要指围棋和中国象棋；书和画，指的是中国古代书法和绘画。

从最早的乐器——河南舞阳县出土的骨笛算起，中国传统音乐至少有7 000多年的历史。古代有竹管或金属管制成定音仪器，可有12个高度不同的标准音，叫"十二律"。

用"三分损益法"确定十二律，会在变调、演奏和声上存在缺陷，2 000年的时间里，不少音乐家都力图解决这个问题，直到明代音乐家朱载堉创造了"新法密率"才圆满地解决了这个问题，成为人类文化史上最早的"十二平均律"理论。

对于乐器的分类，有各种不同的标准。我国古代主要是根据乐器制作材料，可分成八类：金、石、土、革、丝、木、匏和竹。近代、现代根据乐器的演奏方法，分为吹奏乐器、拉奏乐器、弹奏乐器、打击乐器这四大类。20世纪80年代以来，根据乐器的发音方式及声学原理来分类，将中国传统乐器分为"体鸣""膜鸣""气鸣"和"弦鸣"这四大类。

古时候，围棋称为"弈"，围棋棋盘称"局"，最早产生于殷商。中国象棋产生于周代前后。

中国书法，是汉字书写的一种艺术形式。魏晋南北朝时期，书法转入文人之手，成为一种独立的艺术，出现了一批书法艺术大师。

中国古代绘画，在新石器时代就萌芽了，西周末年，绘画开始具有独立的文化功能。现代将中国古代绘画分为人物画、山水画和花鸟画三大门类。宋代兴起了梅兰竹菊四君子画，元代之后的题材，以岁寒三友松竹梅和四君子画为集中。

农桑文化，是我们这个文明古国的发展基石。"男耕女织""五谷杂粮"都是祖先常提起的词汇。蚕桑业与五谷的种植基本同步。2 000多年前，汉代就开启了丝绸之路。

中国古代科技成就体现在农学、天文历算、医学和地理学等多方面，领先世界的技术有陶瓷、建筑和纺织。

（3）习俗方面

人类饮食文化是物质文化和精神文化的结合。中国特色的饮食文化，主要有美食的"食文化"、饮酒的"酒文化"和品茗的"茶文化"。

茶叶和茶文化的故乡都是中国。茶文化在西周萌芽，明清两代时候极品佳茶已经不胜枚举，饮茶方式与今完全相同。

服饰文化在周代初步定型，有纺织技术和完整的礼仪；传统服饰在汉代定型，具有式样、色彩和图案三大要素。

建筑技术的发展，从夏商周青铜器的出现开始得到了促进。我国传统居住建筑为正统样式中的宫室式住宅，这是一种在合院原则下丰富多彩的具体布置方式。

传统文化中,节令文化起源是农事节日,后来产生了纪念节日、庆贺节日、社交游乐节日等,但都以农历为序。二十四节气主要反映的是与农业生产相关的气候变化。

(4)载体

文学是传统文化的一个特殊的载体。中国文学大致可分为诗歌、散文、戏曲、小说四大类和其他文学样式。从上古神话到晚清小说,中国古典文学的生命历程长达数千年。

中国古代文学可以分为先秦文学、两汉魏晋南北朝文学、隋唐五代文学、辽宋金元文学和明清文学。

1.3 亚文化

亚文化,又称次文化,是主文化的一部分,亚文化的成员具有某些共同的价值观和行为模式。每一种文化都包含了众多更小的亚文化(subculture)。

亚文化群是因为相同的生活经历和背景而有着共同价值体系的人群。

作为主文化群的一部分,每个亚文化群的成员在行为、信念上都会有主文化的烙印。同时,又因为类似的成长环境和路径,具有共同的独特价值和行为模式。

根据地理区域、年龄等进行划分,一个人可以同时属于多个亚文化。每一种亚文化影响人们生活方式和行为的不同方面,影响程度也不尽相同。

通常,亚文化成员在多大程度上拥有某一亚文化的独特行为,取决于他认同该亚文化的程度。例如,一个人对新产品的接受程度受到年龄亚文化的强烈影响,对服饰的偏好则受到时代亚文化的影响,对食品的偏好会受到区域亚文化的影响等。

亚文化也是动态的,其特征和影响都在不断变化,如目前中国年龄亚文化群中,老年人的数量在增加。

亚文化可以划分为年龄的亚文化、生态学的亚文化等。如年龄亚文化可分为青年文化、老年文化;生态学的亚文化可分为城市文化、郊区文化和乡村文化等。

由于亚文化是直接作用或影响人们生存的社会心理环境,其影响力往往比主文化更大,它能赋予人一种可以辨别的身份和属于某一群体或集体的特殊精神风貌和气质。

1.3.1 区域亚文化

1. 区域亚文化的概念

区域亚文化(regional subculture)是由于不同地区具有不同的气候条件和资源、移民特点以及经历过不同的重大社会历史事件而形成的,由于自然环境的差异,加上具有不同特征的移民群体相伴而居，由此导致独特的区域亚文化的形成。

如美国可以分为人数最多的四大区域，例如东北部、中西部、南部和西部，这些地区的消费具有明显差异，如进口啤酒和媒体的选择习惯不同；美国许多国家级的杂志也分地域发布不同版本。

2. 中国八大菜系

中国的饮食文化，源远流长，八大菜系，誉满全球。中国各地的菜肴由于受到当地环境、气候、物产、风俗及饮食习惯的影响，形成了各种具有地方风味特色的流派。在中国，受到广泛承认的"八大菜系"是粤菜、川菜、鲁菜、淮扬菜、浙菜、闽菜、湘菜和徽菜。

（1）鲁菜

鲁菜，起源于山东的齐鲁风味，源远流长、底蕴深厚，对北京、天津、华北、东北地区影响很大。2 500年前，源于山东的儒家学派奠定了中国饮食注重精细、中和、健康的取向。

1600年的《齐民要术》总结的黄河中下游地区的"蒸、煮、烤、酿、煎、炒、熬、烹、炸、腊、盐、豉、醋、酱、酒、蜜、椒"奠定了中式烹调技法的框架；明清时期，大量山东厨师和菜品进入宫廷，使鲁菜雍容华贵、中正大气、平和养生的风格特点得到进一步升华。

鲁菜的原料讲究质地优良，以盐提鲜，以汤壮鲜，调味讲求咸鲜纯正，突出本味。突出的烹调方法为爆、扒和拔丝。爆的技法充分体现了鲁菜在用火上的功夫。人称"食在中国，火在山东"。

受孔子思想的影响，讲究礼仪和排场。正规筵席有"十全十美席"，"大件席""鱼翅席""翅鲍席""海参席""燕翅席""四四席"等，都能体现出鲁菜典雅大气的一面。

鲁菜系逐渐形成了包括德州、泰安在内的济南派和包括青岛在内，以福山帮为代表的胶东派这两个流派。济南风味是鲁菜的主体，讲究实惠，风格浓重、浑厚、清香、鲜嫩；胶东菜讲究用料，刀工精细，长于海鲜制作。

鲁菜既有堪称"阳春白雪"的孔府菜，也有星罗棋布的各种地方菜和风味小吃。孔府菜用料广泛，高至山珍海味，低至各种瓜果和山林野菜等，讲究盛器，烹调技法全面。传统的孔府菜世代相承，由此成为中国饮食界中经历年代最久、文化品位最高的食馔体系。

（2）粤菜

粤菜，即广东菜。广东的"饮食文化景观"可划分为"粤中广府饮食文化区""粤东-粤西福佬饮食文化区"和"粤东北-粤北客家饮食文化区"三个大区。通俗来说，也就大体相当于我们平时所说的广州菜、潮州菜和客家菜。

广东地处亚热带，濒临南海，雨量充沛，四季常青，物产富饶，选材上得天独厚。早在西汉《淮南子·精神篇》中就载有粤菜选料的精细，可以想见千余年前的广东人已经对不同的烹调方法游刃有余。

粤菜选料广博奇杂，举凡各地菜系所用的，广州无不用之；而各地所不用的蛇、鼠、猫、狗、山间野味，粤菜则视为上肴。广州菜清而不淡、鲜而不俗，还兼容了西菜做法。

潮州菜以烹制海鲜和甜食见长，其中汤菜最具特色。

客家菜，又称东江菜，以炒、炸、焗、焖见长。粤菜讲究清而不淡，油而不腻，有"五滋"（香、松、软、肥、浓）、"六味"（酸、甜、苦、辣、咸、鲜）之别。

粤菜有"三绝"：炆狗、焗雀和烩蛇羹，要伴以"广东三件宝"——陈皮、老姜、禾秆草制作，加上料酒、老抽、柱侯酱、片糖等炆制，食时还配上生菜、塘蒿、生蒜，佐以柠檬叶丝或紫苏叶之类，使之清香四溢，以致令食客闻味而至。

香港、澳门乃至世界各地的中餐厅，大多是以粤菜为主，具有代表性的经典菜式有烤乳猪、白切鸡、脆皮烧鹅、红烧乳鸽、太爷鸡、东江酿豆腐、八宝冬瓜盅、盐焗鸡等，久负盛名。

（3）川菜

川菜，起源于古代蜀国，汉晋时期古典川菜成型，在两宋时期作为一个独立的菜系形成，明清时期，进一步发展，直至民国时期，近代川菜最终形成。

现代川菜主要分为三派，即上河帮川菜，川西地区以成都官府菜、乐山嘉州菜为代表；小河帮川菜，川南古泸水流域以自贡盐帮菜、内江糖帮菜、泸州河鲜菜、宜宾三江菜为特色；下河帮川菜，川东地区以重庆江湖菜为代表。

上河帮川菜严格以传统经典菜谱为准，其味温和，绵香悠长，同时集中了川菜中的宫廷菜、公馆菜之类的高档菜。常常用于比喻厨师厨艺最高等级的"开水白菜"便是上河帮川菜登峰造极的菜式。

小河帮川菜比较大气、高端。其中，自贡盐帮菜又分为盐商菜、盐工菜、会馆菜三大支系，以麻辣味、辛辣味、甜酸味为三大类别。盐帮菜以味厚、味重、味丰为其鲜明的特色，善用椒姜自成一格，像如今川菜馆中颇受欢迎的水煮牛肉、冷吃兔、跳水鱼等就是盐帮菜的代表性菜品。

下河帮由于长江边码头文化，生发出不拘一格的传扬风格，有酸菜鱼、泡椒牛蛙、泉水鸡、啤酒鱼等。

（4）淮扬菜

苏菜中，淮扬菜是重要组成部分，从满汉全席中淮扬菜的风光到开国第一宴中的主打，从红楼梦中的金陵风味到中国的四大名菜。

淮扬菜的特点是制作精细、风格雅丽；追求本味，原料以鲜活为主，烹法上擅长炖焖，讲究因才制宜，如仔鸡宜爆炒、老鸡宜炖汤、大蟹宜蒸、小蟹宜炒等，不一而足。

淮扬菜讲究"赶季"，"醉蟹不看灯、风鸡不过灯、刀鱼不过清明、鲟鱼不过端午"。意思是做醉蟹、风鸡的原料都以正月十五前的为佳，刀鱼过了清明节就不再美味，鲟鱼则最好在端午节以前品尝。

淮扬菜是"扬州三把刀"的"第一刀"，一向以"刀工精细、刀法巧妙"著称。据统计，中国现有的200多种刀工刀法，淮扬菜都在运用。最著名的刀工菜莫过于文思豆腐，要求将一块细软的豆腐切得细如发丝、绵而不断。

此外，还有三套鸭、脱骨鸭掌之类的菜式，虽从表面上看不出刀工，但实际上运用到精湛的脱骨刀法，保证将骨头取出后仍能保持外形的完整美观。淮扬菜通过火工的调节体现菜肴的鲜、香、酥、脆、嫩、糯、细、烂等不同特色。淮扬名菜有蟹粉狮子头、清炖圆鱼、沙锅野鸭、大煮干丝等。

（5）浙菜

浙菜，是指浙江菜，丰富的烹饪资源、众多的名优特产，与卓越的烹饪技艺相结合，使浙江菜出类拔萃地独成体系。浙江菜主要由杭州、宁波、绍兴、温州四支地方风味菜组成，携手联袂，并驾齐驱。

浙菜的特点是：无不以时令为上，用料讲究部位，遵循"四时之序"的选料原则。多以四季鲜笋、火腿、冬菇、蘑菇和绿叶时菜等清香之物相辅佐，同时巧妙地运用葱、姜、蒜、绍酒、醋等调味品，达到去腥、膻、增香的功效，驱逐原料的不良之味。

浙菜以烹调技法丰富多彩闻名于国内外，其中以炒、炸、烩、熘、蒸、烧六类为擅长。传统名菜有"薄片火腿"。南宋传统名菜"蟹酿橙"，色彩艳丽，构思巧妙。

（6）闽菜

闽菜，发源于福州，以福州菜为基础，后又融合闽东、闽南、闽西、闽北、莆仙五地风味菜形成的菜系。

闽菜以烹制山珍海味而著称，汤路广泛，善用糖，巧用醋，注重刀功。"雀巢香螺片"就是典型的一菜，它通过刀功处理和恰当的火候，使菜肴犹如盛开的牡丹花，让人赏心悦目又脆嫩可口。

"鸡汤氽海蚌"的"鸡汤"不是单纯的"鸡"汤，而是经过精心制作的"三茸汤"，取料于母鸡、猪里脊、牛肉提炼而成，氽入闽产的海蚌后，让人回味无穷。

（7）湘菜

湘菜，即湖南菜，早在汉朝就已经形成菜系。湘菜制作精细，用料广泛，口味多变，品种繁多；色泽上，油重色浓，讲求实惠；品味上，注重酸辣、香鲜；制法上，以煨、炖、腊、蒸、炒诸法见称。

湘菜由三种地方风味组成：湘江流域菜，讲究菜肴内涵的精当和外形的美观，色、香、味、器、质和谐的统一,因而成为湘菜的主流;洞庭湖区菜,擅长制作河鲜水禽;湘西地区菜,以烹制山珍野味见长。

(8)徽菜

徽菜,起源于南宋时期的徽州府,明清时期一度居于八大菜系之首。在绩溪,民间宴席中,县城有六大盘、十碗细点四,岭北有吃四盘、一品锅,岭南有九碗六、十碗八等。

爆、炒、熘、炸、烩、煮、烤、焐等技法各有千秋外,尤以烧、炖及熏、蒸菜品而闻名。徽菜继承了祖国医食同源的传统,讲究食补,这是徽菜的一大特色。

臭鳜鱼是徽州地区最为经典的传统名菜之一,有层次和节奏,初闻略臭,一试则香,再试醇厚,三试鲜嫩,四试细密,犹如看见隐于水墨山色之间的桃花流水,由远而近,身临其境,味觉已如痴如醉。

臭鳜鱼与徽州毛豆腐、刀板香一并誉为徽州三大经典名菜。有人曾经尝试将毛豆腐的工艺带到外地制作,但失败了,出品此菜的优劣实际上与徽州本地的气候及水质有关系。徽州毛豆腐号称是中国版的奶酪,绵绵不绝,令人回味。

1.3.2 年龄亚文化

年龄是影响行为的主要因素之一,不同年龄阶段的群体,由于生理条件、心理状况和社会差异的存在,往往形成特有的习惯和行为。而同一年龄段的群体成员在相互接触和沟通的过程中,通过心理和行为的相互影响与学习,容易形成相同或者相似的观念、态度与行为。

1. 少儿群体

少儿群体,是0~14岁的群体,在人口总数中占有较大的比例。根据2015年全国1%人口抽样调查主要数据公报显示,2015年中国14岁以下儿童达22 696万人,占总人口的16.52%。因此,对这一群体行为的研究具有重要意义。

2. 青春期群体

青春期群体,正处于生长发育的高峰,心理和生理都在发生显著的变化,依赖与独立、幼稚与成熟、主动与被动的思维和行动方式并存。

他们在经济上和生活上无法摆脱对父母的依赖,同时又希望有自己独立的生存空间,这一时期的群体的心理与行为特征主要表现在三个方面:社会角色由儿童向青年转化,成人心理逐渐加强;行为方式由无意识向有意识转化,倾向趋于稳定;受影响的范围扩大,受影响的重心由家庭向社会转化。

3. 青年群体

青年群体,是处于少年向中年过渡这一时期的人,目前对于青年的概念,不同的国家和国际组织有不同的标准和分类。根据消费者购买心理和行为的相似性，这里将15~34岁的青年消费者作为研究对象。

青年人的体力、智力已经发育完全，他们的心理趋于理性，需求复杂多样，在物质消费得到满足的基础上，更加注重精神消费。

青年人思维活跃、充满激情，正处于不稳定的少年期向稳定的中年期过渡的阶段，随着他们生活经验和社会阅历的丰富，心理和行为趋于成熟与稳定，但富于挑战的冒险精神，使得他们有别于其他群体的自我特征。

4. 中年群体

中年群体，按照我国的传统习惯，一般将年龄在35~60岁的人称为中年人。中年人作为社会的中坚力量，思想逐步成熟，生活经验丰富，社会阅历广泛。中年人无论是在家庭还是在社会中，都具有举足轻重的作用，是最主要的经济来源。

但同时，他们的社会负担和家庭负担也相对较重，在商品的最终选择上往往承担着决策者的任务，他们有几个特点：注重计划，不易冲动；注重便利，讲究效率；注重实用性。

5. 老年群体

老年群体，由年龄在60岁以上的人口构成。联合国认为，如果一个国家60岁以上的老年人口达到总人口数的1%或者65岁以上老年人口占人口总数的7%以上，那么这个国家就已经属于人口老龄化国家。

2020年前后，我国在中华人民共和国成立初期（生育高峰期）出生的人将逐渐步入老年，老龄化更突出。到2025年，预计中国老年人口总数将近3亿，到2050年，我国将有4亿老年人，也即每三个人中就有一个是老年人。

按照现在我国老龄化发展趋势，人口老龄化比例从20%提到30%只需20多年的时间，发展非常迅速，显示出"银色市场"的巨大潜力。

课后思考

用马斯洛需求理论思考文化产生的原因及价值。

案例分析

消费者年轻了，创意也需要年轻

当前中国"80后""90后"群体大概有4亿人，在这其中，我们需要重点关注1986—1995年之间出生的2.27亿年轻人，每年正在以2 000多万的速度更新上一代消费者。他们是现在新经济时代的消费主力，正在逐渐形成自己独特的消费价值观，他们将主导未来10年的消费格局。

这一代年轻消费群都成长于互联网时代，是社交媒体最重要的用户，受数字经济和社交媒体的影响，消费特点与前几代人大相径庭，由此已经引发了一场营销行业的广告公司革命，鞭策着品牌不断地去适应年轻人的消费升级。

2013年，天与空提出了"4A升级版"，而此催生了一大批独立创意热店，成为当今业界的主力内容贡献者，这是年轻消费群体为行业带来的变化。

今天，我从跨媒体传播的路径出发，对应正在不断变化和升级中的营销机会点，找出一些有迹可循的4个年轻人消费观（颜值优先、价值自信、注重体验、理性消费），它们将引导我们为适应"80后""90后"消费观做出全新的营销选择。

爱美之心人皆有之，在年轻人的消费观念中，"颜值"这一要素变得越发重要，年轻人更愿意为形象漂亮、设计精巧、个性突出的事物买单，做出能满足年轻人颜值需求、符合年轻人口味的产品成了营销的第一步。

针对年轻消费群体，产品如果颜值低，广告营销活动便可能事倍功半，产品包装设计无趣，也一定程度上会打击消费者的购买欲望，即使广告做得再好，也很难让受众产生分享的欲望，这样的品牌是不符合时代发展的。

中国的部分产品的设计方向与创意理念依然被20世纪六七十年代的思路所束缚，尽管产品本身质量过硬、品牌经久不衰，但在某种程度上缺乏对当代主力消费人群的沟通与理解；尽管凭借多年的良好口碑在市场上成功占有一席之地，但很难成为真正为年轻人所喜好的爆款。而在这样的现状之下，因为有着太多这样品牌，也为中国升级市场创造了很大的商机。

近几年来，很多品牌都在聚焦品牌年轻化战略，也产生了许多品牌焕新、产品大卖的案例，仔细分析来看，都是基于消费者洞察对产品设计与外观进行升级换代的变革。

在这方面，我们也做了很多的尝试与突破，比如青岛啤酒，针对年轻人的喜好开发出"夜猫子啤酒"这一产品，并对产品进行包装设计提升，用颜值俘获消费者的第一印象，同时，以颜值引出产品背后的故事，讲述"好事不怕晚"的产品理念，在此基础上增加"深夜市场限量版"，并以青岛啤酒1903为背书，多维提升消费者购买冲动，激发年轻群体购买力，形成青岛啤酒很重要的品牌形象，取悦了青岛啤酒传统绿色包装所难以替代的年轻群体，实现了销售数据的提升。

"80后""90后"基本上都是独生子女，受益于改革开放，在西方流行文化的耳濡目染中长大，有着更加多元的世界观和价值观，非常的自信。在消费行为方面，从"被动消费"转向"主动消费",更倾向于将消费功能转换成消费价值,他们对品牌的情感性和社会性价值主张的要求,早已超过了品牌的物质性价值及功能使用价值。

品牌因时代而生,伟大的品牌要敢于回答时代问题,输出一个态度鲜明的价值观,回应消费者的情感需求。不管是文案、海报、短视频还是艺术展,都要与社会议题相关,与"80后""90后"进行更高层次的情感交流和价值体验。

一个有价值观故事的品牌,可能会有争议,但争议也意味着共鸣,才会给年轻人留下深刻的印象。这对创意人与品牌管理者来说,既是机遇,也是挑战,丰富多元的价值观导入与不断迭代的媒体革命相得益彰,为品牌故事的创造提供了前所未有的广阔舞台,社会创意的理念逐渐为从业者所认同。品牌必须用价值观与消费者建立更加深度、超越物质的情感关系,这样,品牌才能更加长远。

这里以淘宝十二周年打造的社会创意为例,曾经的淘宝一度产生过一些负面新闻,为淘宝带来了产品山寨、假冒伪劣、不尊重知识产权的消极印象,为此,我们为淘宝打造了"一万种,可劲造"地铁装置艺术展,邀请了许多艺术家和设计师,向年轻一代展现淘宝店家的原创力量,激励年轻品牌造起来,完成了一次淘宝网年轻化的改革,一举建立了年轻群体心目中充满创造力的品牌形象,输出了中国原创的价值观。

作为伴随互联网时代成长的一代人,年轻群体更加注重互动性与体验感,愿意为获得商品之外的品质消费和服务体验而买单,把消费体验当作人生重要时刻的纪念方式。

正如互联网的社交属性与互动属性,新一代消费者认为,品牌活动不只是营销人员的专利,每位受众都会参与品牌的建设与改造,所以品牌是否能与年轻人建立紧密而正向的互动关系成为品牌忠诚度的衡量标准。

要带给年轻人非凡的体验,年轻人才会记住你的品牌。当品牌活动结束后,如果能在消费者心中留下很深的体验价值,那么这样的品牌烙印会深刻地打在消费者心中。

消费者的参与感与付出度越高,他对品牌的情感与共鸣就越深。注重品牌价值中的体验,让广告变成永远的记忆,成为营销活动的顶级目标。

2018年,为了帮助谷歌推广AI技术,我们帮他们在中国开了首个"猜画小歌"快闪店,年轻人只要在20秒内速写指定素材,谷歌AI将自动识别所画物体。如果AI回答正确,如神笔马良一样,涂鸦的线条就会变成真实的事物送给年轻人,这样好玩的活动立即吸引了很多的年轻人排队参与体验,很多人第一次体验谷歌人工智能,便被这样的技术深深吸引,成为品牌的忠实拥护者。

和上一辈"贵的就是好的"消费观念不同,"80后""90后"年轻消费者相信"物美价平",通过"淘淘淘"获得一种自我满足感,更加理性地选择适合自己的商品进行购买。他们不盲目听从,也不盲目追求国外品牌。即使一件商品十分昂贵,当他觉得适合时,也会毫不犹豫地购买;即使一个产品十分便宜,也并不会为廉价而感到羞耻。他们重视价格与品质并重,重视自己的话语权。这种更成熟的消费观念,表现为他们会更加理性地选择去品牌化与更高性价比的商品。

情怀不能当饭吃,只卖情怀没有利益的促销不会吸引年轻人,品牌故事需要搭配实在的促销方案;而只卖利益不卖情怀的品牌,消费者也会很快鄙夷,品牌无法在消费者心中存活,无法形成正面记忆。

所以我们需要在品牌策略的指导下,创作符合品牌调性的促销方案。既让年轻人感受到促销的力度,又让年轻人觉得好玩有趣,带货的同时为品牌加分是当下营销的新挑战。

分享一个我们为GXG男装品牌策划的促销事件,"'双11'下雨就免单",首先在官网上发出"双11"只要下雨就免单的大促信息,同时邀请高流量的博主、网红或者KOL进行推广,引发了年轻人的巨大反响和下单对赌,根据排名,天猫调拨给了GXG最好的品牌曝光,让GXG在"双11"战场一鸣惊人。

在这场活动中,年轻人享受了一次"与天斗"的刺激游戏,也抢到了自己喜欢的限量衣服,GXG也获得了巨大的免费流量,并加强了时尚冷酷的品牌形象,可谓多赢。

消费者年轻了,创意也需要年轻,营销也需要年轻,我希望各位同业以后都能成为年轻的"80后""90后",以年轻的态度开拓年轻人市场,为品牌年轻化寻找新方向。我们要勇于改变,敢于实践,从产品创意、品牌故事、体验营销到促销事件,营销的每一个维度都需要升级,都需要改革。

(资料来源:整理自广告人商盟理事会2019开年大课嘉宾演讲内容,刊载于《广告人》杂志(2019年2—3月合刊))

思考题

1. 你认为不同年龄的消费者的文化消费呈现什么样的不同特点?
2. 你认为消费者的变化对文创企业提出了什么样的要求?

本章小结

1. 文化是人类在社会实践过程中产生的物质财富和精神财富的总和。文化,由外显的和内隐的行为模式构成,这种行为模式通过象征符号来传递。

2. 广义的文化是指人类在社会历史发展的实践过程中所创造的物质财富和精神财富的总和。狭义的文化是指人类精神活动所创造的成果,如哲学、科学、艺术、道德等。

3. 文化的特质包括:文化是人类社会共同生活过程中创造出来的;文化是一个群体或社会全体成员共同享有的;文化具有多样性与共同性。

4. 中华传统文化的主要特点:源远流长、博大精深、注重交流。

5. 学术界对中华传统文化做区域性研究,可将其可分为长白文化、齐鲁文化、关中文化、中州文化、三晋文化、西北文化、吴越文化、荆楚文化、巴蜀文化、滇黔文化、闽台文化、岭南文化等。

6. 古人常以精通琴棋书画作为一个有高雅文化素养的标志,这四种文化载体是有文化层次的人的智慧与情操的双重寄托。

7. 中国特色的饮食文化,主要有:美食的"食文化"、饮酒的"酒文化"和品茗的"茶文化"。茶叶和茶文化的故乡都是中国。

8. 服饰文化在周代初步定型,有纺织技术和完整的礼仪,传统服饰在汉代定型,具有式样、色彩和图案三大要素。

9. 建筑技术的发展,从夏商周青铜器的出现开始得到了促进。

10. 传统文化中,节令文化起源是农事节日,后来产生了纪念节日、庆贺节日、社交游乐节日等,但都以农历为序。二十四节气主要反映的是与农业生产相关的气候变化。

11. 中国文学大致可分为诗歌、散文、戏曲、小说四大类和其他文学样式。

12. 亚文化,又称次文化,是主文化的一部分,亚文化的成员具有某些共同的价值观和行为模式。

13. 亚文化群是因为相同的生活经历和背景而有着共同价值体系的人群。

14. 区域亚文化是由于不同地区具有不同的气候条件和资源、移民特点以及经历过不同的重大社会历史事件而形成的,由于自然环境的差异,加上具有不同特征的移民群体相伴而居,由此导致独特的区域亚文化的形成。

15. 在中国,受到广泛承认的"八大菜系"是粤菜、川菜、鲁菜、淮扬菜、浙菜、闽菜、湘菜和徽菜。

16. 年龄是影响行为的主要因素之一,不同年龄阶段的群体,由于生理条件、心理状况和社会差异的存在,往往形成特有的习惯和行为。

第二章

文化创意产业的相关概念

学习目标

1. 了解什么是文化产业和创意产业。
2. 了解什么是文化创意产业。
3. 了解文化创意产业与文化产业、创意产业及传统文化产业的联系。

课前引例

姐姐们，乘风破浪吧

纵观当下中国的综艺市场，能有一档节目如《乘风破浪的姐姐》这样歌颂成熟美，是一件好事，让不同阶段女性的美被更多地看见。甚至，不限于美，女性的力量，也不应被低估。

《乘风破浪的姐姐》（以下简称《乘风破浪》）节目选取的女性参与者，年龄跨度较大，有多年龄段的全景展现，因此她们在节目中呈现的状态有显著不同。

在节目中，郁可唯说："我今年已经37岁了，没有想到吧，我自己也没想到，哈哈哈。"这句话因为真实，而让人动容。平日里，很多人会特别在意你的年龄，不断提醒，并积极询问，二十几岁和三十岁仿佛被分割成两个世界的人，被赋予不同的社会期待。而我们更在乎的则是自己的状态，活得好不好，并不会把年龄字字刻在心上、时时悬在命中。

《乘风破浪》节目展现不同成名途径下的女性的所思所想和她们之间的互动，与以往女团节目的定位有鲜明的不同。很多人从欣赏《乘风破浪》中精致的保养、姣好的容貌，到思考对于年龄的从容态度，节目促发着多样化女性审美。也有人从崇拜《乘风破浪》中出色的明星，到学习开阔、圆融、睿智、典雅的特质，节目带来了一些人生脚本。

（参考资料：微信公众号"三联生活周刊"2020-06-13）

思考题

《乘风破浪的姐姐》这个电视节目,是不是文化创意产业?

2.1 文化产业的概念

2.1.1 文化产业的概念

文化是一个独特人群或社会团体的生活全貌,因此有人产生误解,把所有与人们生活相关的行为都理解为文化,把与人们相关的生活的产业理解为文化产业。于是,我们需要进一步理解文化,文化是社会秩序得以传播、再造、体验及探索的一个必要的表意系统。文化产业是与社会意义的生产最直接相关的机构。

联合国教科文组织关于文化产业的解释是,该产业结合创造、生产与商品化等方式,其本质是精神性的文化内容的生产与流通,内容受著作权法保障,形式是货品或者服务。文化产业是指按照工业标准生产、再生产、储存及分配文化产品和服务的一系列活动。

《文化及相关产业分类(2012)》中,把文化产业分为广播电视电影服务、新闻出版发行服务、文化信息传输服务、文化休闲娱乐服务、文化艺术服务、文化创意和设计服务、工艺美术品的生产、文化用品的生产、文化专用设备的生产以及文化产品的辅助生产这十大类。

文化产业的内涵是为社会公众提供文化、娱乐产品和服务的活动,以及与这些活动有关联的活动的集合,范围包括电视、无线电广播、电影、书报刊出版、广告、音乐的录制与出版产业、视频与电脑游戏、网络设计、文化休闲娱乐服务、文化用品与设备及相关文化产品的生产与销售等。

这些文化活动的首要目标是与受众沟通并创造文本。广义上,所有文化制品都是文本,因为都可以被解读,如轿车都有设计成本和营销流程的参与,但是轿车的首要目的不是文本沟通而是运输,同理,苹果手机纵然有设计,但不属于文化产业。

文本,如歌曲、表演等,产生于人们心灵上沟通的意愿,因而在表征意涵上具有丰富内容与表现力,而在功能上较为逊色。电视节目的制作是基于文化传播意图的行为,属于文化产业,但是电视机的生产不是文化产业,因为它不是以符号创作为核心。同理,消费电子产业、计算机硬件和软件行业虽然提供了文本得以复制和传播的硬件,但是不属于文化产业。

还有一些边界产业存在,比如时尚产业与体育产业。时尚透过特殊形态的组织创造出富有生趣的作品，兼具功能性与意义性。体育产业，如足球和棒球等所呈现的场景与文化产业中现场娱乐相似，人们花钱享受高水平表演，区别在于，运动是一种围绕一系列竞技规则进行的即兴行为，文本则是使用剧本或者事先设计。

时尚产业并不是一个独立的产业门类，是产业集群的综合表现。时尚是跨越高附加值的先进制造业与现代服务业的产业界限的多产业集群组合。通过各种创意、技艺、传播、消费的因素，对各类传统产业资源要素进行整合、组合后形成的一种较为独特的产品、商品运作模式。

时尚产业以文化为依托，以技术为基础，通过创意、创新和创造，对各类传统产业资源要素进行整合、提升后形成的新兴产业链，融合了第二产业的制造及第三产业中的商业、媒体、媒介、设计等业态，是生产性、创意性的新兴产业运作方式。

时尚的概念随着时代的进步而不断变化。时尚产业既有先进制造业的概念，也有传统手工业的技艺；既有现代审美的需求，也有传统文化的沿袭。

时尚产业，在产业层次上，主要表现为三个层次：核心层、扩展层和延伸层。

核心层是指对人体进行装饰与美化的个人时尚用品，包括时装、服饰配品、鞋帽、皮具、美容美发和珠宝首饰等。

扩展层是指对人在生活所处的小环境进行装饰与美化的家居时尚用品，包括家具寝具、家居用具和家居装潢等。

延伸层是指对人的生存与发展中相关的事物进行装饰与美化的环境时尚化工程，包括时尚社区、时尚街区、时尚城市的打造。

时尚产业在产品表现上，主要是提供体现流行审美情趣和消费理念精致化、美化的消费品与消费服务。创新和品牌是时尚产业的灵魂。

2.1.2 文化产业的特征

把文化产业与其他生产形式对比，可以概括出文化产业的特征。这些特征还提供了一种理解不同文化产业之间差异的途径，因为不同的文化产业之间的这些特征具备程度不一样。

1. 高风险

文化产业生产和买卖的是文本，受众对文本的使用方式具有高度不稳定性和不可预测性；从结果来说，追加营销费用，也不一定增加该产品的成功率。

文化产业公司为管理风险，会采取以下策略：横向一体化，买断同一产业部门的其他公司，减少其他公司对受众以及其时间的争夺；纵向一体化，买断位于生产发行产业链上不同环节的其他公司，比如电影制片公司收购电影发行公司，这是收购下游企业，比如发行或播送公司收购节目制作商，这是收购上游企业；国际化，通过收购或参股海外公司，销售那些付出高昂成本的产品；多媒体整合，收购与文化产业生产相关的其他领域，实现交叉宣传；合作，寻求评论家、DJ 等各种各样宣传文本的角色的合作。

2. 格式化

常见的格式化方法，第一种方法是明星机制，这需要很大的市场营销努力，才能让一个作家或者表演者成为一颗耀眼的星，于是只有被文化公司看好的特定文本才有使用该方法的优先权；第二种方法是类型化，或说标签化，向受众提示，可以通过体验本产品获得某个类型的快乐价值；第三种方法是创造系列产品，其在漫画领域应用较多，电影也有很多票房依赖续集和前传。

3. 有限的创作自主化

文化产业很多商品都是高生产成本与低复制成本，高固定成本与低可变成本决定了畅销产品有利可图，因此带来"受众最大化"倾向，而西方社会对艺术的理念则是"当艺术表现出某一作者最原始的自我表达时，它就是最特别的艺术"。

在日常中，会有人依据符号创作者是否为了商业目的的假设来评价文本、文类、演出者和作家等，认为只有那些最彻底地拒绝商业规则的作品才是最好的。但是这只是一种过于极端的看法。所有的创作者都需要寻找受众，尤其在现代社会，没有技术中介的帮助和大组织的支持，任何人都难以生存。并且不应该忽视创意经理对文本成果的贡献。

创意经理这一专业人士介于文化公司与符号创作者双方利益之间，推动了符号创作者走向类型化创作，从而有利于针对特定受众的营销与宣传。类型化是一种生产性约束，它使得创作与想象在特定的范围内进行，并且增强了受众和生产者的相互理解。

创作和商业之间充满了妥协、冲突，甚至斗争。但是，创作者找到报酬较好的工作，即使这份工作是紧迫性的、压抑的，他们也或多或少愿意接受这份约束，许多符号创作者被迫从事那些他们根本未曾经历过的"创造性"的工作。

符号创作者作品的命运也许掌握在其他各类工作者的手中，特别是创意经理、市场营销人员和高层执行者手中。因为这种方式也发挥着功用，市场营销可以确保文本的广泛传播，从而让相关者都满意。否则，文本就有可能石沉大海。那些想从事创意工作的人，包括记者，可以去争取比他们从雇主那里获得的更多的时间、空间和资源，而这是否能够为创作者带来更好的工作，则要具体问题具体分析。

> **延伸阅读**

贫困的天才画家梵高

文森特·威廉·梵高（Vincent Willem van Gogh，1853年3月30日—1890年7月29日），荷兰后印象派画家。代表作有自画像系列、向日葵系列、《星月夜》等。

梵高出生于荷兰的一个新教牧师家庭，做过职员和商行经纪人，还当过矿区的传教士，后来投身于绘画。他早期受到荷兰传统绘画及法国写实主义画派的影响，其画风写实。他患有癫痫，但神志清醒时，他坚持作画。1890年7月，37岁的梵高在精神错乱中给自己开了枪。

梵高对田野生活有很高的热情，他喜爱农民的一切，如向日葵、麦田、鸢尾花、豌豆花等。他经常选取这些物象作为自己的绘画题材，深情地、细致地描绘着这些质朴、自然的风景、静物及人物，他将自己无限的激情倾注于这些朴素的花朵和田野生活中，使画作产生了一种无法超越、无法模仿的艺术魔力。与那些华丽璀璨的绘画相比，梵高的画更多的是朴实和隽永，他也因此被称为"画家中最纯粹的画家"。

从梵高的各式麦田的画作似乎可以感知到麦田里所散发出的一兹兹悲怆之情。如《乌云笼罩下的麦田》就是以恶劣天气下的麦田作为题材，传递了凄凉、寂寥、压抑和苦闷的情感。再如，《有乌鸦的麦田》呈现了一种深深的绝望和死一般的沉寂之情。

梵高是一位色彩主义画家，他对色彩的偏好几乎达到了一种癫狂的状态。他的画作中的色彩都是较为奔放、夸张的，这也深深地影响了20世纪的表现主义和野兽派绘画。

具体而言，梵高画作中奔放的色彩主要表现在以下三个方面：第一，用光亮明快的夸张色彩进行装饰，创造了一种极具现代感和时尚感的色彩装饰效果。在所有的高纯度、高亮度的色彩之中，梵高最偏爱黄色。如《向日葵》就是以大面积的黄色作为主要基调，然后配以土黄色、柠檬黄及中黄色等，产生一种璀璨炫目的视觉感受。简单明了的黄色带有另外一层寓意，即象征着太阳和大地，代表着光明和希望。

第二，用大色块的对比进行装饰，大色块的并置对比是一种非常重要的表现手法，虽然这一表现手法非梵高首创，但在梵高的绘画中得到了最淋漓尽致的表现。梵高画作中的对比色常常是大块的且较为平整的，既简化概括，又能够增加画面的厚重感。

第三，用绝对的黑白色进行缓冲，其常常和对比色出现在同一个场景中。梵高的绘画是一种狂野的造型风格，厚重、粗犷、直率而又单纯，带有一定的力量和强度，强调的是"神"的传递，而非"形"的表现。

梵高画面中的形象在造型上都带有非常鲜明的个性，好似画家在激情的支配之下随意挥洒而得来。受众在欣赏画面的时候也会被这种激情所浸染，能感受到画家内心的呐喊。这种狂野的造型风格同画家所生活的时代、环境及人物性格有着很大的联系。

梵高没有受过专业的美术教育，他在造型方面围绕自己的内心情感挥发，同时，梵高一生都生活在贫穷、困苦和疾病的纠缠中，这对他的心理也产生了影响，所以他画作中的形象造型都带有一种扭曲变形。

以《星月夜》为例，该画作创作于梵高在圣雷米疗养院期间。这一时期里，梵高的神智时而清醒时而糊涂，这一时期的画作线条更加粗野，笔意也更加随意。在这幅画面中，梵高使用生动固执的短线笔组成激荡旋转的宇宙，流动的、长短粗细不一的线条组合成夜空中的星，近景的柏树则如同一座撕裂燃烧的哥特式教堂。画面中的造型都是十分夸张、狂野、奇怪的，让人捉摸不定，使人如同陷入一片黄蓝旋涡之中，绝望和恐怖油然而生。

梵高那些曾引起他同时代大多数人迷惘的作品，如今却已印在明信片上，印在挂历上，甚至彩妆和奶茶包装上。人们一窝蜂似的将梵高的名字带进了商业领域，如梵高领带、梵高香皂、梵高电影与歌剧，其作品本身更是成为国际油画拍卖市场上的遥遥领先者。

2021年3月25日，梵高的《蒙马特尔街景》在法国巴黎苏富比拍卖行的拍卖中，以1 309.1万欧元（约合1亿元人民币）成交。据法新社报道，这幅画自完成后，就没有公开展出过，由一个家族收藏了100多年。

（资料来源：百度百科）

思考题

透过梵高的绘画生涯，你对文化产业的特征有了哪些思考？

2.1.3 中国文化产业的发展

1. 中国文化产业的概况

文化产业是一个交叉学科，随着文化产业在社会经济发展中的地位日益提高，业界对建立文化产业学科体系、强化文化产业学科建设的呼声也日益升高。截至2018年，中国开设"文化产业管理"本科专业的学校共212所，形成了文化产业教育的基本培养模式，目前来看，中国文化产业专业型人才和复合型人才较为稀缺。

与一些创意产业发达的国家的创意产业人才结构相比，中国技能型创意执行人员较多，而文化创造者较少。20年来文化产业丰富的理论，对文化产业的历程和探索提供了有力支撑，但中国文化产业理论研究仍任重而道远。另外，文化产业在跟踪式、长效性方面的研究还不够丰富。

中国传媒大学文化发展研究院院长范周教授在其《中国文化产业40年回顾与展望（1978—2018）》一书中，将中国文化产业发展分为四个阶段：第一阶段，萌芽期，从1978年到1991年；第二阶段，初步形成期，从1992年到2001年；第三阶段，快速发展期，从2002年到2011年；第四阶段，全面提升期，是从2012年至今。

2019年12月，中国人民大学文化产业研究院的执行院长曾繁文发布了《2019中国文化产业系列指数》报告。中国省市文化产业发展指数是由产业生产力、影响力和驱动力三个分指数构成的。生产力指数从投入的角度评价文化产业的人才、资本等要素和文化资源禀赋；影响力指数从产出的角度来评价文化产业的经济效益和社会效益；驱动力指数从外部环境的角度来评价文化产业发展的市场环境、创新环境和政策环境。

《2019中国文化产业系列指数》报告显示：从综合指数来看，北京凭借文化产业影响力、驱动力的优势仍处第一位置；浙江在文化产业生产力、影响力、驱动力方面表现均衡，再次排名第二；重庆在驱动力、生产力方面持续改善，再次进入前十。

该报告还显示：东部地区文化产业发展指数较中西部优势明显，但差距略有缩小。近10年来，中西部地区的重庆、湖南、四川表现较好，黑龙江、河南进步较快。近10年来，排名进步较大的省份有河南、河北、重庆等，主要得益于驱动力指数的提升。近10年来，各省市文化企业对公共服务、政策支持、知识产权保护的满意度大幅提升。

目前，中国文化产业发展中的热点是：电视剧发展依然走在最前端；电影生产频出爆款，刷新纪录；游戏产业短板不再，文化价值推进产业创新；动漫产业开始崛起；音乐依托平台谋求多元化发展；"文化+旅游"成为文化产业新的发展现象。

2. 中国文化消费的概况

（1）文化消费的概念

20世纪80年代中后期，我国学者对文化消费开始研究。1985年召开的全国消费经济研讨会上，有学者首次提出了"文化消费"一词，之后，成为消费经济学领域的一个重要研究课题。

随着经济的发展和人均可支配收入的不断增加，人们的消费诉求层次逐渐提高，文化消费的经济促进作用也日渐突出。随着文化产业的发展，文化领域与经济领域的相互融合愈加明显，消费越来越重视商品的符号价值和文化内涵。

文化消费是指人们为了满足自身的精神文化生活需要，而采取不同方式来消费文化产品和文化服务的行为。文化消费是一个跨文化与经济两个领域的交叉概念，文化消费的主体是有精神文化需求的个人或群体，消费对象是以文化为载体的物质产品或者非物质产品。

文化产品能传达生活理念、表现生活方式，是具有传递信息或娱乐的作用的消费品。文化产品能够大量生产并广泛传播，包括图书、杂志、多媒体产品、唱片、电影、录像、视听节目、软件、工艺品和设计品等多种形式。文化服务是指满足人们文化兴趣和需要的行为。常见的文化服务形式有艺术表演、文化活动本身，如观看文艺演出、文化旅游等。

文化消费的具体内容包括绘画、雕塑、书法、影视、戏剧、音乐、舞蹈、文化教育、杂技及手工艺品，以及烹饪、文物、出版、音像、休闲、娱乐、中医保健等，广义的还包括健身、体育表演和赛事观赏等。

从消费者需求感知角度，可将文化产品分为文化核心产品、文化相关产品和文化延伸产品。文化核心产品，即狭义的文化产品，如书籍、电视、电影、艺术品、工艺品、演艺节目等。文化相关产品是为了实现文化核心产品的消费的配套产品、场所和服务，如录音设备、照相机、乐器、播放或电视和收音机健身器材等。文化延伸产品是具有文化特性的服务产品和实物产品，如动漫周边产品。

国家统计局的《居民消费支出分类(2013)》中，把文化和娱乐消费分为文化和娱乐耐用消费品、其他文化和娱乐用品、文化和娱乐服务、一揽子旅游度假服务这四大类。

（2）我国文化消费发展概况

近年来，在各项政策措施的推动下，文化产业快速发展、规模逐步扩大、产业结构渐趋优化、传统文化产业升级转型，以及新兴文化业态不断涌现，文化消费进入快速增长时期，文化消费由过去的结构单一、层次低向多样化、多层次转变。

当前，文化与科技融合成为文化产业发展主流，数字技术与互联网的发展支撑了文化产业的创新升级，"文化+"概念催生出新兴文化产业业态，于是涌现出许多新生的文化消费的热点。文化消费支出逐步加快，文化消费走向日益个性化、多样化，移动互联网的文化消费呈指数级发展，娱乐式、体验式等大众文化消费正在成为主流模式。

文化创意街区在各地涌现，文化休闲游、实景演出、主题公园等新的文化产品也迎来良好的发展前景，通过打造好的消费者体验和服务推动了文化消费。

文化产业园区逐步成为文化产业的重要载体，产生了众多充满活力的中小微的文化企业和具有较高竞争力的大企业、大集团，产业集聚效应日益凸显。

随着互联网的发展，文化传播的方式多元化、扁平化，文化产品消费方式越来越多样化，消费越来越便利，文化消费呈现出大众化、主流化、科技化和全球化的特征。

（3）中国文化消费指数

中国文化消费指数，由中国人民大学的创意产业技术研究院发布，全面测量我国居民文化消费的整体发展情况,分析各文化业态的市场需求状况及未来发展方向。旨在通过监测、评价和比较全社会、各行业文化消费的发展变化状况,为政府部门制定文化消费和文化产业政策提供更精准的决策依据。

文化消费指数包括文化消费环境、文化消费能力、文化消费水平、文化消费意愿和文化消费满意度。

文化消费环境,是测量居民进行文化消费的条件,包括市场环境和政策环境。其中,市场环境是指文化产品种类丰富度和渠道便利性等内容;政策环境是指政府针对文化消费制定的各项扶持政策或激励措施和居民对于政策或者措施的体验程度。

文化消费能力,是指居民能用于文化消费的最大水平,由于文化消费的特殊性,既要"有钱",还得"有闲",所以得从支出的金额和时间两个方面分析,即居民可支配的金钱和时间。

文化消费水平,是指居民进行文化消费时实际付出的水平,即金钱与时间,并用绝对值和比重来测量,全面反映居民文化消费的真实水平。

文化消费意愿,指的是居民希望付出在文化消费上的水平,包括金钱和时间的付出,反映了居民的文化消费潜在需求。

文化消费满意度,则是反映居民进行文化消费的一种体验评价,主要从质量和价格的角度进行测量[①]。

《2013—2015年中国文化消费指数》调研全国居民的文化消费行为的样本量选择为10 000份,调研对象涉及全国所有省,城乡、年龄、性别和学历等各不相同,调研方法以网上调研为主,线下调研为辅。

从调研结果来看,2013—2015年中国文化消费指数的总体分析结果是,我国居民文化消费整体情况有了较大幅度的改善,2013—2015年文化消费综合指数持续增长。

横向看,2015年的文化消费能力指数、文化消费水平指数得分较高,而文化消费环境、文化消费满意度指数得分则较低,这说明我国文化消费环境、文化产品和服务的满意度有待提高。

纵向看,大多数一级指标整体上均有不同程度的提升。从2013年到2015年,文化消费环境、文化消费水平和文化消费能力持续增长,文化消费环境指数增长幅度最大,这主要得益于文化消费市场环境的大幅度改善。这三年间,文化消费满意度指数先降后升,以及文化消费意愿指数不升反降,说明我国居民对文化产品有了更高层次的追求,文化消费潜力有待进一步释放。

《2019中国文化消费指数》显示,我国文化消费综合指数较上一年有略微降低,文化消费环境指数逐年上升,近五年文化消费能力停滞不前,2019年的文化消费能

---

① 彭翊. 中国文化消费指数报告2016[M]. 北京:人民出版社,2016:19.

力指数甚至有了一定程度的下降。东中西部地区差距仍然较为明显，但在环境和满意度上趋于均衡。

从城乡角度看，近七年的数据显示，城乡居民文化消费差异依然呈现出明显差距，但 2019 年城乡差距在 2018 年拉大的情况下有所收窄。文化消费城乡差距有所缩小，文化振兴乡村成为精准扶贫重要路径。25 岁以下居民偏爱游戏、动漫、网络文化活动，中老年人也在加速"触网"。不同性别在文化消费环境、能力、满意度指数上差距不大，男性文化消费意愿高于女性，消费水平指数则是女性高于男性。

在不同年龄群体当中，26~40 岁居民依然是文化消费的主力军，其中文化消费环境和满意度指数最高；17 岁以下居民的文化消费意愿指数最高；66 岁以上居民的文化消费时间最长。

不同学历人群的文化消费差异明显，其中，硕士及以上人群的文化消费指数明显优于其他学历，如文化消费意愿指数、消费能力指数。

《2019 中国文化消费指数》报告还显示，服务类文化产品受欢迎程度和满意度普遍高于实体类文化产品。国产电影受欢迎程度持续上升，国产动漫崛起。网络成为文化消费的最重要渠道，5G、VR、区块链等技术的应用正在强化这一趋势。短视频相关活动成为最受欢迎的网络文化服务，网络社交和新闻 APP 紧随其后。

> **延伸阅读**
>
> ### 全国人民都去了短视频？
>
> 内容视频化时代已来，短视频占据优质赛道，商业化空间大。大众的内容消费习惯已经从图文转向视频，目前短视频月人均使用时长达 42 小时以上，是所有泛娱乐内容中使用时长最长且增长最快的。未来 5G 时代，内容视频化的趋势将进一步加深。
>
> 2020 年 12 月，国内短视频行业内，月活跃人数 TOP5 的短视频应用分别是抖音、快手、快手极速版、西瓜视频和抖音极速版。2020 年 9 月短视频行业月活跃用户规模达到 7.95 亿，同比 2019 年 9 月增长 12%。
>
> 巨量引擎城市研究院认为，通过线上传播数字化城市、线下打卡现实中的物理城市，每个短视频平台用户都可以看作一个分布在城市中的可移动的传感器，映射出城市的繁荣活力，用户在短视频平台参与的互动、转发、评论等舆论风向的增加和转变，帮助城市的文化的传播更加开放。
>
> 具有互联网新思维的年轻族群逐渐成为城市文化创作的主体，为城市品牌与形象提供了全新的呈现形式。直播短视频平台正在成为职场人最钟爱的斜杠渠道，

直播成为众多人第二职业的选择。

在各类线上视频平台的观众中,"95后"(1995—2003年出生的成年人)的占比逐年呈上升趋势,2021年上半年占比高达77%,已成为互联网综艺的核心人群。95后并不是简单地在短视频平台去看综艺,度过娱乐生活,他们对财富的认知及支配管理非常敏感,抖音、小红书等平台也能变成他们的投资理财小智库,他们还在各短视频平台关注和学习更多专业领域的知识。

数据显示,2019年12项文化产品的消费情况是:最受消费者欢迎的五大文化产品或服务依次是电视广播,电影,网络文化活动,图书、报纸、期刊,文化娱乐活动。和2018年相比,电影的受欢迎程度有所提升,超过了网络文化活动。

该调查数据显示,居民消费支出最大的文化产品或服务,排名前五的依次是文化旅游、游戏、网络文化活动、电影和文艺演出;市场成长空间最大的五大文化产品或服务依次是网络文化活动、游戏、文化旅游、电影和文化娱乐活动。

2019年,电影、文化旅游、动漫、游戏这四类文化产品,国产的比国外的更受欢迎,国潮的兴起由此可见一斑。尤其值得一提的是国产动漫,于2019年,受欢迎程度首次超过日本动漫。

延伸阅读

"国潮"热何以形成

近年来,"国潮"悄然兴起,并刮起强烈风暴。近两年,各平台上,与中国元素相关的关键词累计搜索量超过100亿次以上。"国潮"已经成为一种时尚,不仅是年轻人追逐的潮流,也是商家营销的卖点。2018年被称为"国潮"元年。

"国潮"看似是中国潮流的简称,实际上是中国传统文化与现代化结合的一个概念。"国潮"是一种以品牌为载体,以文化为语言的现象。

把"国潮"理解为"中国本土设计师及主理人创立的潮流品牌",这样的解释有些片面。"国潮"所包含的基本要素是中国、品牌、潮流和文化。

"国潮"热背后不仅是中国制造、中国品牌的崛起,更是中国情怀和中国自信的彰显。中国制造升级是"国潮"热形成的基础,国人消费能力的不断提高是"国潮"的重要原因,文化自信提升是"国潮"的驱动力,政府、媒体和企业的行动是"国潮"的助力。

"国潮"的字面释义是"中国+潮流",但其内涵丰富。从表现形式看,"国潮"既有体现中国文化的复古中国风,也有展现国际潮流的创新中国风。

从载体看,"国潮"有以实物产品为载体的中国制造之潮流,也有以文化现象为载体的中国文化之潮流,如汉服的兴起等。

从影响范围看,不仅本土的时尚品牌不断走红,而且其他领域的国产品牌也越来越多地被国人所喜爱,如华为、李宁和一些中华老字号。

制造业升级是产业升级的核心,经过几十年的发展与积累,"中国制造"转向"中国创造"。中国的产业体系完备,是世界上唯一拥有联合国产业分类中全部工业门类的国家,没有"之一"。

据贝恩咨询公司发布的《2018年全球奢侈品行业研究报告》,三分之一的奢侈品购买者是中国消费者,逐渐地,人们发现,一些昂贵的国际名牌和低价优质的国产品牌相比,质量有时相差无几,因此外国品牌的吸引力逐年降低。

近年来,媒体也加大了对传统文化的宣传力度,推出了形式多样的高质量文化节目,例如《中国诗词大会》《上新了故宫》《国家宝藏》等,收视率和口碑都很好。

2019年5月10日,在第三个中国品牌日,人民日报新媒体中心在北京三里屯成功举办了"有间国潮馆"快闪店活动,店内的国学、国货、国艺、国漫、国乐五大版块以中国文化为核心进行展示,让人们深刻体验到了"中国造,正当潮"的"国潮"精神。

2019年,阿里巴巴新国货计划正式发布,苏宁推出"拼品牌"计划,拼多多联合多家国产品牌,推出"上海老字号新电商计划"。

潮流是动态的,它可能短暂地兴起,然后迅速消失。在"国潮"中,"潮"要变,"国"要稳。产品、理念、个性、技术等基本构成元素需要与时俱进,不断引领"国潮"新风尚,让中国元素成为永远的热点。

(参考资料:节选自中国传媒大学经济与管理学院教授姚林青《人民论坛》2019年12月《"国潮"热何以形成》)

3. 中国文化产业的发展趋势

未来几年内,中国文化产业的发展总体上将呈现出以下趋势:文化产业竞争区域化竞争将全面展开,地区间的不均衡发展态势进一步突出;文化产业集团将进入整合期;数字技术将有进一步的发展和推广;产业间合作力度加大;文化产业内部各领域分工将会进一步细化和专业化。

(1)文化产业竞争区域化竞争将全面展开

目前我国已经有三分之二以上的省、市、自治区和直辖市提出了要建设"文化大省"和以"文化立市",发展文化产业已经成为各个地区加快实现增长方式的转变和产业结构的调整优化的工作重心。

我国各地在制定文化产业发展规划的时候有所侧重，珠三角、长三角、京津冀三大城市群地区文化消费活跃，现代传媒发展趋于饱和，内容创新成为发展"瓶颈"，提出创意产业发展规划，或者将创意产业列为文化产业的升级目标，成为发展规划的特点。

中西部地区文化消费刚刚起步，现代传媒还有较大的发展空间，文化产业处于产品开发和要素扩张阶段，进一步完善公共文化服务体系，整理文化资源，打造文化品牌，开发特色文化产业，成为规划的目标。

（2）文化产业集团将进入整合期

目前，在文化产业中的9个行业大类，24个行业中类，80个行业小类中都有自己的代表性企业，尤其是在9个行业大类中，推出具有中国特色、中国风格，能影响世界同行业发展的文化产业群，以现代"文化生产—市场动作—大众消费"的企业运作模式，改造以往的"生产—传播—接受"营运习惯，强化品牌意识，做出大而强的文化企业集团。

做强做大是应对现代市场竞争的重要手段，《关于深化文化体制改革的若干意见》中指出，要"重点培育发展一批实力雄厚、具有较强竞争力和影响力的大型文化企业和企业集团，支持和鼓励大型国有文化企业和企业集团实行跨地区、跨行业兼并重组，鼓励同一地区的媒体下属经营性公司之间相互参股"，这为下一步集团的内部整合提供了政策支持。

（3）数字技术将有进一步的发展和推广

文化产业新业态作为文化创意与科技创新融合发展的产物，具有高知识含量、低资源消耗、高附加值及传统产业的提升的特点，成为经济增长中的新亮点。数字技术将成为提升文化产业综合竞争力的主要力量，数字电视、数码电影、宽带接入和视频点播，以及电子出版和数字娱乐等新的文化产业群将形成主流，传统文化产业比重过大的问题将在文化产业结构的数字化提升中得到根本性改变。

数字化，特别是数字电视的发展现在遇到了一些困难，但是作为一项新的传播技术，数字化已是不可逆转的趋势，随着国家在数字化基础方面建设的不断完善，数字化发展将会有一个跳跃式、突飞猛进式的发展。数字产业叠加创意，颠覆文化消费方式。

虚拟现实、增强现实、全息成像、裸眼三维图形显示、交互娱乐引擎开发、互动影视等沉浸式技术发展和设备普及，与内容创新协同发展，带动了消费者文化体验的升级，重塑了消费者的消费习惯和方式以及消费渠道。文化消费的精神属性更加突出，个性化、体验性、交互式的文化产品、服务和消费空间会更受欢迎。

> **延伸阅读**

文化夜经济如何"叫好"又"叫座"

2019年《阿里巴巴"夜经济"报告》表明,除购物和餐饮外,夜间文化消费成为新的增长点。北京支持打造夜间消费"文化IP",上海鼓励开放深夜影院、深夜书店等文化业态。

2019年正月十五和正月十六,故宫首次在夜间开放举办了"上元之夜"活动;同年6月,上海文旅局首次试点博物馆夜游项目。当年7月到9月,在黄浦区、宝山区试点了14家博物馆夜间开放工作;国家博物馆宣布,从7月28日起,在暑假每周日延长开放时间至晚9点。

一票难求的火爆场面时常出现,但如果真把这些限时的夜间文化活动变成了常年开放,就可能会"叫好"而不"叫座"了。文化场馆的"有限的参观时间"和"有限的参观名额"使得夜间文化消费需求在几个月内被集中释放,所以文化场馆夜经济必须有自身的特色来拉动需求。

中国古动物馆,早在2015年就结合自身特性,为孩子们提供了"博物馆奇妙夜"活动。除了讲解知识的古生物3D电影外,孩子们还可以将所学到的知识活学活用,去趣味体验恐龙密室,参加寻宝游戏。在古生物专家的指导下,可用三叶虫的知识、专业的化石修复工具来修复化石,制作属于自己的恐龙石膏浮雕,受到了小朋友和家长的欢迎。

博物馆还帮孩子们实现与恐龙同眠的"梦想",在学习搭帐篷的过程中,培养孩子们的动手能力和野外生存能力。虽然每晚夜游博物馆的名额只有30位,但带动了整个家庭一起来消费。这个项目价值不菲,但已经发展成为携程网"北京2日游"的特色定制旅行项目。

2015年3月,中国的《博物馆条例》正式实施,明确规定,博物馆可从事商业经营活动,挖掘藏品内涵,与文化创意、旅游等产业相结合,鼓励博物馆多渠道筹措资金,促进自身发展。

2016年,苏州博物馆联手聚划算及三大时尚女装品牌,打造了一台"型走的历史"时装发布会,推出了24款苏州博物馆定制款服饰,可将苏州博物馆的代表性元素——唐伯虎的七律墨迹、吴王夫差的青铜剑等穿戴在身上。发布会举办的一个多小时内,某直播平台的观看人数突破300万。72小时内,有6万多顾客抢购这些定制款服饰。

实体书店面临着深夜看书不买书的"伪需求",承担着人工水电的"真成本",可能从晚上9点到第二天早上9点的时段里所产生的销售额,只占一整天销售额的 5% 左右。三联韬奋书店总经理郝大超说得很直白："有时候书店一夜收入只有几笔，连电费都不能相抵。"因此，文化机构若"拉长消费时间"又没有足够的消费者支撑的话，是不切实际的。

《北京市关于进一步繁荣夜经济促进消费增长的措施》中有措施：继续扶持24小时实体书店。鼓励有条件的博物馆、美术馆延长开放时间，逢重要时间节点、传统节日，开放夜场参观，举办夜间文化活动。对全市3 000座以下的演出场所的营业性演出，要给予一定比例的低票价补贴。但靠补贴不是长久之计。

"深夜书房"意识到要增加产品种类，创造衍生消费来弥补夜间成本。于是，"图书+咖啡""图书+文创"等模式逐渐发展成实体书店的标配，如，三联韬奋书店的三里屯分店、新华书店的花市书店等已纷纷转型为多元化经营。但书店体验也已经逐渐趋同。书店"衍生消费"的核心在于选择利润更丰厚的衍生消费。为此，有着更高毛利润的"床板消费"就成为"深夜书房"的一个不错的选择。

早在2016年1月20日，小猪短租发起"城市之光"书店住宿计划，联合全国十家独立书店，即北京单向空间书店、上海Mephisto二手书店、南京二楼南书房、武汉文泽尔私人图书馆、城墙肚子里的国际青年城市书房、厦门不在书店、西安回音公园概念书店、泉州风雅颂书局、扬州边城书店和苏州作文博物馆书店，通过在店内设置帐篷一类的床位或开辟出一个单间供游客及文学青年夜间住宿使用。

通过短期出租帮助独立书店减轻房租等方面的经营压力。部分租客在临走时还会购买书店的特色图书或文创产品，对书店其他业务形成补充。但这种模式也不是适合所有书店的。

思考题

你认为，实体书店夜经济还可以采用什么样的营销创新策略？

（4）产业间合作力度加大

传统产业将会进一步向新兴的文化产业进军，不同产业间的融合，其中特别是金融资本与产业资本的融合，信息设备制造业、软件开发业与信息服务业之间的融合等，都将在未来几年内中国文化产业的发展中明显地表现出来。

社会资本与国际资本将多渠道、多形式进入中国文化产业的核心区域，以金融资本为主力的多种资本形态参与中国文化产业竞争，介入中国文化产业变革，特别是传媒业的变革，将成为影响中国传媒业未来走向的重要力量，文化产业投资主体多元化政策将进一步引导社会资本和国际资本投向。

与文化产业密切相关的信息业、咨询业、广告业和旅游业，这些产业资本结构的深层、全面的变动将给文化产业的上游产品和下游产品及其他后产品的开发带来巨大的扩张空间。

（5）文化产业内部各领域分工将会进一步细化和专业化

文化产业的发展需要政府与民间组织的共同努力，我国创意产业的发展一方面需要政府的大力支持，另一方面，民间组织、社会团体也要发挥应有的作用，协调政府与文化创作者之间的关系，共同推动创意产业的发展。

延伸阅读

中国进入艺术消费爆发期

中央财经大学文化经济研究院院长魏鹏举教授曾说过，一个健康的艺术产业生态链，首先是艺术生产、艺术鉴赏、艺术消费，然后是艺术投资，最后才是艺术金融，艺术消费在整个链条中，是最为重要的一环。

目前国内很多行业存在产能过剩，但又难以满足不断升级的消费需求的问题，创新产品的供给显著不足，有一些中国消费者在国内的消费需求被压抑，一出国就肆意消费。从统计局的数据来看，中国城市居民的文化娱乐消费占支出总额仅为5%，农村地区只有2.48%。按国际惯例，人均GDP达到3 000美金时，文化消费会呈现井喷；而中国内地已超过7 000美金，可见文化消费市场是压抑状态的。这时，符合需求的产品一旦出现，大众的消费潜力就会被激发。

中国人民大学艺术品金融研究所副所长黄隽教授认为，从经济学研究的角度出发，中国艺术品市场目前面临的转型问题和餐饮业类似。据统计，近年来中国高端餐饮下滑严重，中端餐饮消费却持续上升；而艺术品在投资拍卖市场热度下降的同时，消费市场却出现了新的增长点。2014年，我国的人均GDP已达到7 400美元，超过3 000美元的中等收入线——这是中产规模不断升级的标志。瑞士银行公布，中国的中产阶级按人口数量来算是1.09亿，超过美国9 200万的人数，由此而推断，中国正处在艺术消费的培育期。

另外，还有一个来自淘宝拍卖会的数据显示，买家超过半数是"80后"和"90后"，这样的年龄段可能还不算稳固的中产，但有消费意愿和购买潜力。过去的30年，中国都是以投资为主导的市场，现在转为消费主导，这是一个意义重大的转变。《艺术商业》杂志联合中央财经大学文化经济研究院推出的中国艺术消费品指数显示，中国大众艺术消费人群，30岁以下占半数，30~40岁近三成，"70后""80后"成为消费主力，"90后"消费者也在迅速增长；年均收入5万~10万元与年

> 均收入 10 万元以上的消费者各占三成。
>
> 　　特色展览周边产品是最受艺术消费者关注的板块,"创意"和"有趣"是需求的关键词;从艺术消费产品单价来看,5 000 元是中端与高端市场的分界线,同时,近四成消费者表示,只要价格在能力接受范围内,都会选择购买;中国艺术消费者最常去的娱乐休闲场所是博物馆、美术馆、电影院、图书馆和书店等;理性消费占比近六成,冲动型消费与品牌热衷型消费合计占比不足两成;购买动机中,"个人欣赏"达 83.4%,其次才是收藏与装饰需求。

思考题

中国文化产业市场的消费,出现了哪些变化?

2.2　创意产业的概念

　　美籍奥地利经济学家约瑟夫·阿罗斯·熊彼特于 1912 年在著作《经济发展理论》中,首次提出了影响深远的创新理论,熊彼特所说的"创新"是一种从内部改变经济的循环流转过程的变革性力量,本质是实现生产要素和生产条件的一种新组合。而后观念创新、技术创新、制度创新、组织创新等都被包括到"创新"中来,创新经济理论迎来了大发展时代。

2.2.1　创意的概念

1. 创意的概念

（1）创意的含义

　　创意（idea）是具有新颖性和创造性（creativity）的一种思想、概念、想法或构思,是破旧立新、思维碰撞,是不同于寻常的解决方法。新创意会衍生出无穷的新产品、新市场和财富创造的新机会,所以创意成为推动一个国家经济成长的原动力。"知识"与"信息"是构成创意的工具与材料,"创新"是创意的产品,这种产品既可以表现为一种全新技术产品,也可以表现为一种新的商业模式或方法。

　　创意不同于智力（intelligence）和创造力（originality）。一个人可以很聪明但是没有创意,一个人也可以很有创意但不是很聪明。尽管智力作为一种处理大量信息的能力,有利于创造力的发挥,但它并不等同于创造力。

> **延伸阅读**
>
> 到底什么是智力？
>
> 智力（Intelligence）是指生物一般性的精神能力，这个能力包括理解、记忆、判断、解决问题、抽象思维、表达意念以及语言和学习的能力。智力，也叫智能，是人们认识客观事物并运用知识解决实际问题的能力。
>
> 动物智力指的是：通过改变自身、改变环境或找到一个新的环境去有效地适应环境的能力。
>
> 智力的高低通常用智力商数（Intelligence Quotient）来表示，用于标示智力发展水平。脑科专家们通常认为智商是与生俱来的，受先天遗传因素的影响，父母的智商水平对后代的智商有较大的影响，但后天环境中的许多因素也会对智商产生影响。
>
> 我国采用的是美国心理学家韦克斯勒编制的智力量表，由湖南医科大的龚耀先等人修订，制定了中国常模。其可以用来测查6~16岁的儿童和16岁以上的成人。通过心理测量，可了解智力水平、潜能，鉴定交通事故导致的智力损伤等。
>
> 特别需要指出的是，智力不指代智慧，两者意义有一定的差别。智慧（wisdom）是生命所具有的基于生理和心理器官的一种高级创造思维能力，包含对自然与人文的感知、记忆、理解、判断、分析、升华等能力。
>
> 智慧是一个汉语词语，在日常生活中，体现为更好地解决问题的能力。一个人可以是智商不那么很高，但是拥有智慧，也可以是智商高，但不那么有智慧。智慧是表达智力器官的综合终极功能，与"形而上之道"有异曲同工之妙；智力是生命的一部分技能，则谓之"形而下之器"。

创造力是一种有别于其他智能的认知能力，尤其是不同于"智力"范围内各种综合能力的一种认知能力。创造力是可以培养的，有的时候，创伤性体验、应急需要和兴奋状态会激发出创造力。

创意包括综合能力，它是对各种数据、观点和材料进行过滤和加工，产生出新的、有价值的组合。创意的综合运用，在很多方面都产生价值，比如生产一个实用设备、提出一个解决某问题的观点，或者创作一件不可思议的艺术品。

（2）创意的意义

在美国著名创意经济学家、多伦多大学罗特曼管理学院商业与创意力教授理查德·佛罗里达（Richard Florida）看来，经济发展史可以解读成一个不断采用更新更好的方式利用创意的过程。

理查德·佛罗里达在对乔尔莫基尔、内森，罗森伯格、戴维，兰登、贾雷德，戴蒙德等学者恢宏的学术成果进行分析的基础上，阐述了四个关键的转折时期：组织化农业的产生、贸易与专业分工现代化体系的出现、工业资本主义的兴起和组织化时代。他认为这四个时期与人类在利用创意方面的发展密切相关，并且认为，第五个转折期即创意时代，业已到来。

他阐述了农业成为主流的一个根本原因，即农业不但发挥了我们祖先的创意才能，也为之提供了回报，因为农业极其易于进行改进。而捕猎与采摘则仅仅是"拜天所赐"，尽管捕猎也需要智慧，但捕猎技巧可发挥的余地并不大，当捕猎技巧改进时，往往导致猎物逐渐灭绝。而农业突破了旧体系在创意上的局限性。千百年来，创意活动在农业上的回报巨大，表现为产量逐渐增加，庄稼与牲畜品种不断改良。选择育种逐渐从原始方式发展成为现代基因技术。机械的发明和土壤治理方面的创意成果也不断涌现。

除此之外，农业还与其他产业相互融合，涌现出更多的创意成果。爱德华·詹纳正是因为发现很多挤奶女工接触了牛痘后对天花抵抗力特别强，才发明了天花疫苗。时至今日，农业与医学之间的互动产生了很多丰富的成果。

农业体系的扩展与贸易的发展是同步进行的。专业化与贸易体系在利用创意方面有明显优势。全心全意从事一种活动（或者按我们所说的，一种"行业"），能够使人们发现更新更好的操作方法。当人们发现新颖的材料与加工方式后，会设计新的产品，一旦成功，他们就可以获得更大的市场份额，这是创意带来的回报。但在这个过程中，同样的时间里，绝大多数人都还是农民。

后来，专业技工阶层的出现，引导社会发展并重塑社会格局。技艺高超的工匠们与手段非凡的商人们集中在城镇，为富有的统治者们服务，并从他们那儿取得报酬，工匠与商人彼此之间的交易也蒸蒸日上。城市成为专业化的中心，多种社会关系交汇于此，因而也成了创意活动的中心。

18世纪末，詹姆斯·瓦特发明了蒸汽机，其迅速在各行各业得到了广泛应用。自动化机器的发明与实现其高效应用的生产体系相结合，迎来了机械发明的长期繁荣，并掀起了创新热潮。工厂主与投资者们也一直关注能够制造新产品和提供新服务的发明创造，比如，涡轮机的改良蒸汽机出现之后，与发电机的设备组合在一起便可以发电，于是人类进入电力时代。服装、工具和其他多种产品都迅速实现了批量生产，批量营销和分销也随之应运而生。

19世纪末20世纪初，大规模组织化时代兴起。这个时期的特征是经济与社会向现代化和高度组织化转变，经济与社会呈现机构大型化、功能性专业化以及官僚制度的特征。工业化的发展提高了生产率、降低了成本，并带来了许多新的发明创造。这些发明创造不仅包括汽车与家电等新产品，还包括全新的创意产业的迅速发展，如电影、广播和电视等。

20世纪40到50年代，一些重要体系产生了，以克服组织化时代在创新方面的局限性。20世纪80年代和90年代是创新时期的繁荣期。新经济系统产生，为了更好地利用与发展人类创意，支持创意活动的社会环境也随之出现。

创意时代孕育了一个新的主流阶层。20世纪60年代，彼得·德鲁克与弗里兹·马克卢普称之为"知识工作者"。20世纪70年代，丹尼尔·贝尔在其著作中提到了一个新型的、更为精英化的阶层，包括科学家、工程师、经理和管理者。近年来，罗伯特·赖克又提出了"符号学家"一词，用于指代那些操作概念和符号的工作人员。这都属于新兴阶层。

（3）创意的特点

创意不仅要求创意者具备激情，同时也要求他保持自信，因为他必须自尊自重才能不受别人批评或怀疑的干扰，才能坚持寻求到新的创意，并且，在不断犯错误的过程中坚持初衷，最终实现目标。有时可能出现自我怀疑的情况，但终归会被自信所战胜。要想打破甚至完全颠覆惯例常规，必须具有足够的自信。这并不容易做到，因为整个过程总是常常使人感到不安。

创意并非是少数天才的"专利"，创意的产生，需要的还是我们普通人的一些普通能力，如注意力、观察力、记忆力、听力、语言能力、理解语言的能力和类推等能力。创意是一种所有人都具备的能力，只是程度不同而已，少数天才可以探究和改造比普通人更加广阔和更为复杂的高端领域。

创意是多维度和经验性的。创意与丰富的知识及兴趣的多样性有关，视野宽广且经验或阅历丰富的"有准备的"头脑更容易产生创意。因此，技术创新或发明、经济创新或创业，以及艺术和文化创意等，这些通常被认为是截然不同的领域，也许创意上，它们会有紧密相关的联系。这些创意不仅经历的思维过程相同，而且相互"碰撞"会取长补短，相互促进，产生融合。

创意的价值非凡。美国斯坦福大学的经济学家、2018年诺贝尔经济学奖获得者保罗·罗默（Paul M. Romer）（1955—）常说，抛开市场上各种商品性能的巨大飞跃，生活水平的大幅提高总是来源于"更好的菜谱，而非更多的烹饪"。

理查德·佛罗里达（Richard Florida）说："创意不是一个保存在盒子里，到办公室后就可以拿出来向人炫耀的东西。要建立与众不同的思维方式和习惯，而要实现这一点，需要个人以及整个社会的共同努力。"这样有利于创意精神渗透到职场文化、价值观和社区的方方面面。创意精神不但反映了促进创意发展的行为准则和价值观，还进一步增强了创意所发挥的作用。

2. 创意思维

创意思维包括四个步骤，即准备阶段、沉思阶段、灵感闪现时刻、验证或修改阶段。由此可以看出一些端倪，那就是创意过程的真相是：创意有时魅力无限，令人兴奋，而大多数时候，创意是一个艰苦的劳动。创意需要关注，因此也对自律有高要求。

很多从事创意工作的人，他们的工作日程不是那么有规律，其背后的根本原因是不同种类的智力活动有着各自不同的活跃周期。很多创意工作者的辛勤工作依靠的是他自身的内驱力，而可能不是一份薪水。

在准备阶段，人们有意识地研究某项任务，可能会设法采用常规方法按部就班地着手解决。在沉思阶段，也是较为"神秘"的一个阶段，人的意识和潜意识会以某种"不可知"的方式对问题进行思考探索。灵感闪现阶段，那就是一秒钟的"我发现了！"实际上，是一种不同寻常的综合推理的过程。验证和修改阶段包括之后的所有思考工作。

3. 创意人士

创意人士有很多种类型，有一些是在工作中思维活跃、富于直觉，另外一些则思维严谨、有条不紊。有一些创意人士倾向于将精力投入到一些大胆的创意中，而另外一些则倾向于改进。一些创意人士喜欢频繁更换工作，另外一些则希望在大型组织机构中保持长期稳定的工作。一些创意人士喜欢与团队一起工作，另外一些则倾向于"单打独斗"。此外，很多创意人士的工作和生活方式可能会随着他们的不断成熟而发生改变[①]。

4. 创意工作

（1）创意工作引发了更多的分包生产方式

麻省理工学院的工业绩效研究中心的蒂莫斯·斯特金认为，生产外包有诸多好处。对创意公司来说，它使创意公司无须在生产方面劳心费神，能一心一意进行产品设计创意。这样一来，生产被划分为各自独立模块，从而实现了专业化，使得效率提高。对分包生产商来说，生产能力得到深化和拓展，还能分散风险，并从规模效应中获益。

分包生产方式，或称模块化生产方式，不局限于高科技电子产品行业。这种生产方式可以帮助许多行业解放更多创意。时尚业就是极佳的例证。卡尔文·克莱恩（Calvin Klein）和汤米·希尔费格（Tommy Hilfiger）只是设计公司，并不制作成衣。很多时装设计师、出版商和电子公司有时甚至把市场营销及产品分销这部分工作也分包出去。

这种现象的极端表现是"虚拟公司"，这类公司从生产、仓储、订单处理到广告、会计等几乎所有工作都外包出去，只留下设计人员、管理和营销等少数核心成员。公司内部的全职员工只有那些能够创造知识产权、进行创新设计或打造新品牌的成员。

---

① 理查德·佛罗里达．创意阶层的崛起[M]．北京：中信出版社，2010：44．

研发投入的增长，高科技初创企业、正规风险投资体系、创意工厂、分包生产体系以及全新的创意社会环境，这些因素同步发展，说明我们正步入一个创意时代，标志着创意经济时代的到来。

> **延伸阅读**
>
> ### 虚拟公司为何物
>
> 虚拟公司，又称"影子公司"，是指利用网络卫星等高科技通信和流通技术组成的不受地域时空限制的经营性组织。虚拟公司可能没有办公室、没有组织、没有系统层次与垂直整合。虚拟公司是看不到的公司。
>
> 虚拟公司是一种商业性的精英结构和精英文化，利用高信息技术手段，在全球范围内营造其软性操作机构，每个地区无须正式存在在该地域的办公人员，总公司就可以直接受理各地区的业务，随时处理全球性的工作。只要其及时提供产品和服务就可以了，消费者没有必要关心何时何地由哪个厂家完成的任务。
>
> 虚拟公司的主要特征是高智能性，能适应知识经济时代发展的需求，淘汰低信息、低知识、低技术含金量的劳动密集型产品和产业，取而代之的是高信息、高知识、高技术含量的知识密集型产品和产业。
>
> 虚拟公司在管理上的特点是信息的知识管理，即时间管理，以及不受时空限制的隐形管理。
>
> 虚拟公司与传统的组织形式相比较，具有以下几个优势：人才优势、信息优势、竞争优势、效率优势和成本优势。
>
> 人才优势体现在：现代通信与信息技术的使用，缩短了世界各地的距离，区位不再成为直接影响人们工作与生活地点的因素，这拓宽了组织的人才来源渠道。组织可以动态地集聚世界各地人才资源，这为获得那些通常很难招聘到的具有专长的人才创造了条件，而且也减少了关键人才的流失。
>
> 信息优势体现在：虚拟公司的成员来源广泛，能充分获取各地的知识、技术、产品信息等，这为保持公司的先进性奠定了基础。并且，成员可以采集各地顾客的需求，从而能够全面地了解顾客，有利于组织设计和开发出满足顾客需求的产品和服务，并建立起良好的顾客关系。
>
> 竞争优势体现在：虚拟公司是众多单项优势人才的联合，形成了强大的竞争优势。同时，通过信息共享、技术手段共享、知识共享等，好的经验、灵感能够很快在内部得以推广，快速实现优势互补和有效合作。网络内还有良好的知识采集、筛选、整理、分析工具和机制，使众多不同渠道的零散知识可以迅速整合为

系统的集体智慧，转化成竞争优势。

效率优势体现在：虚拟公司利用最新的网络、邮件、移动电话、可视电话会议等技术来实现沟通，非常高效，确保及时做出较为正确的决策。

成本优势体现在：虚拟公司打破了组织的界线，使得组织可以大量利用外部人力资源，减轻了人工成本压力；精简机构、重新设计组织构架，使人员朝有利于组织发展的方向流动，促使组织结构扁平化；公司柔性的工作模式减少了办公费用、为聚集开会而支付的差旅费用等，还减少了重新安置员工的费用，这些都有利于管理成本的降低。

（2）创意工作需要适合的环境来激发效率

"人与人之间随意轻松的感受"能够有助于激发创意互动。加拿大作家马尔科姆·格拉德韦尔（Malcolm Gladwell，1963—）认为，当职员们固守在办公桌前，安安静静地埋头工作时，这样的办公室并不能发挥应有的功能。因为创意活动，从根本上说，具有社会性。很多新想法都是从闲聊中产生的，不只是从正式的会议讨论中产生。最好的想法都产生于公司内部不同群体的非正式交谈。他认为，理想的交流发生在角色各异的人之间，他们有不同的视角，但同时又拥有相通的知识与兴趣，知道什么结果将会是互益的。

5. 创意管理

这一新兴的创意时代中最大的问题，就是创意与组织之间时时存在的对立状况。由于创意过程是社会性的，而不是个体性的过程，因此相应的组织形式必不可少。但是，组织中的某些要素会遏制创意的发展，这种状况经常发生。

我们不能像对旧式工厂或办公室的死板工作那样，对创意工作实施"泰勒科层制管理"。因为，首先，创意工作绝非重复劳动；其次，创意工作多为内在的脑力劳动，你无法直观地看到它，也就无法简单粗暴地进行"泰勒制"；再者，创意人员往往对公司过分制度化的管理有所抵触。

延伸阅读

泰勒的科学管理

弗雷德里克·温斯洛·泰勒（Frederick Winslow Taylor，1856—1915），是美国古典管理学家，被管理界誉为"科学管理之父"。泰勒认为，科学管理的目的是谋求最高劳动生产率，达到最高的工作效率的重要手段是用科学化的、标准化的管理方法代替经验管理。泰勒提出任务管理法，这种管理模式被称为"积极性加刺激性"的管理。

泰勒的科学管理的内容主要分为三个方面：作业管理、组织管理和管理哲学。泰勒的科学管理理论，使人们认识到，管理学是一门建立在明确的法规、条文和原则之上的科学，它适用于人类的各种活动，从最简单的个人行为到经过充分组织安排的大公司的业务活动。

泰勒的科学管理理论也有一定的局限性，如研究的范围比较小，侧重于生产作业管理，对于现代企业的经营管理、市场、营销、财务等，都没有涉及。更为重要的是，他对人性假设的局限性，即认为人是一种经济人，这无疑限制了泰勒的视野和高度。

彼得·德鲁克说过，知识工作者对薪酬激励、命令或惩罚的响应方式有别于体力劳动者。用好创意人员的关键是将他们视为"本质上的志愿者"，创意人员对公司做出的承诺并非一成不变的，而他们的工作动力也在很大程度上是依靠自我激励。他们靠着对公司宗旨和目标的奉献精神，期望参与公司的管理，与公司融为一体。

> **延伸阅读**
>
> **彼得·德鲁克是现代管理之父**
>
> 彼得·德鲁克（Peter F. Drucker，1909—2005）出版了超过30本书籍，传播130多个国家。他将管理学开创成为一门学科，目标管理与自我控制是其管理哲学，他认为组织的目的是创造和满足顾客，企业的基本功能是行销与创新，高层管理者在企业策略中的角色、成效比效率更重要。他认为分权化、民营化、知识工作者的兴起、以知识和资讯为基础的社会正在到来。
>
> 2002年6月20日，美国总统乔治·W.布什宣布彼得·德鲁克成为当年的"总统自由勋章"的获得者，这是美国公民所能获得的最高荣誉。

2.2.2 创意产业的概念

创意产业，又称创造性产业，指那些从个人的创造力、技能和天分中获取发展动力的企业，以及通过对知识产权的开发可创造潜在财富的活动。

创意产业是具有自主知识产权的创意性内容的产业，又称为智力财产产业、内容密集型产业。由于创意产业为创意人群发展创造力提供了根本的文化环境，因此又往往与文化产业概念交互使用。

创意产业门类多，它通常包括广告、建筑艺术、艺术和古董市场、手工艺品、时尚设计、电影与录像、电视和广播、交互式互动软件、音乐、表演艺术、旅游、博物馆和美术馆、遗产、体育、出版业、软件及计算机服务等。

英国教授约翰·霍金斯（John Howkins）提出了"创意经济"理念，指的是通过个人的天分、创造力和技能获取动力，通过对知识产权的开发，创造巨大财富。霍金斯认为，创意经济包括15个创意产业，如软件、研发与设计及电影和音乐等以创意为工作内容的产业等。这些产业都会产生知识产权，形式有专利权、著作权、商标权和专有设计权等。

20世纪以来，尤其是20世纪50年代以后，创意经济在美国迅猛发展，范围遍及全国，创意行业的从业人员持续增加。在1900年的时候，每10万个美国人中约有55位科学家或工程师，但到了1950年的时候，每10万个美国人中约有410位科学家或工程师，到了1999年，这个数字增至1 821人。美国不断加大开发投入，并获得丰硕回报，其专利数量不断增长。庞大的风险投资机构对于创意经济的发展助有一臂之力，因为风险投资加速了新公司的成立和创新技术的商业化、产业化进程。

创意行为并非新鲜事，因为自古以来，人类就会有各种各样的创意活动，这些活动通常都受人瞩目。我们目前所处在的时代，创意活动成为主流，并围绕创意活动的开展，创建整体的基础经济结构。如，科学与艺术的发展，使其本身产业化，二者通过新的方式结合，开辟出全新的产业。

"创意产业"的概念是首先由英国作为一项国家发展政策提出的。英国是最早提出"创意产业"的概念的国家，也是世界上第一个政策性推动创意产业发展的国家。在1997年大选之前，英国政府相关文件中一直使用"文化产业"这个概念。在1997年的英国大选后，工党政府上台，新上任的首相布莱尔成立了英国文化、媒体和体育部（DCMS），内设创意产业工作组（Creative Industries Task Force），将"文化产业"更名为"创意产业"。

"创意产业"这一概念最早是在1998年《英国创意产业路径文件》中出现的。布莱尔非常重视创意产业对英国的经济发展的重要性，他提出要通过"英国引以为豪的高度革命性、创造性和创意性来证明英国的实力"，要使英国从一个多世纪以前的"世界工厂"，蜕变为当代的"世界创意中心"。

英国没有简单认同被世界上多数国家普遍使用的"文化产业"（Cultural Industries），而是使用了"创意产业"的概念。无论是名称和内容的界定，还是所涵盖的领域，都突显了英国的特色，表达了英国对这一当代朝阳产业独到的看法。

荷兰将文化产业称为创意产业，荷兰经济部和教育文化科学部将创意产业划分为三个部分：艺术、媒体和娱乐、创意商业服务机构。

2.2.3 创意产业的发展

1. 创意产业的发展

"创意产业工作组"将"创意产业"定义为"源于个体创意、技巧及才能,通过知识产权的生成与利用,有潜力创造财富和就业机会的产业"。

根据这个定义,在2001年的英国《创意产业发展报告》中,广告、建筑、艺术和文物交易、工艺品、设计、时装设计、电影、互动休闲软件、音乐、表演艺术、出版、软件、电视广播等13个行业被确认为"创意产业"。此外,旅游、酒店、博物馆和艺术馆、文化遗产以及体育,也被认为与创意产业有着密切的联系。

英国创意产业的管理体制分为中央政府的纵向管理与地方政府和非政府部门的横向管理,国家文化、传媒和体育部是创意产业管理的核心部门,非政府公共文化机构和地方行政部门也承担了重要的管理职能。

布莱尔亲自担任"创意产业工作组"主席。创意产业特别工作组还成立了"促进创意产业出口咨询委员会"。2002年,这个委员会分解成"创意产业出口""设计合作""文化遗产与旅游"和"表演艺术国际发展组织"等4个机构,由英国文化、传媒和体育部与贸易和投资部的官员担任领导职务。

2002年,工党政府又将赛马、博彩、饮酒和英国女王伊丽莎白二世登基50周年庆典等事务交由文化、传媒和体育部管理。2005年,文体部发布《创意经济方案》(The Creative Economy Program),为创意产业的发展提供了一个更好的政策框架。2006年,又公布《英国创意产业比较分析》,将创意产业分类为三个产业集群:生产性行业、服务性行业、艺术工艺行业。

文化、传媒和体育部对创意企业实施跨部门的持续扶持政策,包括减免税收、知识产权保护、海外市场开拓、教育与技能培训等。英国政府对创意产业干涉不多,只是希望通过建立优良的环境来帮助其未来发展,面对创意产业出现的问题,政府给予资金支持、教育和培训等补救对策,包括加强创意产业的基础研究、培养公民创意生活与创意环境、重视数字化对创意产业的影响、积极开展国际合作与交流和为中小企业筹措资金。

在面临国内创业环境中关键的金融及投资问题时,英国文化媒体和体育部出版了"Banking on a hit"手册,指导相关企业或个人如何从金融机构或政府部门获得投资援助。创意产业财务支持系统包括奖励投资、成立风险基金,提供贷款及区域财务论坛等作为对创意产业的财务支持。

在英国艺术委员会的常规资助机构中,有90%以上的机构都有艺术教育的功能,33万青年人被纳入创意合作伙伴计划中,他们有机会与艺术家及其他创意专业人员一起工作，有3 000所左右的学校在音乐、舞蹈、戏剧、艺术和设计等学科方面设置了艺术学分。

布莱尔曾说，国家的繁荣，得益于国民的创新能力、再思考的能力、创意的能力，人们思维活跃，常常对下一个想法抱有好奇心，他们欢迎一个开放世界的挑战。而思维活跃很大程度上是在与艺术和文化的互动中提高的，人们或许不会成为艺术家或设计师，但无论在哪一份工作中，无论走哪一条路，他们都会怀揣一种无关乎买卖的理念，而是如何将平凡化为神奇。低收入人群免费参观博物馆时，艺术巨作也许也能刺激他们的些许灵感。经过十几年的努力，如今，英国成为仅次于美国的世界第二大创意产品生产国。

"创意产业"概念在英国被正式提出后，在很短的几年内就被一些国家所接受，如新加坡、澳大利亚、新西兰等，并将其作为一种发展战略进行大力推广。2008年，澳大利亚文化部部长委员会在《打造创意创新经济》报告中将"创意产业"的范畴进行了界定：音乐与表演艺术；电影、电视与广播；广告与营销；软件开发与互动内容；写作；出版与平面媒体；建筑、设计与视觉艺术。

许多作者和政策制定者用"创意产业"指代"文化产业"，作为一个政策性概念，这一术语倾向于把广义的产业活动进行分类处理，无论是用于商业产业还是非商业产业。有学者认为创意产业脱胎于文化产业，创意产业是对文化产业的深化，或者说是一种超越。

延伸阅读

《哈利·波特》的全球奇迹

《哈利·波特》（Harry Potter）是英国作家J. K. 罗琳（J. K. Rowling）于1997—2007年所著的魔幻文学系列小说，共七部，其中前六部以霍格沃茨魔法学校为主要舞台，描写的是哈利·波特在霍格沃茨前后六年的学习生活和冒险故事；第七部描写的是哈利·波特在第二次魔法界大战中在外寻找魂器并消灭伏地魔的故事。罗琳说她写的七本书，一本比一本的黑暗色彩要多，随着哈利的年龄增长，他的敌人伏地魔的能力也越来越强。

1997年6月，第一集小说《哈利·波特与魔法石》的英国原版在一家小型的中立出版社Bloomsbury出版。随后短短15个月之内销售15万册，登上英国《卫报》《泰晤士报》等多家图书的畅销书排行榜，并获得了斯马尔蒂斯奖、英国图书奖年度儿童图书等几大奖项。该系列前三集都获得了9~11岁年龄组"雀巢聪明豆儿童图书奖"（Nestlé Smarties Book Prize）。

1998年，美国学者出版社以105 000美元的高价拍得《哈利·波特与魔法石》在美国的发行权，从此打开了《哈利·波特》系列风靡全球之路。皇冠出版社和人民文学出版社分别出版繁体中文版和简体中文版，引起华人区轰动。第五集《哈利·波特与凤凰社》和第六集《哈利·波特与"混血王子"》更是大做广告宣传，无论是原版在英国还是其他语言版本在世界各国首发，都非常高调，销量也迅速登占各国图书销售排行榜。

　　截至2013年5月，"哈利·波特"系列丛书已经被翻译成73种语言，共卖出了超过5亿本。美国华纳兄弟电影公司把7集小说改拍成8部电影，前6集各一部，而第七集分成上、下两部。2001年，第一部电影首映票房达到3.13亿美元，创下了全球4 000多家影院同时上映、全球最卖座儿童影片等8项影史纪录。哈利·波特电影系列是全球史上最卖座的电影系列，总票房收入达78亿美元。DVD、玩具、电脑游戏和其他衍生商品也随之在全世界热卖。

　　2005年11月18日，哈利·波特童装与电影同步面世，首饰、手表、礼品以及文具用品等都掀起了一股哈迷的抢购热潮，甚至出现了叫作"比比多味豆"的糖果、魁地奇球袍和家养小精灵制作的袜子。哈利·波特俨然已成为一个世界品牌，据美国《福布斯》杂志估计，其品牌价值已超过10亿美元。

　　反对派批判《哈利·波特》，他们更多地关注作品的传播、对读者的影响等文本外的因素，本质上是对哈利·波特这样一种全球化消费现象的担忧，是对人们在商品化大潮中逐渐迷失自我的恐惧，是敏感的文化先锋们对一个时代的审美趋向做出的迅速反应。

　　在科技高度发达的后工业时代，无论是文学作品的传播速度还是覆盖面，都是以往任何一个时代所不能及的，文学作品也走下了高雅的店堂，成为文化产业商品大军中的一员，加上后现代文化的多样性和自主性，经典的形成过程也变得相当复杂，对《哈利·波特》的争论反映了人们对文学商品化的抵制。

（资料来源：百度百科）

思考题

通过《哈利·波特》的全球销量奇迹，你对文化创意产业产生了哪些思考？

2. 创意产业联盟

　　创意产业联盟（Creative Industry Alliance），指在创意产业领域为确保合作各方的市场优势，寻求新的标准、规模、机能或定位，应对竞争，或将业务推向新领域等目的，企业、高校、科研院所、行业团体间结成的互相协作和资源整合的一种合作模式。联盟成员是某一行业内的机构，或是同一产业链各个组成部分的跨行业企业及相关机构。联盟成员间一般没有资本关联，地位平等，独立运作。

中国创意产业联盟（China Creative Industry Alliance，CCIA）是由国务院有关部委领导支持、全国政协有关委员会和国家多部委指导，全国知名的创意机构发起成立的创意产业化协作发展的联盟，为促进中国创意产业向高文化和高技术化的发展，推动中国创意产业大发展和大繁荣，以最终实现创意强国目标而团结在一起的唯一的全国性创意产业合作联盟。中国创意产业联盟设有专家委员会、若干个区域委员会、行业委员会、创意产业研究院和基金理事会。

2.3 文化创意产业的概念

2.3.1 文化创意产业的概念

文化创意产业，就其名称本身，包含了文化、创意、产业三个内容，分别代表了文化创意产业既有区别又相互关联的三个阶段，三者共同构成了文化创意产业的内涵。

文化和创意本身不能直接变成财富，它们必须经过一个技术化和产业化的过程，成为市场上受欢迎的大量商品和服务。以创意为核心，向大众提供文化、艺术、精神、心理、娱乐产品的新兴产业，是文化产业中最具创造性和先导性的核心组成部分，是文化产业的高端，是文化产业的创新性产业。

关于"文化创意产业"（Cultural and Creative Industries）的概念，学术界普遍认为源于英国 1998 年提出的"创意产业"。英国文化、媒体与体育部发布的《创意产业专题报告》指出，创意产业包括广告、建筑、艺术品和古董交易市场、手工艺品、（工业）设计、时装设计、电影和录像、互动性娱乐软件、音乐、表演艺术、出版、电脑软件及计算机服务业、广播与电视共 13 类。

2002 年，中国台湾地区借鉴英国创意产业发展经验，提出发展"文化创意产业"，将其定义为"源于创意或文化累积，通过智慧财产的形式与运用，具有创造财富与就业机会潜力，并促进整体生活提升的行业"。

与英国的定义不仅内涵相近，连表达的词组结构也一致，都是着眼于个人创意、技能与才干，重视智慧财产权的保护与应用机制，并强调经济效益，重视经济发展与创造就业机会；都是源于创意，通过智慧财产——知识产权来创造财富和就业。不同点在于，中国台湾在定义文化创意产业中比英国多了"提升生活"这一要素，表明了文化创意产业在注重经济效益的同时，也注重社会效益。

文化创意产业是指依靠人的智慧、技能和天赋，借助于高科技对文化资源进行创造与提升，通过知识产权的开发和运用，产生出高附加值产品，具有创造财富和就业潜力的产业。

文创产业是文化、经济和技术相融合的产物，以创意为核心驱动力和根本标志，在价值链发展的最顶端，促进各创新要素的积聚，打破传统第二、第三产业的界限，实现对不同行业、不同部门和不同领域的重组与合作，形成融合多种产业内容、产业流程的混合型、创新型产业形态。

2.3.2 文化创意产业与文化产业、创意产业的联系

在我国，从内涵来看，文化产业主要从产业的角度、从所提供的产品及服务的精神文化性质着眼，只要是为社会公众"提供文化、娱乐产品和服务"、满足人们精神文化需求的产业，都是文化产业。而文化创意产业，除了服务于个人的精神文化消费需求外，还明显突出"生产性服务业"的性质，即服务于在生产领域提升产品附加值、在经济发展中提升产业结构的要求。

从外延来看，文化产业与文化创意产业外延不同，但有一定的交叉。

2004年4月1日国家统计局发布的《文化及相关产业分类》中将文化产业分为三个层面：一是文化产业核心层，包括新闻服务，出版发行和版权服务，广播、电视、电影服务，文化艺术服务；二是文化产业外围层，包括网络文化服务，文化休闲娱乐服务，其他文化服务；三是相关文化产业层，包括文化用品、设备及相关文化产品的生产与销售。我国文化创意产业的外延范围包括与文化事业相对应的文化产业、设计产业、体验产业和旅游业。

可见文化产业概念划分更侧重于产出和公众服务的角度，在外延上所涵盖的门类与文化创意产业有一定的交叉，但是涉及面相对要窄一些。

有学者将"创意产业"分为"文化创意"和"科技创意"两大部分。"文化创意产业"这个概念之所以目前有不少人使用，是因为它集文化产业与创意产业这两个概念于一身，涵盖了更为广阔的文化经济活动，在中国语境里有弥补文化产业概念不足的意义，强调了创意源头的作用，更加注重产业链的意义，强调了产业的经济价值主要由文化价值来决定。

同时，"文化创意产业"也对文化产业和创意产业进行了力所能及的融合与沟通，并且更加重视设计业在文化创意产业中的地位和重要价值。

另外，从本源来讲，"文化产业""创意产业"与"文化创意产业"三者间的"同"远远要大于"异"。这也可以从中国香港政府历经"创意产业"到"文化创意产业"命名变革上得到佐证。

文化创意产业比文化产业、创意产业的定义有更深远的内涵。首先，文化创意产业是生产创意产品的企业集合，创意产品是作为无形资产的创意渗透于生产过程所创造出的具有象征价值、社会意义和特定文化内涵的产品或服务。

其次，文化创意产业不仅强调文化和艺术对经济发展的支持与推动，也涉及经济与文化的互动性和互补性，保证经济与文化的一体化发展。它的发展和延伸领域极其广泛，不仅包括了传统产业，还拓展了新的知识经济的产业内涵。

最后，文化创意产业所体现出的空间差异性较强，许多类型的创意产品在偏好各异的消费者眼里总是和特殊的地理位置联系在一起的，如巴黎时装、伦敦的歌剧、纽约的百老汇。

文化创意产业的兴起和发展是当代经济、文化、科技融合发展在产业层面的具体表现。它以其独特的形态演变和运行方式与其他产业发生广泛而复杂的联系，极大地影响一个城市、一个国家的经济运行和社会文化发展。

"文化创意产业"是我国的独创理念，目前国内只有北京、香港和台湾明确提出发展"文化创意产业"。

借鉴世界各国创意产业分类，立足于我国的行业划分标准，可以将我国文化创意产业分为四类，即文化艺术，包括表演艺术、视觉艺术、音乐创作等；创意设计，包括服装设计、广告设计、建筑设计等；传媒产业，包括出版、电影及录像带、电视与广播等；软件及计算机服务。

2.3.3 文化创意产业与传统文化产业的联系

文化产业根据创造性属性的不同，可以分为传统类文化产业和创意类文化产业。传统类文化产业主要是指以传承传统文化为主的文化产业，例如传统戏剧表演、传统民间活动、传统手工工艺和饮食文化等。这些是成型文化产品的简单再生产，它关注的是创意结果的工业化复制和市场化发展，而忽视文化产业本身要求的创新和变革，这种生产型产业被称为传统文化产业。

与之相比，创意类文化产业则指需要通过个人创意、创造、创作来体现成果的文化产业，例如新闻出版、电影和音乐、广播和电视、歌舞表演等。这种创造型产业较为高端，更强调"创意"本身，从而突出创意在产业发展过程中的核心作用，被称为文化创意产业。

科技类创意产业虽然具有一定的文化属性，但由于是以科技属性占主导地位，所以不能归为文化产业；传统类文化产业由于其创意性不强，缺乏创意产业定义的三大要素，也不能归为创意产业。而文化类创意产业和创意类文化产业既有文化性质，又具有创新性质，是创意产业与文化产业的交叉部分。

传统文化产业的理论和实践发展，为文化创意产业提供了源泉。传统文化产业强调文化与产业的对接，通过对文化的挖掘与开发，激活其内在的经济价值。在对接的过程中，文化产品与普通大众之间的距离日益接近，大众文化产品成为文化产业中的主导类型。大众文化产品的生产、推广、营销，都为当代文化创意产业提供了可资借鉴的经验。

在应用层面，传统文化产业关注的是文化行业的经济价值，并未将"创意"提升到与"文化"并驾齐驱的重要位置。与传统文化产业不同，文化创意产业不仅仅是传统国民经济统计意义上的产业概念，文创产业中的创意是该产业的核心与关键。

这种创意不是对传统文化的简单复制和开发，而是依靠创意人才的智慧、灵感和想象力，借助于高科技对传统文化资源进行再创造、再提高。如果缺乏好的创意，文化资源就会闲置，甚至浪费。相反，一旦创意的核心作用得到重视和实际应用，很多文化资源便可充分焕发活力，并取得市场成功。

传统文化产业和文化创意产业都强调后续产业链的发展。传统文化产业观念中的产业链是线性发展的，即通过文化产品的先导性作用，引领与之相关的后续产品开发，如授权产品、相关玩具、主题公园等。

而文化创意产业则通过"创意"整合之前毫无联系的产业门类，并以创意为核心实现齐头并进。文化创意产业中的创意因素无所不在，占据产业价值链的高端。产品设计、建筑设计、手工产品的制作、艺术品设计与制作、广告创意等，创意活动与几乎所有的产业相关。

发掘每一个产业中的文化创意因素，以文化创意来提升产品的附加价值，成为文化创意产业体现价值的关键。

总之，文化创意产业与传统产业的发展方式不同，文创产业以创意驱动制造工艺，创新营销手段，开发衍生产生，形成多元整合、一次投入、多次产出的链条。在这个链条中，创意是核心价值，产业链通过创意的"价值扩散"来实现，原创企业通过合作开发、专利技术或者版权转让形式，把创意的核心价值扩散到周边关联产业中，形成长线生产能力，扩大产业链的规模。

 课后思考

影响你的文化消费的因素有哪些？

案例分析

越来越有创意的主题公园

主题公园被认为起源于荷兰。荷兰的一对马都拉家族夫妇，为纪念在第二次世界大战中牺牲的独子，兴建了一个公园，1952年开业，随即轰动欧洲，成为主题公园的鼻祖。其微缩了荷兰120处风景名胜，开创了世界微缩景区的先河。

1955年7月开幕的迪士尼乐园，是在美国加利福尼亚州兴建的世界上第一个现代大型主题公园，风靡了美国，再传到全世界各地。其将迪士尼电影场景和动画技巧，结合机械设备，将主题贯穿于各个游戏项目之中，让游客有着前所未有的体验。

主题公园要具有创意性、启示意义，主题是主题公园的灵魂，同时也是主题公园区别于其他商业娱乐设施的根本特征。根据旅游体验类型，主题公园可分为五大类型，包括情境模拟、游乐、观光、主题和风情体验、4D体验等。

主题公园是从杂耍的概念孕育起来的，这是主题公园天然的特性，主题公园营造快乐的本质不会变，在未来，主题公园在产品内容上也更加追求娱乐性，迎合游客娱乐需求的多样化，如在导游系统、餐饮系统、购物系统、表演系统、乘骑系统、氛围营造系统等方面，通过创意，去丰富表演性内容及强化参与性内容、亲子娱乐内容、情侣娱乐内容、团队娱乐内容等。

有了高科技的加持，新动力、新材料、新性能的机器产品形态不断涌现，高度更高、坡度更大、速度更快、晕旋感更强、安全更有保障的乘骑产品也更加丰富。随着信息时代的到来和虚拟技术的成熟，主题公园产品形态的智能化和虚拟化也不断地加快进程，主题公园产品形态已经进入概念创新的发展阶段。

目前主题公园的盈利模式主要是依赖娱乐、餐饮、住宿等设施项目和旅游纪念品，门票收入只占主题公园的收入结构中的百分之二三十。旅游纪念品带来二次盈利，还能产生品牌影响力。

另一个盈利模式是打造主题公园产业链，把主题旅游与主题房地产结合起来，再加上主题商业，成为一个融居住、娱乐、商业等于一体的人居系统。此外，还推动了旅行社、歌舞演艺、策划、设计、动画、网游、主题消费品等其他产业的发展。

中国的主题公园在过去20年里得到了前所未有的飞速发展。AECOM撰写的《中国主题公园项目发展预测报告》显示，2017年中国主题公园游客总量增幅近20%。该报告曾预测，到2020年，中国会成为世界最大的主题娱乐市场。

虽然目前我国的主题公园产业在各种乐观和不乐观的因素的影响下，处于喜忧参半的局面，但经过精心规划和设计，不断推陈出新的主题公园必将拥有美好的发展前景。

（资料来源：百度百科）

思考题

通过主题公园的发展变迁，你对文化创意产业的发展有了哪些思考？

本章小结

1. 文化是社会秩序得以传播、再造、体验及探索的一个必要的表意系统。文化产业是与社会意义的生产最直接相关的机构。文化产业是指按照工业标准生产、再生产、储存及分配文化产品和服务的一系列活动。

2. 文化产业分为广播电视电影服务、新闻出版发行服务、文化信息传输服务、文化休闲娱乐服务、文化艺术服务、文化创意和设计服务、工艺美术品的生产、文化用品的生产、文化专用设备的生产以及文化产品的辅助生产这十大类。

3. 文化产业的内涵是为社会公众提供文化、娱乐产品和服务的活动，以及与这些活动有关联的活动的集合，范围包括电视、无线电广播、电影、书报刊出版、广告、音乐的录制与出版产业、视频与电脑游戏、网络设计、文化休闲娱乐服务、文化用品与设备及相关文化产品的生产与销售等。

4. 时尚产业并不是一个独立的产业门类，是产业集群的综合表现。时尚是跨越高附加值的先进制造业与现代服务业的产业界限的多产业集群组合。通过各种创意、技艺、传播、消费的因素，对各类传统产业资源要素进行整合、组合后形成的一种较为独特的产品、商品运作模式。

5. 文化产业的特征是：高风险、格式化、有限的创作自主化。

6. 中国文化产业发展中的热点是：电视剧发展依然走在最前端；电影生产频出爆款，刷新纪录；游戏产业"短板"不再，文化价值推进产业创新；动漫产业开始崛起；音乐依托平台谋求多元化发展；"文化+旅游"成为文化产业新的发展现象。

7. 文化消费是指人们为了满足自身的精神文化生活需要，而采取不同方式来消费文化产品和文化服务的行为。

8. 文化消费是一个跨文化与经济两个领域的交叉概念，文化消费的主体是有精神文化需求的个人或群体，消费对象是以文化为载体的物质产品或者非物质产品。

9. 文化产品能传达生活理念、表现生活方式，是具有传递信息或娱乐作用的消费品。文化产品能够大量生产并广泛传播，包括图书、杂志、多媒体产品、唱片、电影、录像、视听节目、软件、工艺品和设计品等多种形式。

10. 文化服务指满足人们文化兴趣和需要的行为。常见的文化服务形式有艺术表演、文化活动本身，如观看文艺演出、文化旅游等。

11. 文化消费的具体内容包括绘画、雕塑、书法、影视、戏剧、音乐、舞蹈、文化教育、杂技及手工艺品，以及烹饪、文物、出版、音像、休闲、娱乐、中医保健等，广义的还包括健身、体育表演和赛事观赏等。

12. 当前，文化与科技融合成为文化产业发展主流，数字技术与互联网的发展支撑了文化产业的创新升级，"文化+"概念催生出新兴文化产业业态，于是涌现出许多新生的文化消费的热点。文化消费支出逐步加快，文化消费走向日益个性化、多样化，移动互联网的文化消费呈指数级发展，娱乐式、体验式等大众文化消费正在成为主流模式。

13. 文化消费指数包括文化消费环境、文化消费能力、文化消费水平、文化消费意愿和文化消费满意度。

14. 中国文化产业的发展总体上将呈现出以下趋势：文化产业竞争区域化竞争将全面展开，地区间的不均衡发展态势进一步突出；文化产业集团将进入整合期；数字技术将有进一步的发展和推广；产业间合作力度加大；文化产业内部各领域分工将会进一步细化和专业化。

15. 创意是具有新颖性和创造性的一种思想、概念、想法或构思，是破旧立新、思维碰撞，是不同于寻常的解决方法。新创意会衍生出无穷的新产品、新市场和财富创造的新机会，所以创意成为推动一个国家经济成长的原动力。

16. 创意并非是少数天才的"专利"，创意的产生，需要的还是我们普通人的一些普通能力，如注意力、观察力、记忆力、听力、语言能力、理解语言的能力和类推等能力。创意是一种所有人都具备的能力，只是程度不同而已。

17. 创意是多维度和经验性的。创意与丰富的知识及兴趣的多样性有关。

18. 创意思维包括四个步骤，即准备阶段、沉思阶段、灵感闪现时刻、验证或修改阶段。

19. 创意工作引发了更多的分包生产方式；创意工作需要适合的环境来激发效率。

20. 创意产业，又称创造性产业，指那些从个人的创造力、技能和天分中获取发展动力的企业，以及通过对知识产权的开发可创造潜在财富的活动。

21. 创意产业门类多，它通常包括广告、建筑艺术、艺术和古董市场、手工艺品、时尚设计、电影与录像、电视和广播、交互式互动软件、音乐、表演艺术、旅游、博物馆和美术馆、遗产、体育、出版业、软件及计算机服务等。

22. "创意经济"理念，指的是通过个人的天分、创造力和技能获取动力，通过对知识产权的开发，创造巨大财富。

23. 许多作者和政策制定者用"创意产业"指代"文化产业"，作为一个政策性概念，这一术语倾向于把广义的产业活动进行分类处理，无论是用于商业产业还是非商业产业。有学者认为创意产业脱胎于文化产业，创意产业是对文化产业的深化，或者说是一种超越。

24. 文化创意产业是指依靠人的智慧、技能和天赋，借助于高科技对文化资源进行创造与提升，通过知识产权的开发和运用，产生出高附加值产品，具有创造财富和就业潜力的产业。

25. 文创产业是文化、经济和技术相融合的产物，以创意为核心驱动力和根本标志，在价值链发展的最顶端，促进各创新要素的积聚，打破传统第二、第三产业的界限，实现对不同行业、不同部门和不同领域的重组与合作，形成融合多种产业内容、产业流程的混合型、创新型产业形态。

26. 从内涵来看，文化产业主要从产业的角度、从所提供的产品及服务的精神文化性质着眼，只要是为社会公众"提供文化、娱乐产品和服务"、满足人们精神文化需求的产业，都是文化产业。而文化创意产业，除了服务于个人的精神文化消费需求外，还明显突出"生产性服务业"的性质，即服务于在生产领域提升产品附加值、在经济发展中提升产业结构的要求。

27. 从外延来看，文化产业与文化创意产业外延不等同。文化产业概念划分更侧重于产出和公众服务的角度，在外延上所涵盖的门类与文化创意产业有一定的交叉，但是涉及面相对要窄一些。

28. 文化创意产业比文化产业、创意产业的定义有更深远的内涵：文化创意产业是生产创意产品的企业集合；文化创意产业不仅包括了传统产业，还拓展了新的知识经济的产业内涵；文化创意产业所体现出的空间差异性较强。

29. "文化创意产业"是我国的独创理念，明确提出发展"文化创意产业"。

30. 我国文化创意产业分为四大类，即文化艺术，包括表演艺术、视觉艺术、音乐创作等；创意设计，包括服装设计、广告设计、建筑设计等；传媒产业，包括出版、电影及录像带、电视与广播等；软件及计算机服务。

31. 传统文化产业的理论和实践发展，为文化创意产业提供了源泉。文创产业中的创意是该产业的核心与关键。

第三章

文化创意产业的特征

学习目标

1. 了解国外文化创意产业发展的概况。
2. 了解我国文化创意产业发展的现状。
3. 了解文化创意产业的特征。

课前引例

"树德之光"创意生活用品复合体验店

树德生活馆开了国内第一家 24 小时开放的创意生活用品复合体验店——"树德之光"。该店坐落在广州海珠区一个化学试剂厂旧址内,是一个集合了六大主题复合业态,"吊打"众多艺术馆和生活集合店的打卡"圣地"。

"树德之光"从外到内都采用了极简风格,简洁到没有简介。纯白外墙,落地玻璃,木制软装,门店外没有招牌。早上,白色的外形与日光结合,传递着干净与通透。晚上,纯白的建筑面都会附上一层光的颜色,每周七天呈现不同的颜色,给消费者带来"百变"的体验。

"树德之光"内包括了树德设计书店、树德生活馆、树德美术馆、树德创意中心、树德创意部落、国际设计展厅等空间。楼栋之间是互联的,利用连廊嫁接。公共空间采用悬空的设计打造宽敞的社交空间。

第一幢纯白的房子有三层:一楼是 Shuter café 饮品和甜点区,二楼是半开放式的设计书店,分为生活美学区、儿童绘本区、设计创意区三大区域,墙边的书架按衣、住、行、人、文、社、科将书籍进行了分类。在树德设计书店中,设有贯通上下的垂直纵深、微观见宏观的管窥装置,让一楼到二楼之间的视野连通。三楼做成了挑空的图书馆,用工业风脚手架和原木柜子搭建而成的书墙,展示着许多设计类书籍。

图书馆定期邀请设计大师和文学创作者举办沙龙，分享最前沿设计资讯。

书店的后方，是树德生活馆24小时复合店，存放着中国的新锐设计师的原创设计产品。此外，复合店内还提供免费的手工体验课程。这是一个多功能的空间，层高近10 m，既可办展，又可举办一些特别的活动。空间的灵活性很大，一个大大的户外阳台是它的专属延展。

此外，店内还设有挑高6米的展厅，展示着全球顶级设计奖《全球工业设计100》的经典作品，以及一些来自创意品牌和工作室的设计产品。

树德从文具"转战"到文创领域。树德前身是高端文具供应商，曾跻身于中国十大文具品牌。随着无纸化办公的到来，考虑到行业本身的局限性，团队走上了从文具转型到设计用品的文创之路。

于2014年在淘宝、京东、微店等电商渠道上线树德生活馆，2015年开了第一家树德生活馆旗舰店，占地1 000平方米，还进驻了北京朝阳大悦城、广州正佳广场和广州K11等购物中心，短短2~3年时间，取得了不俗的成绩，如广州正佳广场Hi百货的店中店的30平方米的树德，一天能卖出近2万的销售额。

区别于市场上许多寻常的"生活馆"，树德主推自有产品的原创设计，团队自身原创产品约占80%；创始人及设计团队先后斩获了德国Reddot红点奖、IF奖、日本Good design奖、Asia Design亚洲卓越设计奖、CDA中国设计奖以及中国红棉至尊奖等世界著名设计大奖。

树德在拓店上极为谨慎，目前主要运营三类店铺：第一类是24小时复合店，经营树德自身原创的产品，和设计师的品牌、咖啡、书店、电影院、手工和旅馆等；第二类是店中店，只有几十平方米，选择与调性相符的书店、创意集合店或咖啡店等合作；第三类是旗舰店，100~200平方米，主推树德精选的自有原创产品。

"店中店"能尽量降低拓展成本，而"24小时"店则能提供"人无我有"的服务，进一步提升竞争优势。对于消费者来说，文创产品的设计理念虽然有很多，但是类型还是大同小异。"24小时"店打造了经营时间的差异性，能在情感和认知层面抢夺消费者的注意力，加强顾客对品牌的认同与传播。

日后，继24小时书店外，24小时生活集合店也将越来越常见。目前，国内文创生活集合品牌正处于蓬勃发展的"窗口"期。

思考题

你心目中的文化创意产业有哪些特点？

3.1　国外文化创意产业发展的概况

各国的定义有所不同，如英国、新加坡、奥地利、泰国将文化产业称为创意产业；西班牙将文化产业称为文化休闲产业；韩国称文化产业为内容产业；美国称之为版权产业。

称谓的不同，反映了文化创意产业在各国的内涵与外延的不同，但是核心产业在各国具有一致性，比如出版、多媒体、音像视听和手工艺设计等产业，这些产业是技术与文化高度结合，需要生产者在文化生产过程中花费大量脑力劳动在创作、包装和策划中，智力密集型特征突出。

3.1.1　美国

美国政府没有明确提出"文化创意产业"的概念，也没有确定较为严格的量化程序。但是其版权产业所包含的产业门类与我们所说的文化创意产业大致相当。

美国的版权产业被分为四类：核心版权产业、部分产权产业、发行类版权产业和版权关联产业。

第一类"核心版权产业"，主要包括广播影视业，录音录像业，图书、报刊出版业，戏剧创作业，广告业，计算机软件和数据处理业等，其基本特征是研制、生产和传播享有版权的作品或受版权保护的产品。

第二类"部分产权产业"，产业内的部分物品享有版权保护，较典型的如纺织、玩具制造和建筑业等。

第三类"发行类版权产业"，主要是以批发和零售方式向消费者传输和发行有版权的作品，如书店、音像制品连锁店、图书馆、电影院线和相关的运输服务业等。

第四类"版权关联产业"，其所生产和发行的产品完全或者主要与版权物品配合使用，如计算机、收音机、电视机、音响设备、录像机和游戏机等产业。

美国是一个年轻的国家，但是文化产业兴起较早。

美国文化产业有以下几个优势领域：以好莱坞为代表的电影产业，有高预算的国际大片，也有本土化的类型影片，很多作品题材是舶来品，强势企业有华纳兄弟娱乐公司、华特迪士尼公司和环球电影公司等；广播电视产业，强势企业有全国广播公司（NBC）、哥伦比亚广播公司（CBS）和美国广播公司（ABC）；以百老汇为代表的演艺产业，强势企业有舒伯特集团、倪德伦集团和朱詹馨剧院等。

3.1.2　英国

英国作为继中国和美国之后的世界第三大文化出口国，英国文化创意部门每年贡献的 GDP，是汽车、石油、天然气、航空航天和生命科学行业的总和，成为英国世界竞争力的重要支柱。

英国文化大臣杰里米·赖特（Jeremy Wright）近来对外公开表示："英国已重返全球软实力第一位，其增长主要由创意产业推动！"随后，英国的创意产业渐渐赶上其老牌金融业，成功帮助英国实现了从"保守绅士"到"创意先锋"的成功转型，成为全球三大广告产业中心之一、全球三大最繁忙的电影制作中心之一和国际设计之都。

由英国动画《小猪佩奇》衍生而来的"小猪佩奇"英国主题乐园，深受全球家长和孩子们的欢迎；小说《哈利·波特》系列改编成电影版，电影中经典场景变成旅游大热景点；英剧《神探夏洛克》掀起游客打卡伦敦贝克街（Baker Street）的"夏洛克·福尔摩斯博物馆"的热情；同时，伦敦设计节、伦敦时装周、伦敦游戏节和伦敦电影节是英国创意产业最光鲜的四大招牌。

英国创意产业的管理体制分为中央政府的纵向管理与地方政府和非政府部门的横向管理，国家文化、传媒和体育部是创意产业管理的核心部门，非政府公共文化机构和地方行政部门也承担了重要的管理职能。

政府专门成立的"创意产业特别工作组"，由当时的首相布莱尔亲自担任工作组主席。创意产业特别工作组还成立了"促进创意产业出口咨询委员会"。2002 年，这个委员会分解成"创意产业出口""设计合作""文化遗产与旅游"和"表演艺术国际发展组织"等 4 个机构，由英国文化、传媒和体育部与贸易和投资部的官员担任领导职务。2002 年，工党政府又将赛马、博彩、饮酒和英国女王伊丽莎白二世登基 50 周年庆典等事务交由文化、传媒和体育部管理。

此后，文化、传媒和体育部对创意企业实施了跨部门的持续扶持政策，包括减免税收、知识产权保护、海外市场开拓、教育与技能培训等。为实施"创意英国"战略，该部 2008 年发布《新经济下创意英国的新人才》战略报告，提出了包括人才培养在内的 26 条促进建成"全球创意中心"的行动计划和相应目标。

实践证明，大文化管理体制对于推动文化和经济的相互融合，实现文化经济化和经济文化化，以文化这个引擎带动相关产业或行业的发展，具有重要作用。英国政府经常通过发布白皮书或法案的形式，出台政府发展创意产业的方案或制定保障文化产业发展的措施。

在这一领域的主要指导性文件中，《数字英国：最终报告》是非常值得关注的，它是英国政府针对数字时代出台的最为严肃的政策。该报告涉及三个主要议题：增强数字参与力度、建设新的通信基础设施、更新相关的法律法规架构，其中有很多内容涉及创意产品和服务的生产与交易、知识产权的地位、公共部门和私有部门的关系等。

该报告将盗版视为创意产业健康发展的主要威胁，并提出了解决办法。随着2010年4月数字经济法案的通过，报告中的很多政策建议成为法律。在英国，没有对文化进行全面宏观制约的法令，在文化产业的某些具体领域有一些法律法规规范，如广播影视、遗产保护和新媒体等领域。另外，在税法、劳工法等其他领域的法律中，也间或有与文化产业相关的规定。

在英国，创意产业是除金融业以外的英国第二大支柱，优势领域有：创作业，英国文学成就辉煌，有布克奖、詹姆斯泰特布莱克纪念奖、英国图书奖和橘子奖等200多个文学奖；音乐业，成为国家新名片；设计业，英国本土有4 000多家公司专门从事高品质商业设计，拥有众多自由设计师，定期举办伦敦设计节，全英动漫企业超过300家；旅游业，近年在英国异军突起，趋势是以古堡为载体发展物质文化遗产旅游和以博物馆、艺术馆为载体培育新兴创意文化消费市场。

3.1.3 法国

法国对文化产业的界定是：与可再生的文化产品和受众的扩展相关的领域，包括图书、印刷品、播放设备、电影院、多媒体制品、游戏软件和相关副产品的创作、生产与销售。法国文化产业涉及的行业有三个层面：外层是文化相关产业，包括文化遗产、博物馆、艺术品、信息产业、旅游产业；内层为创意产业，指演艺行业、时尚业、建筑、广告、创意设计等方面；内核由报刊产业、图书出版、电影、电视、音像产业组成。文化创意产业是法国国民经济的重要支柱产业。

法国是第二次世界大战后欧洲最早设立文化部的，其主要职责是扶持法国文化产业发展。戴高乐总统给法国文化事务部确定的使命是："使大多数法国人能够接近人类的尤其是法国的文化杰作，确保他们对我国文化遗产的兴趣，促进文化艺术创作，繁荣艺术园地。"

法国的政府比英美等国干预相对多一些，历届政府的施政纲领里都有对文化产业及相关产业给予不同形式的财政支持或赞助，主要形式有三种：一是中央政府直接提供赞助、补助和奖金等，法国文化机构的资金都是由政府财政直接拨款，而非自负盈亏；二是地方财政的支持，主要体现在各级地方财政预算和项目营运收入；三是政府通过制定税收优惠政策鼓励企业为文化发展提供各类帮助，参与支持文化事业的企业可享受税收优惠。

法国政府坚持文化民主原则和文化特殊原则，文化民主原则是指把文化作为每个公民都应享受的基本权利来保障，让全体民众参与和享受文化，把文化作为公民福利的一部分来推广；文化特殊原则表现在对外坚决反对把文化列入一般性服务贸易，法国政府联合欧盟其他成员国，对美国在文化产品和服务方面的自由贸易要求持续进行抵制，法国对外国文化商品进口设置关税壁垒。

法国文化产业均衡发展，报刊产业源远流长；法国图书业在各国实体书出版发行每况愈下的形势下独树一帜，情况乐观；电影业发展迅速；电视业也是世界领先；舞台表演艺术业中，戏剧得到政府重点扶持，街头表演大规模发展；文化遗产业受到重视，并由此创造了很多工作岗位；旅游和体育产业高度发达。法国文化产业中的优势产业是图书出版产业、电影产业和时尚产业。

法国电影业的成功经验来自管理、投融资和发行，另外就是国际合作模式、艺术电影院线制度和举办有影响力的国际电影节，如戛纳电影节是目前在全球范围内影响力最大的国际 A 类电影节之一。

法国的时尚产业涉及服装、皮具、香水、化妆品、珠宝等，基本涵盖了人们穿衣打扮和身体护理的所有相关产业，其中有三个领域是世界领先的：香水和化妆品、高级时装（奢侈品成衣）、高级珠宝。

在法国，有近 8% 的公司涉及时尚与奢侈品领域，其中有近四成的时尚产品出口，法国时尚产业创造的价值占法国制造业的 5%，是法国文化产业的重要组成部分。珠宝是时装的最好搭档，在法国，二者的发展密不可分。法国的珠宝品牌处于奢侈品金字塔的顶端，享誉全球的顶级品牌有卡地亚、梵克雅宝、宝诗龙和尚美等，香水品牌有布瓦雷公司、香奈儿（CHANEI）公司等。

法国的高级定制服装业在发展初期，就执行着严格的标准，即使供不应求，也不轻易批量生产，而是坚持手工制作。巴黎的高级手工作坊众多，如刺绣工作坊、羽毛工作坊和纽扣工作坊等。工作坊大多是家族传承，确保质量如一，后继有人。

法国时尚行业投资人和各大公司都给予设计师充分的自主权，并且注重发掘年轻设计师。政府的扶持力度大，时尚教育也很成熟。法国的艺术院校有直属文化部的国家重点艺术院校、地方级艺术院校和私立艺术学校。

行业组织严密。法国时尚产业细分公会相当多，其职责范围极为广泛，其中最具影响力的当属法国高级时装公会，由三个联合会组成：高级时装协会、高级成衣设计师协会、高级男装协会，其成员涵盖了世界各地几乎所有的时尚奢侈品牌，以及众多服装设计大师，是世界时尚业界的权威组织，其举办的巴黎时装周起源于 1910 年，历史悠久，影响深远，其旗下的巴黎高级时装公会学院是国际时尚界知名学府，培养了如伊夫·圣罗朗、三宅一生等众多时尚大师。

公会还推动高新技术在时尚产业各个环节间建立协作优势、维护产业内知识产权。"高级定制时装大师"是一个依法注册并受法律保护的名称，只有"法国高级时装联盟"的成员才可以使用，其中有纪梵希等一些较老的品牌和斯蒂芬·罗兰、安妮·瓦莱丽·哈什等较新的品牌。

3.1.4 日本

日本在 20 世纪 90 年代之后进入经济低迷时期，日本对自身产业格局做了重大调整，1995 年，日本发表了《新文化立国》报告，确立了面向 21 世纪的文化立国方略，这标志着日本政府确定在国家层面上发展创意产业的开始。

日本并没有明确的文化创意产业的界定。在日本，"文化产业"这个词汇用得不多，更常见的是采用"内容产业"，还有时候采用"创意产业""酷日本"等词汇。日本政府对"内容"的定义为"在各种各样媒体上流通的影像、音乐、游戏、图书等以动画、静止画、声音、文字、程序等表现要素构成的信息产物"，对"内容产业"的定义是"承担影像、音乐、游戏、书籍等制作、流通产业的总称"和"利用信息的内容产出价值的产业"。

日本内容产业由从事销售、出版、发行、播放、信息传输等流通业务的传媒企业以及负责制作创意内容的制作公司、创作者组成。总务省的相关部门分为三类：文本类、声音类和影像类。

经济产业省的相关部门分为四类：影像类，音乐和声音类，游戏类，图书、报纸、画像和教材类。

日本通商产业省的"感性产业"与我们理解的文化创意产业，在包含的产业门类上，大致相似。感性产业分为"内容制造产业""休闲产业"和"时尚产业"三大类，其中又包括多媒体系统建构、数字影像处理、录像软件、书籍杂志、新闻等 19 个小类。

日本文化产业中优势领域是：动漫产业的合作机制成熟、注重消费者体验、市场细分明确、销售渠道通畅、注重版权贸易和衍生品开发授权；旅游业发展迅速，用"职人"文化打造服务业美誉；电影产业也独具特色。

日本素有"动漫王国"之称，是世界上最大的动漫制作和输出国，结合游戏、音乐等类别，开发了新兴的数字艺术产业。

3.1.5 韩国

韩国是目前亚洲的以文化创意产业立国的典范。1998 年，以金大中总统为核心的新政府，正式提出"设计韩国"的战略，将文化创意产业作为促进 21 世纪国家经济发展的战略性支柱产业。

韩国政府对文化产业发展高度重视，2013 年年初，新任总统朴槿惠提出了"经济复兴、国民幸福、文化隆盛"的施政纲领，文化的地位得到进一步提升。朴槿惠表示韩国政府将出资继续扶持文化产业，扩大"韩流"的世界影响力。

目前，韩国的创意产业已经成为仅次于汽车行业的为韩国赚外汇最多的第二产业。

韩国文化产业也称"内容产业",根据韩国《文化产业振兴基本法》第二条,内容产业是指"与文化产品开发、制作、生产、流通、消费等有关的服务产业",具体包括:电影相关产业;音乐唱片、录影带、游戏产品相关产业;出版、印刷物、定期刊行物相关产业;放送影像产品相关产业;文化财产相关产业;体现艺术性、创意性、娱乐性、休闲性,创造经济附加价值的人物造型(Character)、动画、设计(工业设计除外)、广告、演出、美术品、工艺品相关产业;从事数字化文化内容收集、加工、开发、制作、生产、储存、检索、流通等相关服务产业;其他由总统令确定的传统服装、食品等产业。

《文化产业振兴基本法施行令》对"其他由总统令确定的产业"进行了具体的阐释,即"运用传统素材、技法、形象的服装、食品、住宅、造型物、装饰用品、小商品、生活用品相关产业,文化商品展示会、博览会、商品交易会、节庆活动策划运营相关产业,以及其他文化商品相关策划活动"。

韩国在文化产业发展方面的经验有以下几个方面:建立集约化生产经营机构,比如有代表性的文化产业园有坡州出版文化产业信息园区、首尔数字媒体城(DMC)、Heyri艺术村、韩国民俗村、韩流世界、富川影视文化园区、春川动画基地和韩纸村等;建立人才培养机制,实行系统化管理,设立各种院校和教育机构培养人才和重金奖励;充分挖掘历史文化资源,热衷申遗;积极推行海外市场开拓战略,打造国际影视明星和国际品牌,政府还设立了"出口奖",获奖的有游戏《天堂》和电视剧《蓝色生死恋》等。

韩国在文化产业中的优势领域是:异军突起的游戏行业,有"全民玩游戏"的主张和"防沉迷"机制;崭露头角的电影产业,有全民推行电影教育的传统,有对国民电影非理性的热爱,举办釜山电影节;制作精良的电视产业;火爆全球的音乐产业,有成熟的偶像培养制度。

延伸阅读

《来自星星的你》

曾经有一段时间,韩剧情节落入俗套,不是车祸就是癌症,看多了会引起厌倦,再加上互联网的发展,很多年轻人转而追更新鲜刺激的美剧和英剧,加上泰国电视剧引进中国市场带来的冲击,所以在2005年后,韩剧在中国市场逐渐式微。2013年的韩剧《来自星星的你》横空出世,重新点燃"韩流"的焰火,让看韩剧再次成为一种时尚。

《来自星星的你》是韩国SBS电视台的水木特别企划剧,由张太侑导演与朴智恩编剧共同打造,金秀贤、全智贤主演。讲述了从外星来到朝鲜时代的神秘男人都敏俊,和身为顶级明星的女演员千颂伊陷入爱情,不同星球的两人消除彼此之间的误解，克服困难追寻真爱的浪漫爱情故事。

《来自星星的你》于2013年12月18日在SBS一经播出，就创造了韩国2013年迷你剧的最高收视率，为28.1%，网络最高收视率为73.4%，双双位居韩国2013年首位。2015年10月20日，韩国文化产业振兴院发布"韩流20年代表"名单，《来自星星的你》成为"韩流"代表电视剧。

在中国，《来自星星的你》在爱奇艺、PPS上线首周播放量就破千万，前4集内容在两周内拿下2 300万的播放量，上线12集后，播放量冲击4亿，最终首轮播放量破13亿。不仅普通观众喜欢这部韩剧，中韩政要互访交流时也提起过《来自星星的你》和"都教授"。

随着剧集热播，其相关周边产品也受到追捧。剧中的"啤酒炸鸡套餐"让冷冻鸡翅供不应求，使得原本因为H7N9型禽流感打击之后的家禽业重获生机。在亚马逊网站，剧中男主角阅读的《爱德华的奇妙之旅》中英文版本出现脱销；剧中全智贤的服饰装扮成为时尚热点，同款唇膏卖到断货，创造了口红新色号"星你"色。

在淘宝网，剧中服装、首饰、家居用品的仿制品开始大量出现并热销。甚至连剧中男女主角使用的即时通信软件Line（连我）也迅速出现在中国年轻人的手机界面上。

《来自星星的你》之所以能够取得如此巨大的成功，首先是因为选题上的突破，满足了女性对理想的男性伴侣的幻想；其次是演员的设定上，俊男靓女，人气爆满，并且导演在剧中插入了不少致敬环节，引起观众共鸣。

3.1.6 泰国

泰国文化产业分为四大类，共15项。第一大类是文化遗产，包括手工艺、历史与文化观光、泰国传统草药和泰国料理；第二类是艺术，包括表演艺术和视觉艺术；第三类是媒体，包括出版、电影、广播和音乐；第四类是创意，包括建筑、设计、时尚、广告和软件。

近年来，泰国文化产业的发展取得了举世瞩目的成绩，不论是产量和水准在近10年突飞猛进的电影产业、关注度持续升温的旅游观光产业，还是异军突起的电视产业、剑走偏锋的广告产业，都在以惊人的速度崛起。泰国在其历史长河中所形成的文学、艺术、绘画，都有独特的风格。

泰国对餐饮业十分重视，在"泰国世界厨房中心"计划中，以输出海外餐厅为基础，打造包括餐厅、餐饮设施设备、餐饮人才培训、金融整合、文化营销在内的产业链，全方位地将泰国饮食文化面向全球进行包装，已经在各大国际都市闪亮登场。

在各大视频网站都能找到很多有意思的泰国广告,如"十大最催泪广告""史上最搞笑广告""最反转效果广告"之类,点击量非常高,充分体现了泰国广告的魅力。

1900年,广播电台被引入泰国,广告业开始向电台上转移,广告音乐和广告歌开始流行。20世纪50年代,电视的引入再次掀起了广告业的高潮,随着国际4A公司(美国广告公司协会American Association of Advertising Agencies,通常简称为4A)的涌入,泰国电视广告业基本被垄断,整个泰国广告业的未来人才也基本是由这些4A公司依照欧美模式来培养的。

泰国广告注重讲好一个故事,只在末尾升华情感的那一刻才融入广告,不突兀,也不让人厌恶,因此很多广告看起来像是微电影,跳脱了单纯促销产品的功能,甚至可以拿来欣赏,甚至是收藏。从广告公司的前端创意,到制片公司的后端执行,在整个亚太地区,泰国被公认为是拥有高水平创意的。

泰国广告常常成为各大广告奖项颁奖礼上的座上宾,包括莫比斯广告奖、戛纳广告奖、伦敦国际广告奖、克里奥国际广告奖和纽约广告奖这些国际大奖和亚太广告节、Shots、Oneshow等顶级广告大赛。

泰国广告有以下几个特点:想象丰富,幽默感强,泰国人善于从戏谑的角度看待人生百态;注重公益,以情感人,慈悲和关怀很好地融入广告的理念之中,充满温情,触动人心。

凭借着独特的思维模式、乐观的生活态度和电影产业培养的优秀制片水平,泰国广告成功地避开与欧美大制片公司的竞争,走出了一条低成本、高创意之路。在泰国广告中少见明星、名模,而多采用普通人,以引起广大受众的共鸣。

泰国的公司往往不是那么急功近利,而是注重品牌形象塑造,展现一种有担当、负责任的企业气质,使得商业广告具有了一丝公益色彩;创意奇特,善于反转,充满创意,令人印象深刻;贴近生活,引人入胜,启人心智;采用多种技术并充满哲理。

延伸阅读

泰国公益广告《生命在于运动》

在短短的一分半钟内,泰国公益广告《生命在于运动》描述了生活中的三个片段。

第一个,娇小的女医师为神情呆滞的病人开药,而这药竟然是一段疯狂夸张的舞蹈。

第二个,刁蛮挑剔的客人试妆半天仍找不到自己称心的自然色腮红,女店员用掰手腕的方式便让她如愿以偿,脸上浮现出最自然的"腮红"。

第三个,失恋抑郁的男子,望着女友的照片痛哭流涕,然后踩上凳子够到悬挂的绳圈，神转折，这并非为轻生，而是为了去运动。

这简单的三个场景传达出了"生命在于运动"的理念：运动是健康生活最重要的药方；运动也能使你的皮肤更健美；运动会给你的伤痛提供最快的慰藉。

这种平凡的演员，以朴实、自然的表演调动观众情感，他们的脸部表情、肢体语言和声音技巧都没有造作的痕迹，而有些非语言性的表达，更是感人于无声之中。

3.1.7 其他国家

1. 印度

目前印度官方认可的文化产业及相关产业被称为"娱乐与媒介产业"，包括报刊产业、图书产业、电影产业、电视产业和唱片产业等。随着技术发展，媒介的范围也在扩展，网络数字内容产业等新兴产业也被划为文化产业。

印度是世界第二人口大国，有极大的多元性。印度文化产业中优势领域有电影产业、文化旅游产业和演艺产业。

印度的宝莱坞（Bollywood）是世界上最大的电影生产基地之一，印度电影节使宝莱坞走上国际化道路，宝莱坞被称为第二个好莱坞，但是其有自己特色，载歌载舞的本土化风格十分明显。

印度舞种类繁多，大致分为精英艺术的古典舞、大众娱乐的民间舞和宝莱坞舞蹈（电影舞蹈）。印度舞不是肚皮舞，两者的起源地、舞蹈样式、着装、习得方法截然不同，对于印度人来说，肚皮舞也是一种外来舞蹈。

2. 新加坡

2002年，新加坡明确提出要把新加坡建成全球的文化和设计业中心、全球的媒体中心。同年9月，新加坡政府成立了创意工作小组，专门分析创意产业的现状，确定发展战略和政府对策。

新加坡创意产业的发展目标是树立起新加坡"新亚洲创意中心"的声誉，制定了在文化艺术、设计和媒体三个领域发展的详细规划：《文艺复兴城市2.0》规划、《设计新加坡》规划和《媒体21》规划。

创意工作小组提出的《创意产业发展策略：推动新加坡的创意经济》报告，将新加坡发展创意文化产业重点锁定在三个领域：文化艺术、设计和媒体。文化艺术，主要包括表演艺术、视觉艺术、文学艺术、图书馆、博物馆、艺术表演场所等行业。设计，主要包括广告、建筑、网络和软件、制图、工业产品、时装、室内外装修等行业。媒体，主要包括广播（包括电台、电视台和有线广播）、数字媒体、电影和录像、唱片发行和媒体印刷等行业。

新加坡"文艺复兴城市规划"（Renaissance City Plan）是借助文化建设提升城市核心竞争力的战略性规划。这个计划分为三个阶段，"艺术的全球城市"是第一阶段（1999—2005年），文化产业塑造是第二阶段（2005—2007年），"文化艺术全球城市"（Global City for Culture and the Arts）的建设是第三阶段。

新加坡的文化艺术成为国家自豪感的重要来源，以榴莲艺术中心为代表的艺术中心及博物馆体系成为国家形象宣传与旅游宣传的重要标志。榴莲文化中心每年吸引参观者就达到几百万人，其中三分之一是旅游者。

在社区层面，文化艺术的参与度也得到了提升。新加坡青年节成为所有学校积极参与的战略性活动。私人和民间部门不断提高对艺术事业的支持。贷款、捐献等财政渠道对于艺术的支持屡创新高。

通过努力，新加坡极大提升了在艺术活动、文艺欣赏、博物馆建设等文化建设方面的水平和能级，并成功地借助文化建设，有力地吸引了人才、资金，提高了国际关注度。经过十几年，新加坡实现了从"文化沙漠"到"文化之都"的华丽转身。

3. 澳大利亚

澳大利亚通信与艺术部在2008年的《打造创意创新经济》报告中，将"创意产业"的范围确定为以下的产业：音乐与表演艺术；电影、电视与广播；广告与营销；软件开发与互动内容；写作；出版与平面媒体；建筑、设计与视觉艺术。

澳大利亚是世界上第一个发布国家文化发展战略、力推文化创业产业的国家，经过二十多年的努力，其成果令世界刮目相看。澳大利亚的文化产业中的优势领域为：文化旅游业、电影业和教育出口。

现在，澳大利亚学界和业界对文化产业的概念也理解得十分宽泛，文化产业被广义地理解为文化娱乐产业。澳大利亚地大物博，经济发达，土著文化别具一格，也是全球第四大农产品出口国。

20世纪80年代以来，产业结构逐渐转型升级，制造业和高科技产业发展迅速，服务业成为国民经济的主导产业，文化产业凭借以上条件，已经成为澳大利亚新的支柱型产业和主要出口行业，"昆士兰模式"为全球争相效仿。

> **延伸阅读**
>
> **"昆士兰模式"**
>
> "昆士兰模式"的核心理念，即将创意设计、休闲娱乐、教育培训、产业孵化、创意居住融为一体，在政府、大学和研究机构、企业以及创意阶层之间，建立一种积极的链接机制，形成校区、园区、社区联动的产业发展模式。

> "昆士兰模式"是在澳大利亚国家、地方及城市三个层面政策的导向和创意产业区域项目的互动环境下形成的,由昆士兰州政府和昆士兰科技大学共同投资兴建的教育、科研、企业与咨询联动的创意产业的发展模式。
>
> "昆士兰模式"以凯尔文·格鲁夫都市村庄(Kelvin Grove Urban Village)的教育资源、历史文化资源和社会生活资源为载体,以昆士兰科技大学的创意产业学院的教学、科研为智力支持,与澳大利亚联邦政府和昆士兰州政府的政策及区域产业项目发展相呼应。
>
> 经济增长、就业提高和生活质量改善等指标证明,在教育、研发、创新领域的投资,将会产生直接收益和带来间接价值,带动区域经济发展。

4. 荷兰

荷兰将文化产业称为创意产业,荷兰经济部和教育文化科学部发布的《创意价值:文化与经济政策报告2009》中将创意产业划分为三个部分:艺术、媒体和娱乐、创意商业服务机构。

艺术,包括音乐、舞蹈、戏剧等表演艺术,摄影、博物馆、展览、画廊、拍卖、艺术市场等视觉艺术,以及文化中心、文化组织和文化节等。艺术属于唯一性的创意内容。

媒体和娱乐,包括出版与印刷、报纸、图书馆、书店、电影业、广播与电视节目等。媒体和娱乐属于可再生产的创意内容。

创意商业服务机构,包括设计、建筑、城市规划、游戏、新媒体和广告业等。

荷兰国土面积狭小,但在文化产业上却是一个强国,素有"创意之国"和"设计之邦"的美誉,荷兰的艺术创意几乎无处不在,仅阿姆斯特丹就拥有思达特、梵德容、多莉罗杰斯和卡瑟斯克莱曼等闻名遐迩的创意设计公司。

荷兰的优势产业领域是博物馆业、文化旅游业和设计产业。荷兰设计家享有国际声誉,时尚设计师和建筑师也有杰出表现。荷兰的创意创业教育也是一个重要特征。

荷兰设计周的诞生是为了打通教育、生产、市场三者之间的沟通渠道,完善整个创意产业的基础设施。雏形来自1998年的设计师联盟Vormgeversoverleg组织的"让企业家遇见设计师"活动,每年举办一天,直到2002年,改为一年举办一周。2005年,改名为荷兰设计周。

5. 其他国家

德国和意大利等国利用其历史文化影响力,发展文化遗产、音乐、美术和时尚等文化创意产业。拉美、非洲等国的文化创意产业也在迅速发展。

德国1919年颁布的《魏玛宪法》是人类历史上第一个比较明确规定公民文化权利的宪法。德国的文化创意产业涵盖设计、艺术品市场、音乐、图书、广告、建筑、设计行业、出版业、软件和游戏产业等这十一大行业。

　　从 20 世纪 90 年代开始，德国就把发展文化创意产业当作提升经济实力的重要政策。根据德国的经济能源部和文化传媒司在 2019 年发表的文创产业监测报告，德国有六个产业对其他经济部门发挥了重要的引领作用，依次是自动化、金融、机械、文创、化学和能源产业，文创产业发挥的引领作用已超过化学、能源产业。

　　德国文化创意产业的一个明显特点是多样性和中小型企业居多，有的文化企业甚至只有一个人，这决定了这个产业的发展更大程度上依赖于政策的扶持。疫情之下，德国的文化创意产业也受到了巨大冲击，德国政府推出了 10 亿欧元的援助计划，其力度非常之大。

　　意大利的时尚取得国际声誉的序幕是由 1951 年 2 月 25 日佛罗伦萨的乔基尼（Giovanni Battista Giorgini）伯爵在私人宅邸举办的面向国际的时装表演揭开的。他对时尚有着自己独特视角和敏锐洞察力，请模特在古色古香的城堡或博物馆内表演，将时尚与传统完美融合，用优雅的舞步表达出意大利时装高贵、艺术、博爱的元素。

　　当时创造出高级定制服的法国人对自己太过于自信，而意大利的设计和制作精良，同时价格更平易近人，休闲式的优雅又恰好满足了很多人渴望时尚却又不愿为时尚所累的需求。在之后的 20 年中涌现了一大批意大利成衣设计师。

　　到了 60 年代，出现了职业模特。"意大利制造"逐步成为享誉全球的"商标"。到了 80 年代，米兰成为时尚中心，90 年代出现了与多种先锋艺术和社会思潮运动相联系的流行趋势。

延伸阅读

全球著名时装周和服装设计师

　　时装周是服装设计师以及时尚品牌的最新产品发布会，是聚合了时尚文化产业的展示盛会，全世界有多个著名的时装周，如法国的巴黎、意大利的米兰、英国的伦敦、美国的纽约、日本的东京等。

　　意大利著名的服装设计师有华伦天奴（Valentino）和乔瓦尼·詹尼·范思哲（Giovanni Gianni Versace，1946 年 12 月 2 日—1997 年 7 月 15 日）；法国著名的服装设计师有伊夫·圣·洛朗（Yves Saint Laurent）、克里斯汀·迪奥（Christian Dior）、克利斯汀·拉夸（Christian Lacroix）、加布里埃·香奈儿（Gabrielle Bonheur Chanel，1883 年 8 月 19 日—1971 年 1 月 10 日）和马克雅各布（Marc Jacobs）；美国著名的服装设计师有唐纳·卡兰（Donna Karan）、拉尔夫·劳伦（Ralph lauren）和卡尔文·克莱恩（Calvin Klein）等。

3.2 我国文化创意产业发展的现状

2018年，我国5G发展进入快车道，大数据、AR/VR、人工智能等新一代信息通信技术快速发展。就全球范围来说，社会正在从信息化时代走向智能化和数字化。在这样的背景下，我国一批文创服务平台正在积极构建云端的文化创意产业园。

新技术与内容产业深度融合，突破文化资源传播形态与空间的边界，促使文化消费向虚拟式和沉浸式发展，新业态不断涌现。

目前，影视、动漫、文学领域的精品IP不断涌现，游戏、国漫、剧集、网文等纷纷"出海"。科技+传统、VR+传统文化等，是文学、影视、动漫的新样态，为中国文创"出海"提供领先载体。传统文化通过科技呈现出更高级的文明，我国文创产业的出口正在发展。

优质内容走出了国门，开拓了海外版权市场。如，《我就是演员》原创节目与美国IOI公司签署了模式销售协议，开创了国产综艺向欧美输出的先例。《延禧攻略》版权输出到90多个国家和地区，广告收益、海外版权收益都创新高。中国自主研发的网络游戏实现海外销售收入也近50亿美元。

内容产业在海外的推广，对于推动中国文化走出去、增强文化自信具有重要意义。

3.2.1 我国文化创意产业发达的地区

改革开放以来，中国社会经济发展取得了举世瞩目的成就。在经济全球化、知识经济时代的背景下，中国的文化创意产业也孕育而生。

1991年，国务院在转批文化部的《关于文化事业若干经济政策意见的报告》中正式提出"文化经济"概念，拉开了中国文化创意经济发展的序幕。

1992年，政府的十四大报告中明确提出要"完善文化经济政策"，同年，国务院办公厅综合司编著出版了《重大战略决策——加快发展第三产业》一书，提出了"文化产业"概念。

1998年，中国文化部成立了文化产业司，标志着我国政府把文化创意产业的管理纳入了政府工作体系。2006年9月13日，中共中央办公厅、国务院办公厅印发了《国家"十一五"时期文化发展规划纲要》，"文化创意产业"这一概念首次出现在党和政府的重要文件中。

政府明确提出重点鼓励、支持文化创意产业发展的15个城市，包括北京、上海、天津、重庆、大连、南京、苏州、成都、西安、广州、深圳、青岛、杭州、长沙和昆明。随后，各重点城市纷纷出台推动文化创意产业发展的具体措施。

1. 北京

作为全国政治经济文化的中心，北京市成立了文化创意产业领导小组，出台了36条扶持政策，启动10亿元创意产业专项资金，用于发展六大重点创意产业；形成了六大文化创意产业集聚区，分别是北京数字娱乐示范基地、中关村创意产业先导基地、德胜园工业设计创意产业基地、朝阳大山子艺术中心、国家新媒体产业基地、东城区文化产业园。

文化创意产业正在成为北京的主要经济支柱。北京的文艺演出、新闻出版、广播影视、文化会展、古玩艺术品交易在全国文化产业中具有明显优势；其中，艺术表演团体、演出经纪机构的数量均居全国之首，各种出版物品种、电视剧出品集数、电影产量和会展数量约占全国总量的二分之一。

北京市有几个重要的文化中心，包括全国文艺演出中心、全国出版发行和版权贸易中心、全国影视节目制作和交易中心、全国动漫和互联网游戏研发制作中心、全国文化会展中心、全国古玩艺术品交易中心等。

全国文艺演出中心，统筹规划、合理布局营业性演出场所，以长安街沿线现有国家大剧院等密集的文化资源为基础，构筑辐射周边街区的相对集中的文艺演出功能区。

全国出版发行和版权贸易中心，推进北京发行集团等单位的体制改革，同时大力发展音像、电子和互联网出版，使北京成为全国的出版中心、最主要的出版物集散地、最大的零售市场。

全国影视节目制作和交易中心，重点培育和扶持大型影视文化企业，大力发展移动电视，在朝阳区建设北京影视城和影视节目制作基地。

全国动漫和互联网游戏研发制作中心，设立专项扶持基金和奖励基金，构建动漫和互联网游戏产业链，推动北京派格数字文化创意产业基地建设，推动网吧连锁和品牌经营。

全国文化会展中心，充分发挥国家博物馆、美术馆、中华世纪坛艺术馆等标志性文化设施的功能，进一步推进文化会展的国际化、专业化、品牌化。

全国古玩艺术品交易中心，北京将在王府井步行街、西单商业街等繁华街区设立艺术家展示区，建设京城百工坊，形成国内最大的工艺美术品研发生产基地；以琉璃厂大街、南新华街为主体，建设琉璃厂文化产业园区；以地摊特色的潘家园旧货市场为核心，建设包括北京古玩城等在内的潘家园文化产业园区。

2. 上海

上海多次开办国际电影节、电视节、音乐节、艺术节以及各类设计展，2003年12月，以数字内容为主题的大型综合性展会"D +（D-plus）上海国际数字内容展"在上海浦东举行，2005年年底举办了国际创意产业活动周。

上海创意产业已被列入上海市"十一五"规划，上海建立了一批具有很高知名度的创意产业园区，聚集了一批具有创造力的优秀创意人才，吸引了30多个国家和地区2 000多家创意类企业入驻，提供2万多个就业岗位。

目前上海市文化创意产业产值已经占到全市GDP的约近10%。上海比较成熟的创意产业的集聚地有以下：形成最早的是位于杨浦区的城市规划、建筑装潢设计一条街，依托同济大学土木建筑专业的人才技术优势而形成的产业基地；位于普陀区的以画廊和艺术家工作室为主要特色的春明创意产业园区；位于静安区的上海市新型广告动漫影视图片产业基地；位于黄浦区的上海市工艺品旅游纪念品设计展示交易基地；位于卢湾区的以创意设计为主的创意产业一条街；位于虹口区的以现代绘画设计展示为特色的大名仓库；位于长宁区依托上海市服装研究所、东华大学和上海工程技术大学服饰学院，以时尚服装设计、展示为主要特色的产业基地；位于杨浦区的滨江创业产业园区。

延伸阅读

上海时装周

上海时装周（Shanghai Fashion Week）诞生于2003年的上海，始终坚持"立足本土兼备国际视野"和"创意设计与商业落地并重"的特色定位，打造多维细分发布平台、举办商贸订货展会，助力拥有出众设计和精良品质的服装服饰品牌扩大市场影响，通过发挥时装周的平台效力，形成产业链上下游的协同联动，成为带动中国时尚产业发展不可或缺的重要助力。

上海时装周以振兴民族品牌、拉动内需为己任，立足上海，辐射长三角地区，服务全国。上海时装周作为中国原创设计发展推广的最优平台，历年吸引了众多国内优秀的自主品牌参与，尤其是每一届的时装周的主秀场的首场秀演，都是由本土的原创品牌担当。

上海时装周以时装发布为核心，促进珠宝配饰、汽车、化妆品等大时尚范畴内的产品进行跨界合作，充分挖掘作品的多元价值，成为推动上海创意产业发展的一面旗帜，在中国的几十个时装周里成为翘首。

上海时装周联动了纺织服装产业链上下游，促进以纺织服装为主导的创意设计、营销策划、品牌推广及终端消费等协同发展。

3. 湖南

湖南省委、省政府制定了一系列促进文化创意产业发展的政策措施，优化了文化创意产业发展环境，文化创意产业得到了持续、健康、快速发展，产业规模不断扩大，产业实力颇具影响。

湖南省大力实施精品名牌战略，初步形成了在全国颇具影响的"广电湘军""出版湘军""动漫湘军"等品牌，湖南卫视收视率在全国各电视频道中常年居前几位。

湖南的产业结构多元发展，基本确立了以广电、出版为龙头的产业框架，初步形成了包括广播影视、出版、报刊、文娱演艺、动漫、网络、文博等在内的产业体系，实现了文化创意产业资源的初步整合，相继组建了湖南广播影视集团、湖南出版投资控股集团、《湖南日报》报业集团、《湖南晚报》报业集团、湖南广电集团等企业集团。其中，湖南出版投资控股集团进入中国企业500强，在中国文化企业50强中排第7位。

4. 杭州

杭州市围绕建设"文化名城""生活品质之城"和打造"全国文化创意产业中心"的目标在发展文化创意产业上取得显著成效。在信息服务业方面，以电子科技为主的文体休闲娱乐市场健康发展。

目前杭州市围绕打造中国电子商务之都的目标，充分发挥国家电子信息产业基地、国家服务外包基地等国家级基地的集聚与辐射带动作用，全面推进电子政务、电子商务、数字社区、数字城市等信息化建设。目前杭州集聚了全国三分之二以上的专业电子商务公司。

杭州拥有五个国家级动画基地、五家国家文化产业示范基地和135家动漫企业，逐步形成了产业体系相对完整、结构布局日趋合理、整体技术水平先进、市场导向作用明显的杭州动漫产业格局。

在设计服务业方面，随着杭州制造业产业转型升级和城市建设的有机更新，带动了杭州市工业设计、服装设计、建筑设计的快速发展和环境规划设计、园艺设计、城市色彩设计等新兴设计业态的兴起。

杭州具有发展设计服务业的优势，杭州的园林设计和建筑设计已处于全国一流水平。在艺术品业方面，以中国美术学院、浙江大学和西泠印社为主体的美术教育研究力量，为杭州发展艺术品业提供了强大的学术与人才支撑；浙江画院、杭州画院等众多艺术单位和众多艺术家，形成了强大的艺术品创作和生产力量。杭州艺术品市场已经成为中国排名第三位的艺术品市场，仅次于北京、上海。在教育培训业方面，在杭州的高端教育培训业也开始逐渐流行。

杭州的文化产业的主体是旅游产业。更多的历史文化保护区、纪念馆和博物馆等正在进入规划和建设。在文化会展业方面，杭州会展也发展迅速，形成了完整的产业链，成功举办了中国国际动漫节、中国网商大会、中国国际丝绸博览会暨中国国际女装展览会、西湖国际烟花大会、西湖艺术博览会等一批富有特色的重大会展。杭州文博会已经成为继中国国际动漫节后,又一个文化创意产业发展的重要会展平台。

5. 深圳

深圳发展文化创意产业的一个突出特点是提出了建设"设计之都"的发展目标,深圳经济从发展外向型加工贸易开始起步,在服装加工、机械产品加工、电子产品装配等工业生产和对外贸易发展基础上,逐渐向产品设计方面发展。

深圳印刷业的技术水平达到了我国的最高水平,其代表作之一是设计和印制了我国向国际奥委会正式递交的申办2008年北京奥运会的书面申报材料。平面设计专业展确立了深圳设计在国内的领先地位并产生了较大的国际影响。

深圳的平面设计师几乎获得过世界上所有顶级设计赛事和国际展览的奖项,如法国肖蒙海报节、墨西哥国际海报双年展、日本富山国际海报展、纽约字体指导协会大赛、巴黎国际海报展等。深圳的平面设计与印刷业相互联系、相互依托,形成了相对完整的产业链。另外,深圳在展示设计、工业设计等方面也独有特色。

深圳也是我国的动漫影视制作基地之一。20世纪80年代中期,深圳的动画加工业开始发展。当时具有相当规模的太平洋动画、翡翠动画、彩棱动画落户深圳,带动深圳的动画加工产业盛极一时,每年形成的加工出口产值过亿元。

尽管在90年代中后期深圳的动画优势开始弱化,但是近年来,随着三维动画、数字动画等先进技术手段的发展,深圳的动漫产业重新崛起,一批科技含量高、技术手段先进且颇具规模的动画公司相继在深圳诞生,大量原创动漫产品相继问世,呈现出欣欣向荣的局面。

目前,深圳的影视动画业已经形成一定规模,据粗略统计,三维动漫制作公司有千余家,具有影视动漫制作能力的企业有百余家,从业人员近万名,每年为深圳创造约2亿元产值。深圳已经形成了新闻出版业、广告业、文化产品制造业、文化娱乐业、体育业、文化旅游业、广播影视业等一批骨干文化企业,其中一些产业在全国处于领先地位。

6. 台湾

在我国,台湾最先使用文化创意产业这个概念。2002年,台湾把发展文化创意产业放到一个非常重要的地位提出来,将其描述为"源自创意或文化积累,通过智慧财产的形式与运用,具有创造财富与就业机会潜力,并促进整体生活提升之行业"。

台湾的文化创意产业,由"文建会"主管视觉艺术产业、工艺产业、音乐与表演艺术产业、文化展演设施产业;由"新闻局"主管电影产业、出版产业和广播电视产业;由"经济部"主管设计产业、广告业、设计品牌时尚产业、数码休闲娱乐产业和创意生活产业;由"内政部"主管建筑设计产业。

台湾六大战略性新兴产业,包括绿色能源、生物科技、观光旅游、健康照护、精致农业及文化创意产业等,指导及吸引民间投资,开拓新的商机及协助产业快速升级。

台湾"文化创意产业六大旗舰"包括工艺产业、设计产业、创意生活产业、流行音乐中心、电视剧产业和"故宫"文化创意产业。

我国文化创意产业的发展空间巨大,政策环境不断优化,投融资服务体系越来越健全,国家针对大学生文化创意创业出台了多项政策,如众创空间税收优惠、创业担保贷款提高额度、整合发展就业创业基金、税收减免、支持举办创新创业活动,以及大力加强创业教育等。

3.2.2 我国文化创意产业的分类

我国文化创意产业分为四大类,分别是文化艺术、创意设计、传媒产业和软件及计算机服务。内容是多方面的,形式是多种多样的,拓展面也是很广的,体现了我国文化创意产业正在全面发展。

1. 文化艺术

文化艺术包括表演艺术、视觉艺术、音乐创作等。其中,表演艺术的核心产业活动为内容创作、表演制作、舞蹈、戏剧、音乐剧等现代表演;音乐创作的核心产业活动为作词与作曲、录音产品制造和现场表演。

(1)表演艺术

表演艺术是通过演员的演唱、演奏或人体动作、表情等,塑造形象、传达情绪和情感,从而表现生活的艺术。其最具代表性的门类通常有戏剧、音乐、舞蹈等。

尽管表演艺术行业是一门传统的产业,历史很长,但在今天仍凭借其直观的艺术形象、独特的表现方式,在文化消费市场始终占有不可忽视的地位。

其创作演出的产品所具有的或传统、或现代、或先锋的多元文化,承载着新颖别致的艺术形式,在运用高新科技装备起来的剧院舞台或其他特殊场地,让观众获取视听兼备的精神享受,或者独出心裁地刺激观众激情、让其参与到平时难以形成的特定氛围或有趣的现场互动交流形式中,从而表演艺术有了新的突破。

表演艺术文化创意是指从事戏剧(剧本创作、戏剧训练、表演等)、音乐剧、歌剧(乐曲创作、演奏训练、表演等)、音乐的现场表演及作词作曲、表演服装设计与制作、表演造型设计、表演舞台灯光设计、表演场地、表演设施经营管理、表演艺术经纪管理、表演艺术硬体服务、艺术节等一系列的创意活动。

表演艺术文化创意大致包括小品、戏剧类创意和音乐剧、歌舞剧类创意。在影视播放、音像制作、图书出版等行业一路高歌的同时,舞台表演艺术的创作却逐渐陷入了无人喝彩的窘境。

陷入窘境的原因有:文化消费方式发生巨大转变使得舞台表演艺术有效消费需求不足;体制内国有艺术院团数量不断减少,生产经营缺乏竞争力;体制外民间职业剧团数量少、规模小，生产和演出力量薄弱。

（2）视觉艺术

视觉艺术（Visual Arts），是指用一定的物质材料，塑造成可为人观看的直观艺术形象的造型艺术，包括绘画、雕塑、建筑艺术、影视、实用装饰艺术和工艺品等。

其所表现出来的艺术形象，包括两维的平面绘画作品，也包括三维的雕塑等艺术形式，同时，还包括动态的影视视觉艺术等。

视觉艺术，不同于听觉艺术，它是看得见的艺术。绘画艺术、雕塑艺术、服装艺术、摄影艺术是传统的视觉艺术。

影视艺术、动漫艺术和环境艺术，这三个存在时间不是很长，但是却起到了很大的作用。影视艺术和动漫艺术属于综合艺术，既属于视觉艺术，又属于听觉艺术。

环境艺术是一个新兴学科，它在环境规划方面起到很大作用，对人类的生活起到很大的帮助，使城市的规划更人性化。

文化创意艺术品，特别是文物类艺术品，以其深厚的文化积淀成为发展文化创意产业的重要力量，经过多年来的培育，中国艺术品市场逐渐成为中国经济最有活力的组成部分，并在世界艺术品市场中崭露头角。

艺术市场出现了很多人的投资行为。目前专业认定的主流画家，也就是当代艺术核心部分的价位基本还是正常的，泡沫出现在一些非主流的项目上，一方面是画家、经纪人攀比、炒作，另一方面也有部分盲目入场的资金炒作。

艺术品投资收藏文化创意大致包括投资收藏类创意、艺术品经营品牌创意、艺术品交易和服务类创意。

（3）音乐创作

音乐是一种艺术形式、文化活动，媒介是按时组织的、有规律的声波（机械波的一种）。

音乐的基本要素，包括强弱、时长、调性、音色等。这些基本要素相互结合，形成音乐的常用的"形式要素"，如节奏、曲调、和声，以及力度、速度、曲式、调式和织体等。构成音乐的形式要素，就是音乐的表现手段。不同类型的音乐强调的是不同的元素。

音乐是用各种各样的乐器和声乐技术演奏，分为器乐、声乐（例如不带乐器伴奏的歌曲）以及将唱歌、乐器结合的作品。

声乐作品，可根据其形式、风格的不同，分成歌曲、说唱音乐、戏曲音乐和歌剧等不同体裁。歌曲是一种小型的音乐体裁，包括民歌、通俗歌曲、艺术歌曲和儿童歌曲等。从形式上可分成独唱、对唱、合唱、齐唱和联唱等。说唱音乐，是指曲艺音乐，包括单弦、大鼓、二人转、清音、评弹、数来宝、琴书、道情、渔鼓等。戏曲音乐，包括京剧、豫剧、越剧、花鼓戏、黄梅戏、评剧、采茶戏、汉剧以及其他的地方戏。歌剧音乐，也是一种戏曲音乐，但不像戏曲音乐那样有固定的程式和传统的唱腔，是作曲家使用民族音调和富有时代色彩的音乐语言创作的戏剧音乐。

器乐作品可分成独奏曲、重奏曲和合奏曲。几乎各种乐器都有独奏曲。中国的二胡、琵琶、笛、箫、葫芦丝、板胡、唢呐、笙、扬琴、古琴、筝、柳琴、木琴等，都不乏著名独典曲。西洋乐器中，举世闻名的以小提琴、钢琴、电子琴、吉他等乐器的独奏曲为多。重奏曲在中国民间不太多见。欧洲的弦乐四重奏、木管五重奏等有很多优秀作品问世。

音乐，按旋律风格，可以分为古典音乐、流行音乐和民族音乐。

音乐作为文化活动，包括音乐作品的创作（歌曲、曲调、交响曲等）、表演、对音乐的评价、对音乐历史的研究以及音乐教学。

延伸阅读

《国务院关于推进文化创意和设计服务与相关产业融合发展的若干意见》国发〔2014〕10号中提到的重点任务之一，就是要提升文化产业整体实力。

坚持正确的文化产品创作生产方向，着力提升文化产业各门类创意和设计水平及文化内涵，加快构建结构合理、门类齐全、科技含量高、富有创意、竞争力强的现代文化产业体系，推动文化产业快速发展。

鼓励各地结合当地文化特色不断推出原创文化产品和服务，积极发展新的艺术样式，推动特色文化产业发展。强化与规范新兴网络文化业态，创新新兴网络文化服务模式，繁荣文学、艺术、影视、音乐创作与传播。加强舞美设计、舞台布景创意和舞台技术装备创新。

坚持保护传承和创新发展相结合，促进艺术衍生产品、艺术授权产品的开发生产，加快工艺美术产品、传统手工艺品与现代科技及时代元素融合。完善博物馆、美术馆等公共文化设施功能，提高展陈水平。

2. 创意设计

创意设计指计划、构思、设立方案，也含有意象、作图、造型之意等。创意设计涉及的范围比较广，应用也很广泛，包括服装设计、广告设计、建筑设计、项目策划创意设计等。

（1）服装设计

服装设计，包括平面绘图设计、配件设计、时尚摄影和时装模特塑造等。

服饰设计，涉及美学、艺术、心理学、生理学、材料学、市场营销、色彩及人体工学等社会和自然科学等多学科，属于工艺美术范畴，将实用性与艺术性相结合，运用一定的思维形式、美学规律与设计程序，将其设计构思以绘画的手段表现出来，再选择适当的材料，通过裁剪和缝制，使其实物化的过程。

> **延伸阅读**
>
> **著名的服装设计师和时装周**
>
> 时装周一般每年分为2、3月份的春夏时装周和9、10月份的秋冬时装周，设计师、模特、摄影师、化妆造型师、名流明星、秀导、经纪人、媒体以及舞美和服装、模特院校等相关行业和机构集聚一堂，盛况非常。
>
> 在我国，2020年最具影响力的是北京的中国国际时装周、上海国际时装周和香港国际时装周等，享誉国内外。
>
> 由中国服装设计师协会、中国服装协会共同创立的中国国际时装周在2020年评选的第26届中国十佳时装设计师有赵品慧、游悦、王笑石、徐花、刘露、韩磊、洪锃淮、徐志东、周丽和徐妃妃。

（2）广告设计

广告设计包括广告创意、促销活动、公关推动、媒体计划、广告素材的营造等。广告创意的特征在学界和业界没有统一的说法，这是广告创意本身丰富多变的内涵所致，它既有科学性，也有艺术性，讲究实效性和求异性。

广告文化创意大致包括广告设计类创意、新媒体类创意和新市场类创意。广告创意体现在广告内容的构思、载体的选择和文字的运用等多方面。

传统的平面广告媒体种类繁多，有报纸、杂志、书籍、画册、海报、招贴画、宣传单页（Direct Mail Advertising，DM）、票券、电话簿、商品目录、明信片、横幅旗帜、产品包装等。电视广告创意和广播广告创意可以通过巧妙地选择表达形式、发音和后期制作来实现。

新媒体，从传播学范畴来说，是一种新的媒介形式，区别于报纸、广播、电视等传统媒体，新媒体的媒介形式包括计算机、平板电脑、手机、交互式网络电视以及虚拟现实（Virtual Reality，VR）和增强现实（Augmented Reality，AR）等。

近几年我国新媒体的平台里，发展较好的有新浪微博、微信、抖音、快手、知乎、今日头条和小红书等。

新媒体从最初的通信功能到信息服务的媒介功能，再到审美娱乐、游戏体验的文化功能,最后到身份书写的符号功能和象征功能,是电子工业到信息技术,再到媒体技术与文化艺术的转换,最后在魔幻艺术、身份符号中从文化艺术走向内容产业、文化资本与文化经济,走向知识服务业的尖端与前沿[①]。

除了数字新媒体,还有其他新媒体广告的载体也值得关注,如户外广告,包括楼宇广告、电梯广告和公交广告等多种多样的形式。

户外广告发挥创意的空间巨大,选择的载体可以是意想不到的路灯甚至是井盖,形式和内容也很大胆,让人印象深刻。如一则户外广告设计是这样的:当人们来到广告牌下面遮阳,就能看到广告牌上面的广告内容了,有创意,也有实用价值,比较受欢迎,广告的到达率也很高,效果好。

(3)建筑设计

建筑设计(Architectural Design)是指建筑物在建造之前,设计者根据建设任务,把施工过程、使用过程中存在的或可能发生的问题,事先拟定好解决这些问题的办法、方案,用图纸和文件表达出来,以此作为备料、施工组织工作和各工种在制作或建造工作中相互配合与协作的共同依据。

它有利于整个工程在预定的投资限额范围内,按照周密考虑的预定方案顺利进行。

在近代,建筑设计与建筑施工分离开来,成为专门学科。

(4)项目策划

项目策划创意大致包括品牌营销类创意、娱乐产业项目类创意、节庆会展类创意、活动类创意和设计类创意。其中,体育休闲的文化创意包括体育赛事类创意、文化旅游类创意和体验消费文化创意等。

> **延伸阅读**
>
> 《国务院关于推进文化创意和设计服务与相关产业融合发展的若干意见》国发〔2014〕10号中提到的政策措施,包括增强创新动力、强化人才培养、壮大市场主体、培育市场需求、引导集约发展、加大财税支持、加强金融服务和优化发展环境等。
>
> 增强创新动力方面包括深入实施知识产权战略,加强知识产权运用和保护,健全创新、创意和设计激励机制。加强商标法、专利法、著作权法、反不正当竞争法等知识产权保护法律法规宣传普及,完善有利于创意和设计发展的产权制度等。

---

① 皇甫晓涛.新媒体论:"大数据时代"泛媒体革命的应用传播学研究[M].北京:光明日报出版社,2015:16.

壮大市场主体方面政策措施，包括实施中小企业成长工程，支持专业化的创意和设计企业向专、精、特、新方向发展，打造中小企业集群。鼓励挖掘、保护、发展中华老字号等民间特色传统技艺和服务理念，培育具有地方特色的创意和设计企业，支持设计、广告、文化软件工作室等各种形式小微企业发展。

推动创意和设计优势企业根据产业联系，实施跨地区、跨行业、跨所有制业务合作，打造跨界融合的产业集团和产业联盟。鼓励有条件的大型企业设立工业设计中心，建设一批国家级工业设计中心。

积极推进相关事业单位分类改革，鼓励国有文化企业引进战略资本，实行股份制改造，积极引导民间资本投资文化创意和设计服务领域。支持有条件的企业扩大产品和服务出口，通过海外并购、联合经营、设立分支机构等方式积极开拓国际市场。推进文化等服务业领域有序开放，放开建筑设计领域外资准入限制。

围绕提升产业竞争力，建立健全文化创意和设计服务与相关产业融合发展的技术标准体系，加快制定、修订一批相关领域的重要国家标准。鼓励行业组织、中介组织和企业参与制定国际标准，支持自主标准国际化。

培育市场需求方面的政策措施，包括：

"加强全民文化艺术教育，提高人文素养，推动转变消费观念，激发创意和设计产品服务消费，鼓励有条件的地区补贴居民文化消费，扩大文化消费规模。

"鼓励企业应用各类设计技术和设计成果，开展设计服务外包，扩大设计服务市场。创新公共文化服务提供方式，加大政府对创意和设计产品服务的采购力度。消除部门限制和地区分割，促进形成统一开放、竞争有序的国内市场。

"充分利用上海、深圳文化产权交易所等市场及文化产业、广告、设计等展会，规范交易秩序，提升交易平台的信息化和网络化水平，促进产品和服务交易。鼓励电子商务平台针对创意和设计提供专项服务，帮助小微企业、创意和设计创业人才拓展市场。

"鼓励有条件的地区在国家许可范围内，根据自身特点建设区域性和行业性交易市场。在商贸流通业改造升级中，运用创意和设计促进专业市场和特色商业街等发展。鼓励批发、零售、住宿、餐饮等生活服务企业在店面装饰、产品陈列、商品包装和市场营销上突出创意和设计，更加注重节能环保，顺应消费者需求。"

3. 传媒产业

传媒产业包括出版、电影及录像带、电视与广播等。其中，出版的核心产业活动为文学创作、书籍出版、期刊出版、报纸出版、杂志出版、数字内容出版等。网络时尚文化创意包括互联网门户类、网络游戏产业类、时尚类和网络文学类创意。

（1）手机出版

手机出版物包括彩铃、彩信、手机书、手机报纸、手机期刊、手机小说、手机音乐和手机游戏等。

手机出版是传统数字出版转向智能数字出版的一个标杆，也是传统数字出版以移动网络和智能移动设备的普及为基础，结合互联网技术、计算机技术、流媒体、云存储等先进的科学技术，整理、优化、加工原有版权内容的一种出版形式，主要呈现给用户的方式为手机APP（应用软件）。

（2）数字出版

数字出版是指利用数字技术进行内容编辑加工，并通过网络传播数字内容产品的一种出版形式，其特征有内容生产数字化、产品形态数字化、传播渠道网络化和管理过程数字化。

目前，数字出版产品形态主要包括电子图书、数字报纸、数字期刊、数字音乐、数据库出版物、网络原创文学、网络教育出版物、网络地图、网络游戏、网络动漫和手机出版物等。

数字出版产品的传播途径主要为有线互联网、无线通信网和卫星网络等，其优势有成本低、海量存储、搜索便捷、传输快速、环保低碳和互动性强等，已成为出版业发展的主要方向。

数字出版的范畴，其中包括原创作品的数字化、编辑加工的数字化、印刷复制的数字化、发行销售数字化和阅读消费数字化等。

数字出版涉及版权、发行、支付平台和最后具体的服务模式，它不仅仅指直接在网上编辑出版内容，也不仅仅指把传统印刷版的东西数字化，又或者把传统的东西扫描到网上，真正的数字出版是依托传统的资源，用数字化这样一个工具进行立体化传播的方式。

延伸阅读

《2013—2017年中国数字出版行业商业模式与投资战略规划分析报告》显示，数字出版总产出，已经由2006年的213亿元，扩张至2010年的1 058.4亿元，手机出版、网络游戏和网络广告是数字出版产业的三大巨头。

随着产业融合的深入，行业的边界越发模糊，内容提供商、技术提供商和渠道运营商之间的相互融合也越来越深入。

（3）电影

电影及录像带的核心产业活动，包括电影剧本创作、制作和展演等。

电影剧本的创作创意体现在很多方面，如人物性格的发现与构成，包括性格魅力、性格深度等；人物设置与剧作构思；刻画性格的艺术方法和手段，如动作描写、心理描写、性格的艺术对比，还要为表演留下创作的空间。

影视文化类创意包括电影文化创意、电视文化创意、综艺节目文化创意和影视结构文化创意。

（4）图书出版

图书出版文化创意大致包括图书选题的创意、图书市场发行的营销创意、畅销书和常销书的出版创意等。

（5）新闻媒体

新闻媒体类文化创意包括报纸类、期刊类、广播电视类、网络传媒类、通信类和新闻传媒集团类等。

4. 软件及计算机服务

软件及计算机服务包括软件开发、软件维护、系统设计、动漫游戏设计、信息服务研发等。

据《中国软件行业市场前瞻与投资战略规划分析报告》显示，2015年我国软件和信息技术服务业，共完成软件业务收入4.3万亿元，同比增长16.6%。2016年1—10月，软件业务收入保持较快增长，我国软件和信息技术服务业完成软件业务收入3.9万亿元。

智能化是在海量信息基础上实现知识的自动识别，赋予信息系统自适应能力，大幅提高资源配置效率。软件的竞争已经从单一产品的竞争发展为平台间的竞争，未来软件产业将围绕主流软件平台构造产业链。融合化趋势催生了大量新技术、新业态和新模式，创造了巨大的市场需求。

（1）软件开发

软件开发是根据用户的要求建造软件系统或系统中的软件部分的过程，包括需求获取、开发规划、需求分析和设计、编程实现、软件测试和版本控制的系统工程。

软件开发包括研究、修改、复用、重新设计（再工程）和维护等活动，通常采用软件开发工具进行开发。

由于互联网的普及，PC、移动等端口的软件应用变得广泛，衍生出一系列的软件，软件开发的市场变得广阔。软件开发的相关职业很多，如MIS、ERP、手机游戏开发、网络游戏开发、电子商务、电子政务、嵌入式开发和中间件开发等。

有些人会把编程看作是软件开发。的确，编程和软件开发有很多的共同点：二者都属于开发领域，而且二者的核心工作都是代码的编写。唯一的区别就是，软件开发的工作比编程更为复杂，比编程有更多的工作流程。编程可以说是软件开发的一部分，不涉及设计、测试、售前、售后等工作。

（2）动漫

中国的动漫，起源于1926年，起步并不晚于美日韩（2019年全球动漫市场规模TOP3）。但之后国漫陷入了40年的"倒退期"，一度沦落为国外的代工厂。目前在政策、资本和技术等的助推下，国漫终于崛起，优质作品层出不穷。

动漫产业文化创意大致包括动漫创作类创意、动漫出版物类创意、动漫玩具等关联产业类创意。

中国先后设立了19家国家级动画基地，如深圳、杭州、宁波、无锡和长沙等城市。我国动漫产业市场庞大，动漫产业成为未来中国经济增长的热点和我国各城市发展创意产业的突破口。

（3）信息服务

信息服务是利用计算机和通信网络等，对信息进行生产、收集、加工、处理、存储、传输、检索和利用，并以信息产品为社会提供服务的综合体。

信息服务指服务者以独特的策略和内容帮助信息用户解决问题的社会经济行为，包括生产行为、管理行为和服务行为。

信息服务是信息资源开发利用，实现商品化、市场化、社会化和专业化的关键。

信息服务可分为三大类：信息传输服务业；IT服务业，即信息技术服务业；信息资源产业，即信息内容产业等。

信息服务，包括系统集成、增值网络服务、数据库服务、维修培训、电子出版、展览、咨询服务等方面的业务。

延伸阅读

大名鼎鼎的SaaS是谁？

SaaS是Software-as-a-Service的缩写，意思是软件即服务，即通过网络提供软件服务。SaaS平台供应商将应用软件统一部署在自己的服务器上，客户可以根据自己实际需求，通过互联网向厂商定购所需的应用软件服务，按定购的服务和时间长短向厂商支付费用，从而获得Saas平台供应商提供的服务。

SaaS是随着互联网技术的发展和应用软件的成熟，在21世纪开始兴起的一种创新的软件应用模式。各种规模的企业都适合采用SaaS服务。

传统模式下，厂商通过将软件产品部署到企业内部的多个客户终端来实现交

> 付。SaaS 定义了一种新的交付方式，也使软件更进一步回归服务本质。
>
> SaaS 改变了传统软件服务的提供方式，减少本地部署的大量前期投入，突出了信息化软件的服务属性，或许会成为未来信息化软件市场的主流交付模式。
>
> SaaS 的特性有互联网特性、多重租赁（Multi-tenancy）特性、服务（Service）特性和可扩展（Scalable）特性。
>
> SaaS 应用软件有免费、付费和增值三种模式。付费一般是"全包"费用，包括应用软件许可证费、软件维护费及技术支持费，将其统一为每个用户的月度租用费。

3.2.3 发展我国文化创意产业的意义

1. 文化创意产业对中国经济的意义

发展文化创意产业对中国经济的积极意义不只是提出了一个新兴产业的概念，也不仅是文化创意产品的生产和出口，更主要的意义在于创意产业对传统产业创新的推动，以及在更广泛领域的系统性创新。

2. 文化创意产业的国际形象的意义

发展文化创意产业能够在全球市场掀起"汉风"热潮。在全球金融危机的影响下，中国经济依然保持了较快的增长，中国国际地位不断提高，国际影响日益扩大，国际上汉学升温。

"汉风"的形成将有助于富含中国文化内涵的产品和服务走向国际市场，可以为中国传统制造业打开新的市场空间，加快我国新媒体、动漫、网游等新兴产业的发展。

同时，这些产业的发展也是弘扬中华文化，输出中国价值观的有效载体，让世界更客观地了解中国，提升我国国际形象，增强国家的软实力。

3. 文化创意产业的文化意义

随着国民经济持续快速增长，我国人均 GDP 提升，居民消费结构升级换代、产业结构下游化发展，此时人们的消费需求升级，精神需要变得更丰富，加之我国庞大的人口基数，导致了中国文化市场正在呈几何级数增长。

3.3 文化创意产业的特征

3.3.1 知识型劳动者

随着社会分工的深入，专门研究创意的工作人员从传统产业中逐渐独立出来，强调创新性，将灵感在特定行业进行体现，属于典型的知识密集型产业。

传统产业可以把工作和生活分开，比如在高新技术科技园区，会设置核心区、配套区和外围区等不同的功能区，生产经营的主导区域相对集中地布局，生活区分布在配套和外围区域中，实现产业区、孵化区、生活区分开。

文化创意产业集群，如奥斯丁的软件业、圣地亚哥和西雅图的生物科技研发、纽约的出版业和时尚业、东京的计算机游戏业等，大多集中在市区。

因为创意产业人员主要是知识型劳动者，强调个人参与和才智发展，拥有能激发出创意灵感的设计高手和特殊专才。

创意工作者需要新异刺激的环境，并且工作时间不确定，需要多姿多彩的夜生活，需要有能随时参与的街头文化，需要有能够与他人互动交流的场所，需要方便的休闲锻炼设施，所以咖啡馆、酒吧、小剧场、小广场、住家附近的小径或公园、有特色的餐馆、书店等，小规模的、有活力的、非正式的、街头形式的各种便利设施和各种艺术展等文化活动对创意人具有更强的吸引力。

很多文创工作者选择那些有优美建筑和充实商品市场及服务的城市。

对文化创意产业来说，创意工作者的创意既可以在工作中创造，同时也可以在生活中产生，呈现生活和工作一体化、生产和消费一体化。

延伸阅读

剧本杀的作者一将难求

伴随着2016年《明星大侦探》等推理综艺的走红，剧本杀逐渐兴起，线下实景娱乐形态持续迭代，逐渐取代KTV、传统桌游等，成为最热门的线下游戏之一。

剧本杀是以故事为核心的内容化游戏，不仅满足了Z世代人群沉浸式娱乐的需求，还能满足一部分的社交需求；剧本杀的剧情设计还可以满足玩家的表演欲。

剧本杀分为三大类：硬核推理本、欢乐本（又称机制本、阵营本）和情感沉浸本。

相比狼人杀和密室逃脱，剧本杀对玩家推理能力要求不那么高，只需根据设定好的剧情进行演绎即可，表演带来的游戏体验相对较为轻松。

剧本杀没有那么标准化，自由度极高，内容丰富程度也高，游戏对抗性弱，社交氛围较为轻松。

剧本杀的产业链呈现典型的传媒内容行业的特质，因此剧本的好内容是核心。

消费者的体验的决定因素有剧本本身的质量、剧本主持、店家服务质量和其他玩家的配合等，其中最重要的是剧本。

> 因此，剧本杀的创作者成为关键资源，但人才稀缺，目前只有几千人从业。创作者主要来自影视编剧、网文转行和玩家进阶，其中大多数是以兼职为主，还有一些采用团队共同创作的模式。

思考题

你认为哪些因素会促进剧本杀产业的发展？

3.3.2 低消耗、高附加值产业

由于其知识密集型特征，创意价值在产品总价值中占比较大，可能超过其物质载体，因此往往只需要消耗有限的物质成本。创意产业的特征是资源消耗低、强调集约型和高附加值。

创意产业主要依靠创意人才的智慧，获得较多的经济效益。文化创意产业以文化内容为核心价值，如果不具备新颖创意，即使拥有丰富的文化内容，也很难将其转化为具有市场竞争力的产品。同样的文化内容，其创意的独特性、原创性越强，产品的市场影响力就越大。因此，创意为核心要素，这是文化创意产业的重要特征。

创意产业的产品价值起点在于创意设计，生产制造环节附加值低，创意设计附加值高，后期在营销环节赋予各种理念进行品牌营销，这个环节附加值也往往很高。

文化创意产业发展过程中的创新，包括原始性创新、组合式创新、延伸性创新和再生性创新等不同的创新类型。在不同的文化创意产品中，对创新类型的选择也各不相同。

动漫产品对原始性创新的要求较高，如果动漫产品所表现的内容是早为人们所熟知的故事情节，它的吸引力就会大大降低，开发原创性的故事，成为动漫产品生存的关键。

对于影视产品，人们往往可以接受熟悉的题材，对原始性创新要求不高，而对组合式创新、延伸性创新、再生性创新要求高。创意产业有一次投资、多次收益的延伸性，其衍生价值会带来更多收益。

3.3.3 文化与技术相互交融

创意产品往往以创新思想、创新技术或者创意设计为其他行业服务，这时其往往需要与其他产业的产品或者技术进行融合，于是文创产业的产品与其他行业融合以后，产生了很多衍生产品。

创意产品是文化与技术相互交融、集成创新的产物，呈现出智能化、特色化、个性化、艺术化的特点。文化创意产业基于数字技术和网络技术，更新换代比传统行业

快，而且数字文化产业又催生新业态和新模式。

强调信息技术的应用与创新，传统文化业的发展缺少信息服务技术的强力支持，致使其创新发展受阻，而文化创意产业则把与文化有关的设计和软件业等纳入其范畴，突出了信息服务技术在文化创意产业中的地位和作用。

与传统文化创意产业以实体为载体进行艺术创作不同，现代信息技术与文化创意产业的融合产生了数字创意产业，这种新经济形态以现代数字技术为主要工具，强调个人或团队通过技术、创意和产业化的方式进行数字内容开发、视觉设计、策划和创意服务等。

数字创意广泛应用于地产广告宣传片和互动营销终端，通过3D可视化技术可更好地体现构思效果，随着广告行业的发展，数字创意产业将会迎来广阔的市场空间。

3.3.4 产业组织呈现集群化、网络化

产业组织呈现集群化、网络化，集中在某些特定区域、城市和国家，如集中在旧城区，集中在一个国家的某些创意城市和集中在某些国家与地区，具有经济地理学研究价值。创意城市的产生来自经济社会的变迁，大量新事物的产生、发展与交汇，创造了"新社会"。

在这种机遇和挑战并存的不稳定因素中，旧的习惯、行为和事物可能被更替和迭代，带来新的城市氛围，这样的新风影响了从业人员，从而激发这些人的灵感和各种项目的产生，又被这个接纳新事物的城市所"包容"，从而促成文创成果的诞生和发展，于是更好地吸引艺术家和各种文创工作者，以及吸引文化机构投资，进而产生良性循环，这样的城市往往是具有文化多样化特征的城市，各种基础设施完善，公共服务也较好。

创意城市通过带来创造力、竞争力和凝聚力，增加了地方的经济动力，并提高了人们的生活质量，增加了该城市的就业，给该城市延续了城市的文脉，并塑造了城市景观，带来特定的地方文化识别。

一个鼓励创意的地方，这样的场景、风气会构成特定的氛围，从而有利于形成创意情境，有利于创意工作者之间的交流、创意咨询的汇集和沉淀、特定的工作能力的培养和创新能力的合成与组织。

企业组织呈现小型化、扁平化、个体化、灵活化的特点。

传统产业的专业化特征明显，通常是单个企业的生产与服务集中于有限的产品和过程，文化创意产业推出新思想、新技术、新内容的物化形式，是数字技术与文化、艺术的交融和升华，是技术产业化和文化产业化交互发展的结果，有着巨大的延伸性，通常会延伸到很多产业部门，有渗透性和外溢效应。一个好的创意可以产生大量的衍生产品，进而产生巨大经济效益。

文化创意产业与社会经济活动的联系紧密，与其他的传统行业关联性强，能带动相关产业，其产品用途广泛，可以用于服务美学、广泛教育或娱乐目的。

文化创意产业可以通过"跨界合作"，寻找提升和融合制造业新的增长点，开拓精神型、知识型、艺术型、心理型、休闲型、体验型和娱乐型等新的产业增长模态，培育新的文化产品，在全社会推动创造性发展。

文化创意设计产业涵盖了工业设计、建筑设计、时尚产业和软件业等，对先进制造业和现代服务业等都有重大辐射带动作用。

延伸阅读

文创城市——上海

上海置身于世界的竞争中心，以创意人才、创意产业为核心，正大力发展研究型大学，有着一个开放、包容的和多样化的环境，吸引了一批创意阶层，促进了上海的繁荣与发展。

上海创意生产者具有显著的集聚特色，根据集聚的方式，大致分为三种类型：旧厂房、旧仓库改造集聚，依托学校和特色资源等集聚，以及开辟新区。于是，上海创意产业区在空间上呈现出主要沿河岸、CBD和高校等集聚而成的四个主要创意圈层。

由旧厂房、旧仓库改造而形成的创意生产地是上海创意产业的主要存在形式，此类集聚区约占上海创意产业集聚区总数的三分之二以上。

此类集聚区的资源一般属于拥有可改造的厂房的本地老牌国有企业，如上海纺织控股、百联集团、上海电气和上广电等，一般采取自主投资改造、联合其他企业建立专门公司投资管理，或直接租赁给专业的创意地产管理团队进行改造经营，如弘基集团的创邑·金沙谷园区、时尚生活中心的8号桥、红坊集团的半岛1919。

改造后的创意集聚区会在运营者的管理下引入具体的创意生产企业，所以区内引进的创意企业和相关资源所属的国有企业，包括与国有企业存在合作关系的政府部门，共同构成了旧厂房、旧仓库改造集聚型的创意生产者。

依托学校和特色资源等集聚属于自发集聚，如"环同济产业带"是依托同济大学的建筑设计人才而形成的建筑设计创意产业带，这里集中了300多家建筑设计类企业，就集中在全长860米的路上。

另外，如田子坊的形成，是陈逸飞等众多知名画家在这里建立工作室后，逐渐吸引艺术设计类企业进驻而形成的，这里逐渐由来自18个国家和地区的162家企业集聚而成了创意社区。

田子坊，位于上海市卢湾区泰康路210弄，在十几年前，还是个在上海普通得不能再普通的一条小路。可如今，却成为年轻一族的打卡圣地。只要说起创意园区，也许脑中第一个蹦现出的就是它。"田子坊"内的一座五层厂房现已改建成了都市工业楼宇。在5 000平方米的空间中，集聚了10个国家与地区的艺术人群，他们在这里设立了工作室、设计室，中西方文化在这里碰撞，泰康路正逐渐走向全世界。

新区开辟性创意集聚区，是包括创意商务、创意商业街以及创意生态居住区在内的创意社区。如上海实业发展股份有限公司开发的海上海"新文化地产"项目，盈利模式是以产权销售为主，结合租赁经营。此类型的创意生产者包括社区开发公司、入驻的创意企业和部分入住的居民。

上海市委、市政府历来高度重视发展文化创意产业，将"激发全民族文化创新创造活力"放在重要位置，发挥财政资金引导和杠杆作用、合理减轻企业税费负担、加强建设用地保障、强化人才支撑等，从而明确了促进文创产业发展的保障措施。

近几年来，主要聚焦影视、演艺、动漫游戏、网络文化、出版、艺术品交易、文化装备和创意设计等产业板块。

近年来，文化创意产业已成为上海国民经济重要支柱性产业，上海的文创产业总产出占全市生产总值的比重在10%以上。上海在很多文创产业门类中，都有很好的基础，如影视产业，上海本就是中国电影的发祥地，底蕴深厚，电影票房位于全国城市第一，上海国际电影电视节是亚太地区极具影响力的重大文化活动。

影视产业方面，上海要建设松江大型高科技影视基地，并建设人才培养孵化类、影视制作投资类和影视取景拍摄类等3类影视摄制服务功能区。演艺产业方面，重点支持环人民广场演艺活力区等8个演艺集聚区建设，完善公益性专场演出、营业性演出低价票及学生公益票等补贴政策。

目前，上海的动漫游戏、网络视听和网络文学产业总值位于全国第一，占全国总量一半。动漫游戏产业方面，上海聚焦电子竞技这一新兴发展极，建设可承办国际顶级电竞赛事的专业场馆，加快全球电竞之都建设。

创意设计产业方面，上海将重点布局环同济经济创意集聚区等园区。文化装备产业方面，上海重点推动国际高科技文化装备的产业基地的建设。

上海市促进文化创意产业发展财政扶持资金（简称"文创资金"），支持社会主义国际文化大都市建设及"设计之都""时尚之都""品牌之都"发展，支持范围为《上海市文化创意产业分类目录（2018）》中列明的媒体业、艺术业、时尚创意业、工业设计业、建筑设计业、互联网和相关服务业、软件与信息技术服务业、咨询服务业、广告及会展服务业、休闲娱乐业、文化装备制造业、文化创意投资运营和文化创意用品生产等行业。

以下项目会得到政府支持，如：以要素市场为核心的平台建设类项目，支持文化创意产业发展的信息服务、产业化服务、众创服务等公共服务平台；以新技术应用为手段的、文化创意与相关行业跨界融合的项目；提升文创产品和服务品质的新模式、新业态、新应用的数字经济项目；文化创意产业的成果展示、推介和交流合作的项目；开拓海外市场的文化创意企业项目，如中国（上海）自由贸易试验区及临港新片区的创新实践的相关项目；大师工作室建设项目及具有自主知识产权、引领新型消费的文创产品项目等。

课后思考

请任选一个已经存在的文化品牌，为其做出规划，设计一个文创产品或者思路。

案例分析

变形金刚之玩具、动漫和电影

变形金刚（Transformers）是日本TAKARA公司（现TAKARA TOMY公司）与美国孩之宝公司合作推出的系列玩具产品。TAKARA公司负责生产玩具，孩之宝公司负责销售策略。在1984年，孩之宝公司选出《微星小超人》与《戴亚克隆》两个系列中的部分商品，以《变形金刚》的名称引进美国。

为了更好地推广玩具，由漫威漫画创作相关的漫画，由Sunbow Productions制作了卡通剧《变形金刚》在电视台播出。作画的公司是日本的东映动画，时为韩国的AKOM。漆原智志、大张正己和羽原信义曾参与作画。

孩之宝公司的推广计划得到了巨大成功，在1984年2月的美国国际玩具展上，孩之宝在7天内创下了价值1亿美元的变形金刚的批发订货纪录。在变形金刚正式上市后的8周内卖出了300万个变形金刚，在7个月内卖掉了1 000万个，占掉了当时玩具市场的43%的份额。

这一年，孩之宝共推出了26款变形金刚人物。除重新发行的产品外，孩之宝又推出了更多的角色，同时，孩之宝还展开了一些集点换玩具的活动，可以换到一些无法通过商店买到的人物。

1986年，电影《变形金刚：The Movie》上映，经过两年的市场培育，《变形金刚》已经家喻户晓，电影受到了欢迎。在电影中，很多既有的人物被安排阵亡，并增加了新的人物。新一代变形金刚的设计风格也产生了很多变化，有别于用既有的交通工具，设计开始朝向未来风格，这样可以不必花费大量资金从汽车公司购买车型版权。

孩之宝公司负责剧情与设定案，东映动画则负责动画制作，TAKARA 公司负责玩具开发。由于当时公司之间只能通过定期打长途电话来讨论工作，导致了设计过程中存在一些沟通不足的问题。

为了防止电影剧情泄露，孩之宝公司把补天士与惊破天的设定案交给 TAKARA 及东映动画时，并没有告诉对方这两个人物是新一代的首领，TAKARA 设计师以为惊破天只是个参谋，而补天士则只是个普通变形金刚角色，于是设计时并没有将其设计为首领，导致这两个人物的玩具没有令玩家满意。

1987 年，孩之宝公司主动找到中央电视台却被拒绝，后辗转至上海电视台，免费奉送 98 集动画播出权，随后，货架上的变形金刚虽然贵，仍被看过动画片的孩子们抢购。

2003 年 8 月，首届变形金刚年会在北京、上海、广州开展，为此后的真人版电影做铺垫。美国阿拉斯加州瓦斯拉市 31 岁前美军机械师卡洛斯·欧文斯历时 4 年时间、花费 1.5 万英镑，竟在家中打造出了一个真实版的变形金刚——汽车人首领"擎天柱"。真人版电影上映前一个月，变形金刚已经供不应求，擎天柱售价已经达到 1 200 元。

2007 年，《变形金刚》电影上映，收获了大批童年看过变形金刚动画的老粉丝，同时，带有工业设计的新一代变形金刚玩具也在中国上市，玩具造型和设计又有了大变革，加入了一些联动变形关节。真人版电影堪称广告集锦，植入了很多商品广告，收获了高额的广告收入。

日本知名玩具公司 TOMY 做了一种小型变形金刚 MP3，造型和变身过程与原作一模一样，售价约 630 元，还制作了变形金刚 iPod 专用扬声器和耳机。TOMY 还曾发售过能变成机器人的 NIKE 鞋。这些周边产品不仅可以活动变形，而且具备实用价值。

2019 年 8 月，MP-44 擎天柱 3.0 发售，这款全新的擎天柱一经公布，便让无数粉丝惊喜。如同动画中走出来的高还原度和可动性，让这款玩具彻底带起了 MP 系列还原动画场景的热潮，拥有了高昂的定价。

《变形金刚》游戏是由腾讯光子工作室群出的一款第一人称射击游戏，动漫和电影双 IP 正版授权，传承原生角色设定，还原游戏内的故事背景设计，衍生出多样的现实与科幻交织的战斗场景。于 2016 年 7 月 28 日正式发布，2020 年 2 月 13 日 11 点正式停止运营。

思考题

文创产业中产品的跨行、跨国合作，是否有利于产品获得成功？

复习小结

1. 各国的定义有所不同，如英国、新加坡、奥地利、泰国将文化产业称为创意产业；西班牙将文化产业称为文化休闲产业；韩国称文化产业为内容产业；美国称之为版权产业。

2. 美国的版权产业被分为四类：核心版权产业、部分产权产业、发行类版权产业和版权关联产业。美国文化产业有以下几个优势领域：电影产业、广播电视产业、演艺产业。

3. 英国是继中国和美国之后的世界第三大文化出口国。英国是全球三大广告产业中心之一、全球三大电影制作中心之一和国际设计之都。

4. 英国创意产业中的优势领域有创作业、音乐业、设计业、旅游业。

5. 法国的文化产业包括图书、印刷品、播放设备、电影院、多媒体制品、游戏软件和相关副产品的创作、生产与销售。法国文化产业均衡发展，包括报刊产业、图书业、电影业、电视业、舞台表演艺术业、文化遗产业、旅游和体育产业。法国文化产业中的优势产业是图书出版产业、电影产业和时尚产业。

6. 日本内容产业由从事销售、出版、发行、播放、信息传输等流通业务的传媒企业以及负责制作创意内容的制作公司、创作者组成。日本文化产业中的优势领域是动漫产业、旅游业、电影产业。

7. 韩国文化产业也称"内容产业"，内容产业是指与文化产品开发、制作、生产、流通、消费等有关的服务产业。韩国在文化产业中的优势领域是游戏行业、电影产业、电视产业、音乐产业。

8. 泰国文化产业分为四大类：文化遗产、艺术、媒体和创意。创意包括建筑、设计、时尚、广告和软件。泰国的旅游业和广告业独具特色。

9. 目前印度官方认可的文化产业及相关产业被称为"娱乐与媒介产业"，包括报刊产业、图书产业、电影产业、电视产业和唱片产业等。印度文化产业中的优势领域有电影产业、文化旅游产业和演艺产业。

10. 新加坡发展创意文化产业的重点锁定在三个领域：文化艺术、设计和媒体。经过十几年，新加坡实现了从"文化沙漠"到"文化之都"的华丽转身。

11. 澳大利亚将"创意产业"的范围确定为以下的产业：音乐与表演艺术；电影、

电视与广播；广告与营销；软件开发与互动内容；写作；出版与平面媒体；建筑、设计与视觉艺术。澳大利亚的文化产业中的优势领域为文化旅游业、电影业和教育出口。

12. 荷兰将文化产业称为创意产业，划分为三个部分：艺术、媒体和娱乐和创意商业服务机构。荷兰的优势产业领域是博物馆业、文化旅游业和设计产业。

13. 德国和意大利等国利用其历史文化影响力，发展文化遗产、音乐、美术和时尚等文化创意产业。拉美、非洲等国的文化创意产业也在迅速发展。

14. 我国新技术与内容产业深度融合，突破文化资源传播形态与空间的边界，促使文化消费向虚拟式和沉浸式发展，新业态不断涌现。目前，影视、动漫、文学领域的精品IP不断涌现，游戏、国漫、剧集、网文等纷纷"出海"。科技+传统、VR+传统文化等是文学、影视、动漫的新样态，为中国文创"出海"提供领先载体。传统文化通过科技呈现出更高级的文明，我国文创产业的出口正在发展。

15. 我国政府明确提出重点鼓励、支持文化创意产业发展的15个城市，包括北京、上海、天津、重庆、大连、南京、苏州、成都、西安、广州、深圳、青岛、杭州、长沙和昆明。台湾"文化创意产业六大旗舰"包括工艺产业、设计产业、创意生活产业、流行音乐中心、电视剧产业和"故宫"文化创意产业。

16. 我国文化创意产业的发展空间巨大，政策环境不断优化，投融资服务体系越来越健全，国家针对大学生文化创意创业出台了多项政策，如众创空间税收优惠、创业担保贷款提高额度、整合发展就业创业基金、税收减免、支持举办创新创业活动，以及大力加强创业教育等。

17. 我国文化创意产业分为四大类，分别是文化艺术、创意设计、传媒产业和软件及计算机服务。

18. 文化艺术包括表演艺术、视觉艺术、音乐创作等。其中，表演艺术的核心产业活动为内容创作，表演制作，舞蹈、戏剧、音乐剧等现代表演；音乐创作的核心产业活动为作词与作曲、录音产品制造和现场表演。

19. 创意设计指计划、构思、设立方案，也含有意象、作图、造型之意等。创意设计涉及的范围比较广，应用也很广泛，包括服装设计、广告设计、建筑设计、项目策划创意设计等。

20. 传媒产业包括出版、电影及录像带、电视与广播等。其中，出版的核心产业活动为文学创作、书籍出版、期刊出版、报纸出版、杂志出版、数字内容出版等。网络时尚文化创意包括互联网门户类、网络游戏产业类、时尚类和网络文学类创意。

21. 软件及计算机服务包括软件开发、软件维护、系统设计、动漫游戏设计、信息服务研发等。

22. 文化创意产业对中国经济的意义是：发展文化创意产业对中国经济的积极意

义不只是提出了一个新兴产业的概念，也不仅是文化创意产品的生产和出口，更主要的意义在于创意产业对传统产业创新的推动，以及在更广泛领域的系统性创新。同时，还具有国际形象的意义和文化的意义。

23. 文化创意产业的特征是：创意产业人员主要是知识型劳动者，文化创意产业是高附加值、低消耗的产业，文化与技术交融，产业组织呈现集群化、网络化。

第四章

文化创意产业的 IP 管理

> **学习目标**

1. 了解什么是文化创意产业中所说的 IP。
2. 了解文创 IP 的分类与评价模型。
3. 了解文创 IP 的发展趋势。

> **课前引例**

泡泡玛特的 IP "武器"

2016 年 4 月,泡泡玛特获得香港 IP "Molly"独家代理权后,推出了"星座系列"盲盒,市场迅速爆火,成为 2017—2018 年业绩高增长的关键因素。基于"Molly"产品的成功经验,公司决定继续与 IP 合作,以 IP 矩阵为核心,以研发和渠道为两翼来发展事业。

在 IP 方面,供给来源主要是两大类:原创艺术家和 IP 供应商。在研发方面,组建了近百人的创意设计及开发团队,持续不断满足变化着的消费需求。在渠道方面,线下铺设了 114 家零售店和 825 家机器人商店,实现了主要在一二线城市的覆盖,线上开设了天猫、京东旗舰店,并设有自营的电商平台"葩趣"和微信小程序,形成全面的经销网络,实现多场景用户触达,为后续的 IP 新品的市场发展奠定了基础。

公司营销策略丰富多彩,采用会员制,建立粉丝社区,加强顾客黏性,从而增加重复购买;线下以定期举办展会、商场中庭展示和快闪店等方式宣传公司 IP 及产品。

大量交换和转让的需求,还催生了盲盒的二级交易市场,对保障存量盲盒的价值和增强市场活跃度有帮助,甚至有部分顾客热衷于通过改娃来获得全新甚至独一无二的玩偶形象，用捏制、改色和拼合等方式，将玩偶进行改造。拆娃、塑型和上色这些步骤中，材料工具花费在 50~300 元之间。改娃的技术门槛较低且趣味性高，盲盒玩家群体催生了职业改娃师，进一步加强了顾客黏性。

2019 年，泡泡玛特在中国潮流玩具零售市场排名第一，市场份额为 8.5%。泡泡玛特通过近年来持续的 IP 运营孵化，拥有强大的输出 IP 的能力，基本每年都有成功的 IP 面世，如 2016 年的"Molly"、2018 年的"Pucky"、2019 年的"DIMOO"和"LABUBU"，2020 年的"SKULLPANDA"。截至 2020 年，公司运营 93 个 IP，包括 12 个自有 IP、25 个独家 IP 及 56 个非独家 IP。2019 年，Molly（自有）、PUCKY（独家）、The Monsters（独家）、Dimoo（自有）四款 IP 产品带来的年收入均过亿元。

公司头部 IP 越来越多，单个 IP 占比不断下降，于是公司对个别款 IP 的依赖程度减弱，降低了经营风险。公司不仅通过优秀的内部设计团队扩展自有 IP，还积极寻求与全球艺术家合作，并与多个品牌合作推出联名系列，实现 IP 的破圈以及影响力的提升。

2020 年泡泡玛特推出的联动系列，包括迪士尼系列、高达限定公仔等。公司在行业的领先地位将吸引更多顶尖艺术家和高质量 IP 供应商与之建立合作关系，并在合作中拥有更强大的议价能力。

> **思考题**

什么是文创 IP？它对公司有什么样的作用？

4.1　文创 IP 的相关概念

4.1.1　文创 IP 的概念

IP 是 Intellectual Property 的首字母缩写，直译为"知识产权"。

文创 IP 代表着某一个品牌或某一类标签，是一种无形资产，是一种文化现象，通过商业化运营和产业化融合，引起兴趣用户的追捧，可能转化为消费品，实现价值变现。

文创 IP 不局限于文学作品和影视作品等，也可以是曾侯乙编钟、清明上河图等国宝重器与著名景区、文物古迹，还可以是世界杯、马拉松等顶级赛事等。

文创 IP 具有以下几个特点：它是无形的，具有多种形态，又一定坚韧性，还有，虽是虚构，但人人都能感受到它的存在。

网络游戏、网络文学与网络动漫正赋予传统文化更强的生命力，形成既有大量受众又具有文化价值的产品，如近年《大话西游》《大圣归来》《西游降魔》等以《西游记》为题材的电影上映，进一步推动孙悟空成为中国当今文创 IP 中的明星；又如《王者荣耀》游戏，早期塑造的人物形象也以历史英雄、经典文学人物为主角，拥有大量受众，很受欢迎。

几年前，对热门网络文学进行电影、游戏改编的成功案例，如《甄嬛传》《盗墓笔记》等，具有特定粉丝群体的文化标识，文化作品市场反响良好，其相关的游戏作品及时推出，也受到了消费者的欢迎。

同时，也有热门动漫、热门游戏改编成真人影视剧、出版同名小说的成功案例。小说、动漫、影视、游戏等文化娱乐形式彼此渗透交融，构建了泛娱乐文化产业生态圈。

影视行业公司陆续转型成文化产业公司，除了电影、电视剧、游戏外，企业还要结合衍生品、文创电商、综艺节目和主题乐园等，进行 IP 的二次、三次开发。

腾讯公司前几年提出了泛娱乐概念，以互联网平台为基础，将一个故事、一个形象打造为有一定知名度的 IP，构建打通游戏、文学、动漫、影视、戏剧等多种文创业务领域的互动娱乐新生态，形成融合跨界发展的粉丝经济，打造同一 IP、多种文化创意产品的业态。

泛娱乐已成为我国新经济的重要组成部分，2016 年泛娱乐产业总产值已超过 4 000 亿元，增速超过 15%。

IP 通过优质的原创内容聚合初代粉丝，并通过衍生为影视剧、游戏等几何级扩大粉丝群体的方式，带来大量经济效益，形成与原始文化 IP 相互支撑、相互融合的生态链条。

文创 IP 已经成为一种文化产品之间的连接融合的符号，伴随着新媒体的崛起，有着高辨识度、自带流量、强变现能力和长变现周期。

目前，旅游业、特色小镇以与 IP 结合的形式，如主题乐园亲子游、节庆活动，融入知名 IP，带动了旅游发展。有一些旅行社推出"跟着电影去旅行"等 IP 主题的旅游产品。具有鲜明特色的 IP 还可以打造城镇的文化符号，成为城市营销的方式，如普罗旺斯的薰衣草、戛纳的电影节和乌镇的戏剧节等。

> **延伸阅读**

综艺节目助力激活传统文化IP

文博探索类综艺节目《国家宝藏》通过集合国内顶尖级博物馆的文物资源,一改以往文博节目枯燥严肃的风格,采用情景剧的方式,演绎文物背后的故事,这种平易近人的节目形式,让观众在轻松愉快的氛围中,感受到中国古代工匠的智慧以及文物所承载的文明。

《如果国宝会说话》用5分钟一集的讲述方式,深入浅出地讲了100件国宝背后的故事及其承载的厚重文化。而这种轻体量、短小精悍的传播形式,适应新媒体时代受众碎片化的接受方式,使得该节目更容易被更多人接受。

《国家宝藏》与《如果国宝会说话》这两档节目俨然已成为"大IP",成为传播中华优秀传统文化的重要载体。

由湖南卫视出品的《巧手神探》,以综艺的娱乐形式为载体,通过设置沉浸式情景体验和甄别对抗的游戏模式,立体地展现出了匠人的手作技艺的魅力,同时,引导观众关注一双手所拥有的能量与创造力。节目兼具观赏性和艺术性,开启了综艺模式的全新发展路线,也成功树立起中国文化自信的正能量氛围。

2018年4月22日,腾讯影业首席执行官程武,在腾讯新文创生态大会上提出"新文创"概念,即以IP构建为核心的文化生产方式,以塑造具备全球影响力的中国文化符号为目标。

2019年,腾讯与云南共同发布了"云南新文旅IP战略合作计划",尝试用新文创的方式,共同推动云南旅游产业的转型升级。随后推出剧集《我们的西南联大》,共同开发同名的主题线路产品。

《我们的西南联大》采取影旅融合新模式:一方面,以景入剧,在剧本规划阶段,便在剧集中前置预留了丰富的影旅联动空间;另一方面,以剧入景,基于电视剧剧本与核心演员,前置梳理和盘点了云南省内西南联大相关遗址,挖掘出几十个兴趣点,同时,围绕精品线路的开发,已经规划十条涵盖不同的产品矩阵,来满足党建、游学、城市漫步等不同需求。

腾讯还邀请国内西南联大学者,组建了西南联大专家团,专家团也将通过一系列策划,持续挖掘"西南联大"IP的价值。

(参考资料来源:2020-06-11 新华网官方账号)

当下,IP成为文化产业各领域高速增长的引擎。在高增长的背后,有一些唯流量论、恶意炒作和粗制滥造等问题也出现了。随着 IP 涉及的范围越来越广泛，消费至上主义带来的隐忧值得深思。

有一些影视改编作品粗制滥造，让粉丝失望，带来高票房低评价，即"叫座不叫好"的现象。有些改编与原著相去甚远，还有的将 IP 与 IP 组合得十分牵强，让粉丝产生怀疑。

过度消费粉丝，不利于 IP 的持续性发展。短期商业变现行为是竭泽而渔，造成 IP 后期衍生困难、产业链下游运营困难以及后续 IP 迭代困难。

随着人工智能和 AR、VR 技术等的发展，对 IP 的形态、形象和成长都产生了巨大影响。同时，把区块链技术应用于知识产权保护、授权等方面，实现可追溯、可追踪，对文化创意产业的发展产生革命性影响。

4.1.2 知识产权的概念

1. 知识产权的定义

用下定义的方法界定知识产权概念的，主要反映在有关知识产权法的论著或教科书中。世界知识产权组织编写的《知识产权法教程》一书认为，知识产权的对象是指人的脑力、智力的创造物，为知识产权下的定义是：人们就其智力创造的成果依法享有的专有权利。

《成立世界知识产权组织公约》第 2 条第 8 款列举了 8 种类型的知识产权，1993 年通过的《与贸易有关的知识产权协定》也列举了 8 类知识产权，用完全列举知识产权保护客体或者划分的方法表述了知识产权的概念。

列举知识产权组成部分的方法不能揭示出概念的全部外延；下定义的方法简练，但仅限于概括创造成果，没有言及商业标记，于是没有涵盖知识产权客体的全部；完全列举知识产权保护客体或者划分的方法表述明确，但用来说明概念则难免挂一漏万，因为知识产权是一个发展、开放的系统，因此，上述对知识产权概念的表述对于教学而言，存在一定局限性。

知识产权是基于创造成果和商业标记依法产生的权利的统称。

知识产权概念之所以将创造成果权和商业标记权并列，是因为创造成果权的概念不能覆盖商业标记权的内容。

（1）创造成果权

创造成果权作为财产价值，来源于创造，或者说创造成果所带来的功能或功效，即使用价值，是精神或物质的需求对象。消费者为获得特定的功能或功效，必须付出代价，以获得对创造成果的支配权。著作权客体——作品，为消费者提供的是满足精神消费的审美功能；专利权客体——技术发明，可以为消费者实现物质实用功能。二者的财产价值均源自因客体的创造性而产生的功能，消费者的消费对象是特定的创造物——"知识"本身。

（2）商业标记权

商业标记是指商标、商号，产品的包装、装潢，地理标志等各类用于区别商品或服务来源的标记。

商业标记权的价值的来源不同于创造成果权。消费者的消费对象不是商业标记本身，而在于它所指代的产品与服务。

商业标记权作为财产权属性，源于其作为媒介的区别功能；其量的规定性，取决于该区别功能在市场交易中所发挥的作用、所占份额的大小。

并非一切创造成果都可以成为法律保护的客体，也并非任何标志都可以成为受法律保护的商业标记。

受经济、文化等因素的影响，法律要对纳入其范围的"创造成果"和"商业标记"进行筛选、裁剪、取舍、保护，并非所有施加在创造成果和商业标记上的行为都可以受到知识产权的规制。

人的社会行为包罗万象，行为的后果会产生巨细不同、五花八门的社会关系。法律的功能是有限的，它只选择对经济关系有相当影响的一部分关系加以调整，在知识产权法的规定以外的对知识产权的客体所施加的行为，不受知识产权的规制。

如，书店在销售广告中罗列图书名录，或简要介绍出版物内容的行为，就不具有著作权法上的意义，不构成侵害图书著作权；汽车修理店广告词中类似"专修奥迪"的描述，也不具有商标法上的意义，既不属于侵害该类车产品的商标权行为，也不构成所谓对他人商标的合理使用。

知识产权所反映和调整的社会关系是平等地位的自然人、法人等主体之间的财产关系，因而具备了民事权利的最本质的特征，故为民事权利。民事权利被称作"私权"，民法被称作"私法"，以调整具有平等地位的私人之间的人身与财产关系。[①]

2. 知识产权的分类

知识产权有两种分类方法：一种是把知识产权分为著作权和工业产权；另一种是把知识产权分为创造成果权和商业标志权。

（1）以知识的功能划分

以知识的功能来划分，知识产权可以分为著作权和工业产权这两类。著作权是广义的，包括著作权和邻接权，其保护客体的功能是精神上的，也称非实用功能。

其保护客体是能够产生令人愉悦精神的美的感受，以满足人类以审美需求为目的的知识类型，包括文学、艺术和科学作品，表演艺术家的演出，录音制品和广播电视节目。

[①]《知识产权法学》编写组. 知识产权法学 [M]. 北京：高等教育出版社，2019：8-9.

为了实践和司法上的方便，多数国家的立法把与著作权相关的邻接权也置于著作权法中，如德国和中国。

工业产权是指著作权以外的知识产权，主要是专利权和商标权。

其保护客体的功能是物质上的，也称实用功能。虽然被称为工业产权，但其保护对象的范围已超出"工业"的范围，主要指以实现人类的衣食住行等生活、生产的功能，满足物质消费为目的的知识类型，以及以实现规范市场经济秩序功能为目的的符号、标记类型的知识，如商业、农业、服务标记，地理标记，商号及标记，禁止与知识产权有关的不正当竞争，集成电路布图设计，植物新品种，域名，未公开的信息等。

《成立世界知识产权组织公约》列举的知识产权第4项所说的"科学发现"，实际上既不能列为著作权的客体，也不是工业产权的客体。

按照知识产权理论，科学发现不同于发明创造，发明是在认识事物的本质和规律的基础上遵循自然法则对改造客观世界、解决特定问题而提出的技术方案。

按照我国《专利法》第2条，发明是指对产品、方法或者其改进所提出的新的技术方案。发现则不同，按照《科学发现国际登记日内瓦条约》所下的定义，科学发现是"对迄今尚未被认识和尚不能证实的物质世界的现象、性质或规律的认识"。其认识对象是客观世界固有的本质及规律，而不是人类对物质世界干预的结果。故科学发现成果不宜作为知识产权保护的客体。

虽然1967年的《成立世界知识产权组织公约》及我国1986年颁布的《民法通则》都曾把"科学发现"规定为知识产权的保护对象，但在我国，所有知识产权的相关法律、法规都没有保护有关"科学发现"的规定。

在知识产权立法规划中，也无此内容。此外，各国法律或者国际条约也未把科学发现作为知识产权加以保护。因此，我国新通过的《民法总则》中的知识产权条款，未将"科学发现"列为知识产权的保护客体。

（2）以价值的来源划分

以价值的来源划分，知识产权分为创造成果权和商业标志权。创造成果和商业标志划分的标准是各自获得财产的手段。

创造成果权的价值，来源于对创造成果直接的商业利用。如，专利技术实施带来的经济收益，文学艺术作品的复制发行所带来的收益。总之，无论是科学技术还是文学艺术等创造性的智力成果，它们所具有的物质或精神上的使用价值都是其价值的源泉，对它们的直接利用所获得的收益，就是创造成果的价格。

与创造成果不同，商业标志的财产价值不是来源于该标志的创造性，而是来源于它作为标志的区别商品、服务来源和商业主体的功能，来源于所标志的商品、服务和工商业主体的市场评价。所以，商业标志的价值，既包括因承载区别功能所带来的经济收益，也包含市场对商品、服务经营主体商业信誉的评价。[1]

3. 知识产权的客体是知识

知识产权的客体是以"形式、结构、符号系统"等为存在方式的知识。

客体是指那些借由对它的支配、利用、控制而发生法律关系的事物。知识是精神活动的产物，是人类对其认识的描述，是人造的客观世界。人是符号的动物，知识的存在方式是具体的、有限的形式、结构或符号系统。

知识是知识产权发生的前提和基础。"知识"既是具体的，也是一个可以涵盖人类全部文明成果的外延广泛的概念。知识产权中的"知识"也并非泛指所有的"知识"，同样是一个经过法律筛选的，内涵、外延确定的法律概念。

知识，作为一种纯形式、符号，是非物质的。这一自然属性决定了知识产权具有不同于物权与债权的独特的面貌和特征。纯形式和非物质性这一本质，决定了"知识"具有如下特征。

"知识"作为形式，不具有实体性，它必须依赖于一定的物质载体而存在。知识所彰显的，是反映一定思想和情感的表达。知识作为形式，是人类心智结晶的外在的客观表达，因而必然利用了人类大脑这种物质材料，以及外在表达所赖以实现的物质材料的双重载体才得以存在。

但是由于在以大脑材料为载体的情况下，信息是抽象的，不具有具体的形式特征，从可表达、可传递的知识的角度来看，属于"无"的状态，所以，还不能构成客观外在的"知识"。"知识"是以物质为载体而为人们所感知的存在形式。

"知识"作为形式，在时间上具有永存性的特点。"知识"一旦被描述、表达出来，呈现一种为人感知的客观状态，具有永不磨损的品格。作为形式的知识，其存在和再现需要物质材料加以支撑，但是并不受特定的物质材料的限制，即使支撑形式存在的某物质材料灭失，只要作为表达的形式还在，无论是附着在物质材料上，还是转换压缩为数字储存于计算机或者人脑记忆中，其结构和形式没有任何损失，该形式仍然可以被抽取出来，还可以从物质世界中找到使它再现的新材料。

知识的形式本质和非物质性，决定了它是靠表现和传递而存在并维系其寿命的。除非是作为知识的形式全部灭绝和储存于大脑中的信息全部失传这两种情况同时出现，否则，知识的寿命是无限的。

"知识"作为形式，受其非物质性决定，在空间上可以无限地再现或复制。人类可以不受地域、国别以及特定物质材料的限制，在同一时间，利用不同的载体，不受数量限制地复制相同的结构与形式，并互不影响。

---

[1] 《知识产权法学》编写组. 知识产权法学 [M]. 北京：高等教育出版社，2019：14.

因而知识一旦被创造出来并予以公开，客观上就为人们提供了共享该知识的可能。当其他人获取或利用该知识时，并不导致知识的创造者失去该知识，他可以与众多的人不受数量限制、互不干扰地同时共同占有和利用该知识。[①]

4. 知识产权的特点

知识产权具有四个基本特点：无形性、专有性、时间性和地域性。

（1）知识产权是一种无形财产

它的客体是智力成果或者知识产品，是一种无形财产或者一种没有形体的精神财富，是创造性的智力劳动所创造的劳动成果。

（2）知识产权具备专有性的特点

它与房屋、汽车等有形财产一样，都受到国家法律的保护，都有所有者。

（3）知识产权具备时间性的特点

知识产权仅在法律规定的期限内受法律保护。如，商标的有效期是10年，发明专利的有限期是20年，版权单位申请的有效期是50年，如果是个人申请的，有效期为个人有生之年及之后的50年。

（4）知识产权具备地域性的特点

不同地区或国家法律法规不同，保护程度和要求有所不同。大部分知识产权的获得，需要法定的程序，如商标、专利和版权的获得，需要经过权威部门的登记注册。

5. 知识产权保护的发展趋势

知识产权的保护的发展趋势有以下几个方面：保护范围不断扩大，权利内容不断深化，审批时间缩短，保护期限延长，侵权处罚力度加大，知识产权的归属权下放，标准与专利捆绑并构成知识产权保护的新形式，知识产权保护正在演化为一种经营业务。

知识产权的保护不仅建立在有形产品的基础之上，还出现了利用知识产权保护机制来直接生产知识产权的现象。

4.1.3 著作权与版权

1. 版权

著作权是作者或者其他权利人对其创作的作品及相关客体享有的专有权。文学艺术和科学作品是著作权产生的法律事实，没有作品就没有著作权，因此，著作权也称为文学艺术产权。

在我国，著作权有狭义和广义之分。狭义的著作权是作者对作品所享有的权利，也可以称为作者权。从客体来讲，作者权是指以作品为对象的权利。

---

① 《知识产权法学》编写组．知识产权法学 [M]．北京：高等教育出版社，2019：14-15.

广义的著作权，还包括邻接权或相关权，即作品传播者享有的权利，如表演者对其表演、录制者对其制作的音像制品、广播电视组织对其播放的节目以及出版者对其出版物的版式设计享有的专有权。

广义的著作权是作者权与邻接权，从主体来看，著作权人是作者、传播者，从客体来看，既有各类文学艺术作品，也包括对作品的表演、录音录像制品、广播电视节目等。[①]

著作权的权利内容是精神权利和经济权利的合一。精神权利仅指作者就其所创作的作品中体现的人格利益所享有的权利，在立法上也称为著作人格权、著作人身权。

经济权利，是指作者和其他著作权人所享有的使用作品而获得经济利益的权利，立法上称之为著作财产权。本书所称的著作权是广义的，包括作者权和作品传播者的邻接权。

著作权，又称为版权，我国立法文件上将二者视为同义语。但是从词源和法律传统看，著作权和版权这两个术语是存在差异的，两者分别代表了不同的哲学基础和立法理念，由此而形成了两种不同的有关保护作品的法律制度——版权体系和作者权体系。

版权，对应英文 copyright，最初是以稿本为基础的出版商特权，即图书出版商掌握的对稿本进行印刷出版的特权。后来通过立法确立了作者对稿本享有权利，出版商得到作者同意可以印刷出版图书，并向作者支付报酬。此后，版权就是指复制之权，禁止他人非法复制的权利。现代版权体系的"版权"概念则涵盖作品创作者的权利和作品传播者的权利。

著作权，对应英文短语 author's right，著作权的概念来自"作者权""著作者权"，强调的是作品创作者的权利。

与版权不同的是，著作权概念的范围较小，仅仅指作者的权利，而不包括作品传播者的权利，著作权之外，也没有一个能涵盖作者权利和邻接权的上位概念，所以大陆法国家的成文法名称都并称"作者权与邻接权"，只有法国例外，其创造了一个文学艺术产权的概念，统领作者权和邻接权。

版权和著作权所反映的两种立法观念和制度设计上的差异，自保护著作权国际公约诞生以后，开始逐步地缩小。

我国著作权法从名称到体例更接近于作者权体系。著作权是知识产权的一个重要类别，和工业产权共同构成知识产权。[②]

2. 文化创意产业的知识产权

文化创意产业的知识产权的保护类别往往有以下几个方面：商标、专利、著作权、商业秘密与其他成果。

[①] 张今.著作权法[M].第2版.北京：北京大学出版社，2018：1.
[②] 张今.著作权法[M].第2版.北京：北京大学出版社，2018：2-3.

（1）商标

① 商标的含义

商标（trade mark）是一个专门的法律术语。商标是用于识别和区分商品或服务来源的标志。品牌或品牌的一部分在政府有关部门依法注册后，称为"商标"。

任何能将自然人、法人或者其他组织的商品与他人的商品区别开来的标志，包括文字、图形、数字、字母、三维标志、颜色组合和声音等，以及上述要素的组合，都可以申请注册商标。

气味商标就是以某种特殊气味作为区别不同商品和不同服务项目的商标。目前，这种商标只在个别国家被承认它是商标。在中国，气味尚不能注册为商标。

中国有"注册商标"与"未注册商标"的区别。注册商标是在政府有关部门注册后受法律保护的商标，未注册商标则不受商标法律的保护。

根据《商标法》第三十九条规定，注册商标的有效期为十年，自核准注册之日起计算。有效期期满之前十二个月，可以进行续展并缴纳续展费用，每次续展有效期也是十年。续展次数不限。如果在这个期限内未提出申请的，可给予六个月的宽展期。若宽展期内仍未提出续展注册的，商标局将其注册商标注销，并予公告。

② 商标的分类

我国商标法规定，经商标局核准注册的商标，包括商品商标、服务商标和集体商标、证明商标，商标的注册人享有商标专用权，受法律保护。

根据使用者，商标可以分为商品商标、服务商标和集体商标。

商品商标，就是商品的标记，是商标最基本的表现形式，通常所称的商标主要是指商品商标。商品商标，又可分为商品生产者的产业商标和商品销售者的商业商标。

服务商标，是指用来区别于其他同类服务项目的标志，如航空、饭店、导游、保险和金融、邮电、电视台等单位使用的标志。

集体商标，是指以团体、协会或者其他组织名义注册，供该组织成员在商事活动中使用，以表明使用者在该组织中的成员资格的标志。

根据用途，商标可以分为营业商标、证明商标、等级商标、组集商标、亲族商标、备用商标、防御商标和联合商标。

营业商标是指生产或经营者把特定的标志或企业名称用在自己制造或经营的商品上的商标，又称"厂标""店标"或"司标"。

证明商标是指由对某种商品或者服务具有监督能力的组织所控制，而由该组织以外的单位或者个人使用于其商品或者服务，用于证明该商品或者服务的原产地、原料、质量、制造方法或其他特定品质的标志。如绿色食品标志、纯羊毛标志、真皮标志、电工标志等。

等级商标是指在商品质量、等级、规格不同的一种商品上使用的同一商标或者不同的商标。这类商标里，有的虽名称相同，但图形或文字字体不同，或是图相同，但以不同颜色、不同纸张、不同印刷技术或者其他标志作区别；也有的是用不同商标名称或者图形作区别。

组集商标是指在同类商品上，由于品种、规格、等级、价格的不同，为了进行区别而使用的几个商标，并把这个几个商标作为一个组集一次提出注册申请的商标。组集商标与等级商标有相似之处。

亲族商标，又称"派生商标"，是以一定的商标为基础，再把它与各种文字或图形结合起来，使用于同一企业的各类商品上的商标。

备用商标，又称"贮藏商标"，是指同时或分别在相同商品或类似商品上注册几个商标，注册后不一定马上使用该商标，而是先储备起来，日后需要时再使用。

防御商标，是指驰名商标所有者，为了防止他人在不同类别的商品上使用其商标，而在非类似商品上将其商标分别注册，该种商标称之为防御商标。目前我国商标法律并未有"防御商标"的相关规定。

联合商标，是指同一商标所有人在相同或类似商品上注册的几个相同或者近似的商标，或是文字近似，或是图形近似，这些商标称为联合商标。这种相互近似商标注册后，不一定都使用，其目的是防止他人仿冒或注册，从而更有效地保护自己的商标。

商标，根据享誉程度，可以分为普通商标、市著名商标、省著名商标和驰名商标。

普通商标是在正常情况下使用未受到特别法律保护的绝大多数商标。

市著名商标是指在当地（省会城市）的市场上享有较高声誉，为相关公众所普遍熟知，有良好质量信誉，并享有特别法律保护的商标。只有位于省会城市的企业才能申请市著名商标。

省著名商标是指在较大地域范围（如一级地方行政区、省）的市场上享有较高声誉，为相关公众所普遍熟知，有良好质量信誉，并享有特别法律保护的商标。

驰名商标是指在较大地域范围（如全国、国际）的市场上享有较高声誉，为相关公众所普遍熟知，有良好质量信誉，并享有特别法律保护的商标。驰名商标能获得跨类别的商标专用权法律保护。

③ 商标的价值

商标是企业的无形资产，商标的价值多少，没有非常固定的判定。商标在投资或经营过程中作为资产的价值，就是商标资产所含资本量的大小。

商标是指其资本价值，而不是荣誉或主观上的价值。常见的价值判定，通常取决于商标的认知度和认可度，以商标能够为企业带来的预估测值来评测。

商标是产品与包装画面的重要组成部分，设计精美、新颖别致、个性突出、寓意深刻的商标，能很好地装饰和美化产品，吸引消费者。

2021年4月22日，最高人民法院发布《人民法院知识产权司法保护规划（2021—2025年）》，明确了"十四五"时期知识产权司法保护的重点工作举措，提出要加强商业标志保护。加大对恶意抢注、囤积商标等行为的惩治力度，促进商标申请注册秩序正常化和规范化。

2021年11月8日，世界知识产权组织发布的《世界知识产权指标》报告中，全球150个国家和地区专利申请部门的数据显示，2020年，全球范围内商标申请增加了13.7%。

延伸阅读

什么？Facebook不是脸书？iPad不是苹果的？

2018年，名为"脸书科技（杭州）有限公司"的企业，于7月18日在杭州市市场监督管理局登记注册，性质为台港澳法人独资的有限责任公司，注册资本为3 000万美元，由Facebook Hong Kong Limited 100%控股，公司法人是张京梅。该公司的经营范围显示为"网络信息技术的技术开发、技术服务、技术咨询、成果转让等"。

中国商标网公示了Facebook公司在华注册的309件商标，涵盖了45个类别，其中既有包括"Facebook"在内的英文商标，同时也有包括"脸谱""面书"在内的中文商标，还有一些图形商标。Facebook公司在中国注册商标，有利于规避可能出现的商标风险。

菲丝博克公司在进入中国市场前，便已经将其英文商标"Facebook"进行了全类别注册，并获得了保护，其大可放心使用该商标。Facebook公司的老板娘是中国人，充分了解中国文化的博大精深，将音译商标也进行了关注，其中包括"菲丝博克""飞书博""飛思簿""费司布克"等商标。但是，受制于中国文字的限制，无法穷尽"非""飛""思""丝""博""布""克""客"……的组合，所以只能选择其中个别字的组合申请注册了中文商标。

早在几年前，围绕商标，Facebook公司就曾与该商标权利人在华展开了一场历时几年的商标权属争夺战，但最终以Facebook公司失败而终。

当时，北京知产法院受理原告随锐科技股份有限公司（简称随锐科技公司）诉被告中华人民共和国国家工商行政管理总局商标评审委员会（简称商标评审委员会）、第三人菲丝博克公司（FACEBOOK.INC）商标无效宣告请求行政纠纷一案。"脸书"商标（简称诉争商标）由原告随锐科技公司，于2011年向商标局提出注册申请，于2013年获准注册，核定使用在第42类质量检测、包装设计等服务上。该案第三人菲丝博克公司，于2017年，向商标评审委员会对诉争商标提出无效宣告请求。

商标评审委员会在《关于"脸书"商标无效宣告请求裁定书》（简称被诉裁定）中认定：菲丝博克公司的"FACEBOOK"商标为臆造词，独创性较强。"FACEBOOK"为全球知名的社交网站，并在中国相关消费者中已形成与汉字"脸书"相对应的固定翻译。随锐科技公司在完全知晓该网站和菲斯博克公司的"脸书"商标使用情况的情形下，将他人知名网站名称进行注册申请，具有明显的复制、翻译及抄袭他人商标的故意，其行为有损公平竞争的市场环境。诉争商标的注册已构成《中华人民共和国商标法》所禁止的以"其他不正当手段"取得注册的情形。因此，商标评审委员会作出裁定，对诉争商标予以无效宣告。

原告随锐科技公司不服被诉裁定，起诉至北京知识产权法院。随锐科技公司诉称，原告获准注册的诉争商标完全由原告独立构思并已商业使用，与菲丝博克公司商标无必然联系。诉争商标的获准注册未违反《中华人民共和国商标法》和商标评审规则的规定。综上，请求法院撤销被诉裁定，并判令被告重新作出裁定。

Facebook公司意在吸取苹果公司"iPad商标"纠纷案的教训。以互联网公司在注册商标时的关键类别，第9类、第35类、第38类、第41类、第42类、第45类关键类别检索发现，菲丝博克公司在上述类别均申请注册了Facebook英文商标，而且上述商标均获准注册。同时，在上述类别上，菲丝博克公司还申请注册了"脸书""脸谱""面书""菲斯博克"等中文商标。

但部分商标申请中有"漏网之鱼"。在关键类别第35类广告销售及第45类交友服务类别上，其提交的"脸谱"商标注册申请历经波折，其中，在第45类交友服务类别上，Facebook公司经过了对"在先使用"的商标异议复审程序、行政诉讼后方成功注册"脸谱"商标；而第35类广告销售类别的申请中，或是处于驳回申请中，或是申请被驳回；在第9类手机软件及第45类交友等关键类别中缺失"菲丝博克"商标。

2012年，苹果和唯冠的纠纷引发了各界人士关于知识产权的热议，不少关注此事的网友热心"支招"，建议苹果弃用"iPad商标"，改用APad、BPad、CPad等。

当他们在国家工商总局的商标网查询时却发现，除了B之外，从A到Z的以每个英文字母开头的Pad都被抢注了。苹果公司由于自身在知识产权管理上的失误，才导致了与深圳唯冠之间的商标权纠纷。

苹果公司最终获得了在中国注册的iPad商标，代价是6 000万美元以及旷日持久的诉讼。2012年7月2日，深圳市中级人民法院向国家工商总局商标局送达了将iPad商标过户给苹果公司的裁定书和协助执行通知书。

> 这意味着，中外瞩目的苹果与深圳唯冠之间的iPad商标诉讼以和解告终。当时深圳唯冠律师团成员谢湘辉向记者表示，6 000万美元是双方妥协的结果，与深圳唯冠方面的预期相差较大，"唯冠方面最初提出的和解金额是4亿美元"。

（2）专利

专利（patent），指专有的权利和利益。来源于拉丁语Litterae patentes，意为公开的信件或公共文献，是中世纪的君主用来颁布某种特权的证明，后来指英国国王亲自签署的独占权利证书。

在现代，专利一般是由政府机关或者代表若干国家的区域性组织根据申请而颁发的一种文件，这种文件记载了发明创造的内容，并且在一定时期内产生这样一种法律状态，即获得专利的发明创造，在一般情况下他人只有经专利权人许可，才能予以实施。

在我国，专利分为发明、实用新型和外观设计三种类型。

在知识产权中，有三重意思，比较容易混淆，具体包括：

第一，专利权，指专利权人享有的专利权，国家依法在一定时期内，授予专利权人或者其权利继受者独占使用其发明创造的权利，这里强调的是权利。这是一种专有权，具有独占的排他性。非专利权人要想使用他人的专利技术，必须依法征得专利权人的授权或许可。

第二，指受到专利法保护的发明创造，即专利技术，是受国家认可并在公开的基础上进行法律保护的专有技术。"专利"在这里具体指的是受国家法律保护的技术或者方案。

专有技术，是享有专有权的技术。这个概念更大，专有技术既包括专利技术，也包括技术秘密。某些不属于专利和技术秘密的专业技术，只有在某些技术服务合同中才有意义。

专利是受法律规范保护的发明创造，它是指一项发明创造向国家审批机关提出专利申请，经依法审查合格后，向专利申请人授予的该国内规定的时间内，对该项发明创造享有专有权，并需要定时缴纳年费来维持的这种国家的保护状态。

第三，指专利局颁发的确认申请人对其发明创造享有的专利权的专利证书或指记载发明创造内容的专利文献，指的是具体的物质文件。

日常生活中，人们通常会把"专利"和"专利申请"两个概念混淆使用，比如有人在其专利申请尚未授权的时候即声称自己有专利。而专利申请在获得授权前，只能称为专利申请，如果其能获得授权，则可以称为专利，并对其所请求保护的技术范围拥有独占实施权。"专利"和"专利申请"这两个概念所代表的两种结果之间，差距巨大。

值得注意的是，专利的两个最基本的特征就是"独占"与"公开"，以"公开"换取"独占"是专利制度最基本的核心，这分别代表了权利与义务的两面。

"独占"是指法律授予专利权人在一段时间内享有排他性的独占权利;"公开"是指专利申请人作为对法律授予其独占权的回报而将其技术公之于众,使社会公众可以通过正常渠道获得有关专利信息。

(3)商业秘密

商业秘密(Business Secret),是指不为公众所知悉的、具有商业价值的,并经权利人采取相应保密措施的技术信息和经营信息等商业信息。

《民法典》第一百二十三条,将商业秘密列为知识产权的客体。《民法典》第五百零一条,合同订立过程中泄露、不正当使用他人商业秘密的,应当承担赔偿责任。

商业秘密与一般的知识产权相比,有其特殊性。一般的知识产权具有独占性、专有性和排他性,具有对抗第三人的效力,不特定公众均负有不得实施的义务。而商业秘密不具有对抗善意第三人的效力,第三人可以善意地实施通过正当手段获得的商业秘密。

商业秘密的构成要件有技术信息与经营信息的认定、秘密性、保密性和价值性。

在技术信息与经营信息的认定中,技术信息包括与技术有关的原料、结构、组分、配方、材料、样品、样式、植物新品种繁殖材料、方法、工艺或其步骤、数据、算法、计算机程序及其有关文档等信息。

经营信息包括与经营活动有关的创意、销售、财务、管理、计划、样本、招投标材料、数据和客户信息等信息。

客户信息包括客户的名称、联系方式、地址以及交易习惯、内容、意向等信息。

不能仅依据与特定客户保持长期稳定的交易关系,主张该特定客户属于商业秘密。若客户基于对员工个人的信赖而与该员工所在单位进行交易,该员工离职后,能够证明客户自愿选择与该员工或者该员工所在的新单位进行交易,应当认定该员工没有采用不正当手段获取权利人的商业秘密。

秘密性:是指权利人请求保护的信息在被诉侵权行为发生时不为所属领域的相关人员普遍知悉和不容易获得的,人民法院应当认定为《反不正当竞争法》第九条第四款所称的"不为公众所知悉"。

《关于审理侵犯商业秘密民事案件适用法律若干问题的规定》第四条规定:具有下列情形之一的,人民法院可以认定有关信息为公众所知悉:(一)该信息在所属领域属于一般常识或者行业惯例的;(二)该信息仅涉及产品的尺寸、结构、材料、部件的简单组合等内容,所属领域的相关人员通过观察上市产品即可直接获得的;(三)该信息已经在公开出版物或者其他媒体上公开披露的;(四)该信息已通过公开的报告会、展览等方式公开的;(五)所属领域的相关人员从其他公开渠道可以获得该信息的。

将为公众所知悉的信息进行整理、改进、加工后形成的新信息,符合本规定第三条规定的,应当认定该新信息不为公众所知悉。

保密性：是指权利人为防止商业秘密泄露，在被诉侵权行为发生以前所采取的合理保密措施，人民法院应当认定为《反不正当竞争法》第九条第四款所称的"相应保密措施"。

人民法院应当根据商业秘密及其载体的性质、商业秘密的商业价值、保密措施的可识别程度、保密措施与商业秘密的对应程度以及权利人的保密意愿等因素，认定权利人是否采取了相应保密措施。

《关于审理侵犯商业秘密民事案件适用法律若干问题的规定》第六条规定：具有下列情形之一，在正常情况下足以防止商业秘密泄露的，人民法院应当认定权利人采取了相应保密措施：(一)签订保密协议或者在合同中约定保密义务的；(二)通过章程、培训、规章制度、书面告知等方式，对能够接触、获取商业秘密的员工、前员工、供应商、客户、来访者等提出保密要求的；(三)对涉密的厂房、车间等生产经营场所限制来访者或者进行区分管理的；(四)以标记、分类、隔离、加密、封存、限制能够接触或者获取的人员范围等方式，对商业秘密及其载体进行区分和管理的；(五)对能够接触、获取商业秘密的计算机设备、电子设备、网络设备、存储设备、软件等，采取禁止或者限制使用、访问、存储、复制等措施的；(六)要求离职员工登记、返还、清除、销毁其接触或者获取的商业秘密及其载体，继续承担保密义务的；(七)采取其他合理保密措施的。

价值性：是指权利人请求保护的信息因不为公众所知悉而具有现实的或者潜在的商业价值。生产经营活动中形成的阶段性成果符合前述规定的，也可以认定该成果具有商业价值。

《最高人民法院关于审理不正当竞争民事案件应用法律若干问题的解释》第十条规定：有关信息具有现实的或者潜在的商业价值，能为权利人带来竞争优势的，应当认定为《反不正当竞争法》第十条第三款规定的"能为权利人带来经济利益、具有实用性"。

《反不正当竞争法》所规制的侵犯商业秘密的行为包括四种：

第一种，以不正当手段获取商业秘密。该项所称的"不正当手段"包括盗窃、贿赂、欺诈、胁迫、电子侵入或其他不正当手段，侵权人以违反法律规定或者公认的商业道德的方式获取权利人的商业秘密的，应当认定属于"以其他不正当手段获取商业秘密"。

第二种，披露、使用或者允许他人使用以不正当手段获取的商业秘密。该项所称的"使用"，是指侵权人在生产经营活动中直接使用商业秘密，或者对商业秘密进行修改、改进后使用，或者根据商业秘密调整、优化、改进有关生产经营活动，应当认定属于"使用商业秘密"。

第三种，违反保密义务或者违反权利人有关保守商业秘密的要求，披露、使用或者允许他人使用其所掌握的商业秘密。该项所称的"保密义务"包括根据法律规定或者合同约定所承担的保密义务。

此外，即使当事人未在合同中约定保密义务，但根据诚信原则以及合同的性质、目的、缔约过程、交易习惯等，侵权人知道或者应当知道其获取的信息属于权利人的商业秘密的，应当认定侵权人对其获取的商业秘密承担保密义务。

第四种，帮助侵权：教唆、引诱、帮助他人违反保密义务或者违反权利人有关保守商业秘密的要求，获取、披露、使用或者允许他人使用权利人的商业秘密。

> **延伸阅读**
>
> 网络游戏中的知识产权保护
>
> 网络游戏的法律保护网络游戏产业是伴随着互联网的发展而逐步形成的一个高速发展的新兴产业，正遭遇着网络寄生虫的不正当利益分割，比如私服与外挂。
>
> 外挂就是指某些人利用自己的电脑技术专门针对一个或多个网络游戏，通过改变网络游戏软件的部分程序，制作而成的作弊程序。用户利用外挂这种作弊手段可以轻易得到其他正常用户无法得到，或必须通过长期运行程序才能得到的游戏效果。
>
> 为了加强对计算机信息网络国际联网的安全保护，维护公共秩序和社会稳定，我国公安部早在1997年12月即颁布《计算机信息网络国际联网安全保护管理办法》。
>
> 《计算机信息网络国际联网安全保护管理办法》规定，任何单位和个人不得从事未经允许对计算机信息网络中存储、处理或者传输的数据和应用程序进行删除、修改、增加等危害计算机信息网络安全的活动。
>
> 《计算机信息网络国际联网安全保护管理办法》还规定，对违反上述规定的行为，由公安机关给予警告，没收违法所得，并处以罚款。
>
> 情节严重的，可以给予六个月以内停止联网、停机整顿的处罚，必要时，可以建议原发证、审批机构吊销经营许可证或者取消联网资格。
>
> 构成违反治安管理行为的，依照治安管理处罚条例的规定处罚。构成犯罪的，依法追究刑事责任。
>
> 利用外挂软件进行传输数据修改的行为，无疑构成了危害计算机信息网络安全行为。制造、销售此类外挂软件的行为，无疑也是违法的。
>
> 私服是指未经版权拥有者授权，以不正当手段获得游戏服务器安装程序之后设立的网络服务器。私服是未经著作权人许可，获取著作权人的程序代码，并安装复制于私自设立的服务器内的行为。根据《著作权法》的规定，未经著作权人许可复制他人作品的，视不同行为，应承担行政责任、民事责任、刑事责任。①

---

① 张逦英. 文化创意产业管理与实务 [M]. 上海：同济大学出版社，2020：214.

3. 我国《著作权法》

截至 2018 年年底，在著作权方面，我国先后颁布了 1 部法律、6 部条例以及 9 个部门规章和 44 个规范性文件，基本形成以《著作权法》为统领和核心、由多层次法律规范构成的中国特色社会主义著作权法律体系。

2001 年、2010 年对《著作权法》进行了两次修订，2012 年启动了第三次修订。2018 年的全国两会期间，中国摄影著作权协会联合近 50 位著名艺术家委员，为《著作权法》的修订建言献策。

版权监管保护方面，各级版权行政管理部门坚持日常监管与专项行动相结合，打击各类侵权盗版行为。连续 14 年开展"剑网行动"，查处网络侵权盗版案件，关闭侵权网站，删除侵权盗版链接，移送司法机关追究刑事责任，相继查处了天线视频网侵权案、思路网高清视频侵权案等一批侵权盗版大案要案。

版权对外交流方面，中国相继签署、加入和批准了 8 部著作权国际条约。2012 年 6 月，中国成功承办世界知识产权组织保护音像表演外交会议，不断增强在国际版权领域的话语权和影响力。

近年来，我国版权产业呈持续增长态势，已经成为国民经济新的增长点和经济发展中的支柱产业。截至 2018 年 12 月，网络新闻、网络视频、网络音乐、网络游戏和网络文学的用户规模分别为 6.75 亿、6.12 亿、5.76 亿、4.84 亿和 4.32 亿，使用率均超 50%，网络版权产业市场规模高达 7 400 亿元。

版权执法监管部门实施分类管理，对网络转载、短视频、动漫、知识分享、有声读物、微信公众号等重点领域进行专项整治，取得了较好的法律效果和社会效果。

根据整改要求，抖音短视频等 15 家短视频平台加强了版权保护，积极履行企业主体的责任，共下架删除各类涉嫌侵权盗版短视频 57 万部，改善短视频版权秩序。

有 13 家网络服务商正在完善版权转载机制，为权利人提供便捷的维权渠道，积极为本平台用户原创内容提供版权保护的服务。

2015 年，国家版权局开展网络音乐版权专项整治行动，我国的网络音乐版权环境不断净化，网络音乐侵权案件的占比，从 2015 年的 44% 骤降至 2018 年的 1.6%。

2018 年，国家版权局推动网络音乐版权规范授权，并推动腾讯音乐与网易云音乐达成音乐作品转授权合作，将各自独家音乐作品数量的 99% 以上向对方开放转授权，得到社会好评。

2018 年 12 月 12 日，最高人民法院发布了《关于审查知识产权纠纷行为保全案件适用法律若干问题的规定》，将"时效性较强的热播节目正在或者即将受到侵害"列为"情况紧急"情形之一，确保热播节目受到侵害时能及时地获得救济。

短视频领域，中国网络版权产业联盟发布了《中国网络短视频版权自律公约》，中国网络视听节目服务协会发布了《网络短视频平台管理规范》，通过自律公约规范短视频行业发展和传播秩序。

互联网企业完善内部版权管理制度，利用区块链等新技术保护版权。网络服务商针对侵权盗版内容、侵权盗版账号，开展自查整改。

> **延伸阅读**
>
> 2019年的流行语——区块链
>
> 区块链（Blockchain）是一个信息技术领域的术语。区块链的本质是一个共享数据库，存储于其中的数据或信息，具有不可伪造、全程留痕、公开透明、可以追溯和集体维护等特征。
>
> 基于这些特征，区块链技术创造了可靠的合作机制，推动了"信任经济"，降低了社会交易成本，成为社会的关注焦点。
>
> 区块链技术已经应用于中国的原创内容交易平台，在网络版权保护领域发挥重要作用。通过区块链技术，可以将数字作品的作者、内容和时间绑定，实现"实现创作即确权，交易即授权，发现即维权"，将违规造假侵权的可能性进一步降低。
>
> 通过区块链技术，可以对作品进行鉴权，证明文字、音频、视频等作品的存在，保证其权属的真实性和唯一性。作品在区块链上被确权后，后续的交易都会被实时记录，实现数字版权的全生命周期管理，也可以作为司法取证中的技术性保障。
>
> 2019年1月10日，国家互联网信息办公室发布了《区块链信息服务管理规定》。2019年10月24日，中央政治局第十八次集体学习时，习近平总书记说，要"把区块链作为核心技术自主创新的重要突破口"，"加快推动区块链技术和产业创新发展"。

搜狐新闻、一点资讯、今日头条、百度百家号完善自媒体入驻协议、发布版权警示公告、封禁一大批侵权自媒体账号，对违规自媒体账号进行降级等处理；建立账号信用分制度与黑名单制度。

抖音短视频、快手等十几家重点短视频平台共下架删除各类涉嫌侵权盗版短视频57万部；微信公众平台发布了《微信公众平台"洗稿"投诉合议规则》等文件。

互联网企业为保护媒体自身的版权，通过区块链技术、公钥加密、可信时间戳等技术，提供权属认证、取证服务，防控版权的侵权行为。

4.1.4　IP 与版权

IP 通常是以版权作品形式存在的，IP 变现的渠道也以版权交易为主。IP 开发的过程涵盖了商标、专利、版权全要素的知识产权保护。

当今的 IP 版权费的价格，是在几年前无法想象的，少则三五倍增长，多则七八倍、十几倍地增长。如，2011 年 9 月，网络作家顾漫以几十万元的价格将《何以笙箫默》电影版权卖给了乐视，合约期为三年；2014 年下半年，版权即将到期之际，顾漫又以几百万的价格卖给了光线。

一个 IP 可以卖给影视公司开发成电影或电视剧，也可以卖给游戏公司开发成游戏，还能卖给玩具或服装企业生产相关衍生品。此外，在改编成影视剧后，播放渠道也不再限于银幕与银屏，可以通过互联网视频网站播放，盈利模式多元化。内容方面，版权采购仍然是主要的竞争方式，版权价格近几年持续上涨，各大视频网站以网络剧来对冲这一成本压力；网络剧的头部效应十分明显，获得认可的网络剧已有能力反向输出到电视台。

由于利益的驱使，"IP 侵权"事件经常发生，以手游行业为例，2013 年的刀塔传奇侵权案，金庸要求畅游对 20 多家涉嫌侵权的游戏公司发出律师函。侵权者对 IP 创作者的积极性产生负面影响，因此要保护好知识产权，打击 IP 侵权。

文化创意产业的发展离不开良好的知识产权保护生态，近年来，我国知识产权保护环境不断优化，我国知识产权保护机制逐步健全，社会认知上，公民的知识产权理念也越来越强，从 2015 年到 2020 年，国家版权登记数量年复合增长率达 25%，可见我国企业也更多地利用知识产权来保护自身权益。

在网络音乐领域，国家版权局推动了主要网络音乐服务商达成版权合作，99% 以上独家音乐作品开放授权，企业对市场进行精细化运作，打造了"音乐 IP—艺人话题—音乐影视—线上线下演唱会"等拓展音乐 IP 内容的模式，行业发展释放巨大潜力。

政府正在完善鼓励优秀原创的政策，建立与网络版权产业发展相适应的管理体制和扶持机制，对重点企业、优秀原创作品进行鼓励，培植一批具有国际影响力的数字内容企业和精品 IP。

4.2　文创 IP 的分类和评价模型

4.2.1　IP 的分类

商业化层面的 IP 可以分成以下四类，它们有一个共同的属性，就是可以被消费。

1. 故事型 IP

故事型 IP 有小说、剧本和动漫等，一个好的故事，只要有足够的阅读量和曝光度，就有进入下一阶段运营和变现的可能性。

> **延伸阅读**
>
> 阅文集团旗下《全职高手》讲述了网游顶尖高手叶修，经历挫折不气馁并努力重回巅峰的故事，因为成功的人物塑造、热血的拼搏故事和对电子竞技的真实展现而受到了大批读者的喜爱，全网点击近百亿。
>
> 在阅文集团全版权运营战略和 IP 共营合伙人制度下，《全职高手》IP 得到了全方位的开发。从 2016 年到 2018 年，先后推出有声书、同名网络动画、动画特别篇等，2019 年更是进一步拓宽内容产品，布局真人影视剧、广播剧以及动画大电影，并且在各个改编领域都取得了好成绩。
>
> 多元化的衍生内容不仅壮大了《全职高手》的粉丝群体，也增强了核心粉丝（小说读者）的黏性及活跃度。《全职高手》不仅拥有的海量 UGC 内容作品，还在短视频、翻唱、手绘漫画、表情包、cosplay 等领域也有大量的自制内容产出。
>
> 不仅如此，叶修作为二次元主角，在生日当天在微博引发数亿互动，影响力甚至不亚于娱乐圈一线明星。
>
> 在 2018 "阅文超级 IP 风云盛典"上，《全职高手》主角叶修作为颁奖嘉宾，与动画监制陈坤（三次元）同框出现，这是阅文集团提出的"IP+idol"模式的代表作，是一个国产二次元 IP 里程碑式的营销案例。
>
> 麦当劳宣布正式委任叶修为 2019 年度薯类产品的代言人。同类代言都是被三次元一线明星所垄断。

2. 产品型 IP

产品型 IP，主要是消费型产品。

越来越多的商业品牌把自己的品牌文化"IP 化"，这背后的逻辑是，品牌需要争取客户、取悦客户，是通过"诚信经营"公平交换，创造价值，被动地获得客户；品牌的文化 IP 化，需要不断地制造内容，传递信息，形成有人格化、内容化的特征，成为潮流文化的符号，对粉丝而言是一种文化认同后的归属感，从而吸引粉丝，获取用户的主动连接。

与文化 IP 的跨界合作成为近年各品牌追逐的"热点"，品牌联合与自身价值观相同的 IP 相互渗透和融合，带给品牌立体（知名度）与纵深（美誉度）度上的延展，有越来越多的老字号品牌在 IP 化的道路上大放异彩。

如，气味图书馆联手自带"童年回忆"的大白兔奶糖，打造了一系列大白兔香氛产品，产品以"来点孩子气"为主题。国内原创独立品牌塔卡沙 TYAKASHA 与旺仔牛奶合作，出品秋冬联名服装系列。

3. 人物型 IP

人物型 IP 有明星、网红和企业创始人等类型。其实对于企业而言，企业的高管或者董事会成员，只要着重打造个人 IP，也同样能为企业的影响力带来举足轻重的作用，他们的思想领导力也是一个企业展示自身的很好突破口。

商业对艺术家 IP 有着严格的遴选标准，比如可能要求其具有知名美术学院教育背景或其作品类型应为油画、水墨画、雕塑、摄影等为主的当代艺术，有明确的个人风格并且有相当的存量，并且具有一定的市场知名度，有良好的展览和拍卖记录，愿意尝试新的艺术营销和推广模式。

> **延伸阅读**
>
> #### 李子柒认为 IP 合作要找"对脾气"的
>
> 这几年，短视频网红李子柒爆火。2016 年短视频起步时，第一批人口红利来自一二线城市的青年。李子柒与其所属的"田园牧歌"派美食节目瞄准了置身于钢筋水泥森林，向往大自然惬意生活的"社畜"。
>
> 视频中李子柒干起活来利索敏捷，制作应季美食之余，搭个秋千，调配胭脂水粉，垒起面包窑，自制宣纸……自给自足的生活画卷，俨然是文青的理想生活，李子柒的视频收到了极大的关注。
>
> 2019 年 5 月 8 日，李子柒与《国家宝藏》达成了 IP 层面上的合作，之后双方将继续致力于华夏文化的传承与创新。《国家宝藏》为央视大型文化探索类栏目，自播出以来收获了极大关注度和话题讨论，吸引了一众热爱历史文化的海内外观众，也是一个知名 IP。
>
> 此次合作并非是李子柒与知名 IP 的第一次合作，此前也有过联名产品。2018 年，李子柒与故宫食品达成合作，推出联名款"苏造酱"，产品配方来自清宫御膳房，数据显示，该产品上架当日销量达 15 万瓶，登上天猫粮油调味品类榜首。
>
> 李子柒将个人形象融于古风，形成了新传统、慢生活的东方美食生活家 IP，其合作的品牌在东方文化、传统美食方向上做进一步拓展。
>
> 从 2016 年 3 月在美拍上传第一条视频至 2018 年 8 月 17 日淘宝店铺开张，

这样的变现速度其实不算是快的。李子柒表示，"如果有跟我对脾气的，不管是广告、淘宝，还是做品牌、拍长视频，都会考虑。""对脾气"是指品牌调性相符，但气质投契的合作几乎是可遇而不可求的，合作需谨慎。

比人设更重要的是背后的人物故事。3 年以来，我们听到"仙女"李子柒的故事并不少。其中存在争议的事件如质疑、停更、搬家也从另一个角度补齐了人物故事的完整性，虽然可能是被动的——很小的时候父母离婚，与爷爷奶奶相依为命，爷爷是乡厨，耳濡目染地习得了一些手艺。14 岁辍学打工，做过餐馆服务生、酒吧 DJ，奶奶生病后，抛下所有立刻回家。回家后开了个淘宝店补贴家用，2016 年在弟弟的怂恿下开始拍视频想给淘宝店导流。

结果视频意外的反响很好，于是关闭淘宝店专心做自媒体视频。2017 年 4 月，一支《秋千》的短视频为其带来近 1 000 万的播放量，此时单个视频全网播放量 1 300 万次以上，微博话题阅读量过亿。

人火了，但"有团队"的质疑来了。5 月 13 日，李子柒发长微博，宣布暂时停更。复更后签约微念，7 月成立"四川子柒文化传播有限公司"。此后还经历过家里被很多个无人机骚扰的事情，无奈之下将原来的住处卖给远方亲戚。

2018 年 8 月，宣布电商变现，首批上线的四款商品，不到一周店铺销售量超过 15 万，销售额破千万。不论是视频内容还是人物故事，都将李子柒励志、人美话不多的形象得到了稳固。

4. 知识型

知识型 IP 是某一领域拥有知识或技能，并且能依托平台实现变现者。

知识型 IP，可以分为不同类型，或术业有专攻，或传道授业解惑于垂直的具体场景，或帮助问题解决，或整合新知、开拓思维等。知识型 IP 要有持续原创生产内容的能力，善于分享和传播。

延伸阅读

罗辑思维冲刺科创板，估值 2 年翻 5 倍破百亿

2012 年，《罗辑思维》开播，自称"罗胖"的罗振宇的脱口秀，把讲述各类知识的自媒体 IP 做得风生水起，拥有众多粉丝；2013 年，《罗辑思维》采用付费会员制，以内容吸引粉丝参与各种社群活动；2014 年，脱不花和快刀青衣加入团队，《罗辑思维》还做起了社群电商，"月饼""柳桃"等开始售卖。

2015年，知识付费的"得到"APP上线，帮助用户在更短的时间内获得有价值的东西，同年，罗振宇开始做跨年演讲，并承诺要做20年；2016年，《罗辑思维》定位为知识付费服务商，邀请薛兆丰、吴军等合作打造收费专栏；2017年，《罗辑思维》改版，节目由视频变为音频，周播改为日播，同时做精品课，推电子书以及每天听本书，筹备上市。

2018年，罗振宇主讲硬派知识脱口秀《知识就是力量》，得到APP开屏改为：建设一所终身学习的大学，为用户提供学历信用；2019年，"得到"子品牌"少年得到"上线，专为青少年做辅导服务。

2020年，罗辑思维节目再改版为"启发俱乐部"，由线上搬到了线下，并且冲刺科创板，估值2年翻5倍破百亿，罗振宇或将成中国前1000富豪。

在《罗辑思维》的发展历程中，也不乏批判的声音，大量广告的植入令顾客不满，讲成功学以及过度商业化使得"知识服务商"罗振宇被网友调侃是"焦虑贩卖商"。

《罗辑思维》从一个简单脱口秀节目变成IP的过程中，更迭了几代，每一次更迭背后都是流量的转移，粉丝悬崖式的下跌。而《罗辑思维》却在质疑中不断变换方向，不断调整和改变。

4.2.2 文创IP评价模型

优质IP评价模型，可以从价值力、内容力、活跃力、变现力和竞争力五个方面构建模型。

1. 价值力

价值力包括内容所传递的人生观、价值观和世界观，是IP作品最为重要的元素。时代背景、故事情节、人物设定都围绕着价值，看它是否足够健康、积极向上且吸引人。

2. 内容力

内容力又称故事性，具备独特的内容能力、自带话题的势能价值、持续的人格化演绎和新技术的整合善用能力。

可以从相关网站的排行情况来考察，如月票榜、推荐榜、打赏榜、点击榜和各个分类榜。进入榜单的IP可以算是获得了最核心读者的认可，相对来说更有开发潜力。

3. 活跃力

活跃力即IP的火热程度，可以参考粉丝活跃度，如点击量、收藏数、订阅数、微博与微信的评论数等。此外，每类IP内容又有其各自特性的参考指标，例如，网络文学主要参考点击量和留存度，网络视频主要参考点击量、收视率和市场份额，电影参考票房，明星和网红主要参考粉丝数。

4. 变现力

变现力包括用户的付费意愿、潜在的变现形式和收益，以及持续的变现能力。要从 IP 的特征、关联度（人群一致性、情感共鸣）来考虑。

如，背景丰富、角色多、情节复杂、本身带有竞技性质的影视作品，转游戏就相对容易，还有的适合转换为换装类小游戏等。

5. 竞争力

竞争力是指题材市场热度。考察竞争力主要需要考虑以下几个问题：是否有同类作品被改编为游戏、影视？是否已经出版？作者是否连续创作？改编是否具有市场潜力？

延伸阅读

云锦非遗工艺 IP

传统文化 IP 的开发，商业模式至关重要。正因为缺乏好的模式，很多传统文化项目最终只能以"公益"项目维持。"运锦"等系列项目是个例外。

运锦是对官补祥兽的重新诠释，灵感取自云锦非遗工艺。"运锦"的企划替"云"加了"辶"字边，为古老不可亲近的工艺以"运动"带来新的活力：以年轻活泼的风格绘制云锦图样、让新的时代重新认同古老高级工艺的美好，将其重新融入现代生活之中。

该系列包括四个图案：滑板仙鹤、慢跑麒麟、祥狮上篮、瑜伽孔雀。创意来自明清时期官补子，麒麟代表一品武官，仙鹤代表一品文官，狮子代表二品武官，孔雀代表三品文官。总之，运锦 IP 融合传统文化内涵，又兼具潮流之感，运营方起承文化通过溯源—建立共识、再创与升级—融入现代设计、变现—合作商业品牌三步走，实现了非遗"叫好又叫座"的运营。

2018 年玛莎拉蒂于上海举办"云之尚"云锦装置艺术展览，运用运锦 IP 做展览布置，并结合运锦 IP 推出运锦棒球帽。

2019 年京东"618"期间，推出京东客户端运锦系列皮肤，同时，京东美妆"618"会场，品牌结合运锦 IP 推出运锦手账本。

4.3　IP 的发展趋势

4.3.1　IP 对文创项目的作用

1. 对创新、创作者和创业者进行保护

企业和产品 LOGO 在设计完成时，应该第一时间向版权局申请"美术作品版权登记证书"，然后将图样向商标局申请商标保护。

如果碰到有商标与自己的申报图形相似，应该对图形进行相应的修改，甚至重新设计，以免侵犯他人著作权及耽误商标申请的时间。

APP 和网站的源代码可以申请软件著作权，不仅有利于提高项目估值，还可以作为创新成果申报高新技术企业认证、各类政府补贴和知识产权质押融资，也不用过多担心代码外泄。

文娱类创业企业，如小说、剧本、诗词、歌词等，申请"文字作品"版权；商品官方照片、风光照片、人物照片等，申请"摄影作品"版权；动漫形象、游戏角色造型、表情、服装样式等，申请"美术作品"版权；在线教育课件、娱乐短视频等，可以申请"录像制品"版权。

2017 年 4 月 1 日开始实施的新版《专利审查指南》已经把专利保护范围扩展至含有技术特征的商业模式、商业方法。如果通过符合新颖性、创造性和实用性要求的技术方案来实施该模式，比如开发者设计了某个服务系统等，该项发明作为一个整体，包含了技术方案，则可能被授予专利权。

2. 促进商业转化

（1）设立公司时，有些人因为注册资本高而现金实缴困难

知识产权是法律承认的产权存在方式，可以成为资产负债表中资产的构成部分。2014 年 3 月 1 日，新修订的《中华人民共和国公司法》（以下简称《公司法》）取消了单个股东的无形资产出资比例，也就意味着创始团队可以用无形资产出资。

全体股东的货币出资金额不得低于有限责任公司注册资本的 30%，其余可以通过将实物、知识产权、土地使用权等进行货币估价后作价出资。

（2）提高项目估值，提高股权融资成功率，降低股权稀释比例

2014 年前后，大量资金进入互联网天使投资领域。2016 年下半年开始，资本开始回归理性，符合有团队、有产品、有技术、有收入的四项标准的项目才更有机会拿到天使投资。

谈融资时，估值是一个关键点。如果创业者希望早期不要稀释太多股权，又想拿到更多的融资，只有让投资人接受较高的估值。提高估值的办法之一就是把相应的技

术进行知识产权确权登记，以做实团队的技术能力。

（3）IP 用来质押融资，帮助企业渡难关

如果创业项目的产品已经实现了销售收入，有了比较稳定的现金流，那么除了股权融资的方法外，还可以尝试债权融资的方法。适当地使用财务杠杆可以在不损失股权的情况下加速企业的发展。

由于初创企业基本上没有实物资产作为抵押物进行贷款，因此，知识产权质押贷款几乎成了唯一的通道。

2016 年 12 月 30 日，国务院发布了《"十三五"国家知识产权保护和运用规划》，披露 2015 年全国知识产权质押融资规模在 750 亿元，到 2020 年预计达到 1 800 亿元。

根据中国版权保护中心著作权质权登记信息统计，2016 年全国共完成著作权质权登记 327 件，涉及作品 1 079 件，涉及合同 294 个，质押融资金额为 33.76 亿元。其中，作品著作权质权金额为 5.16 亿元，计算机软件著作权质权金额为 29.2 亿元。

（4）采用 IP 运营，做好版权保护

据国外安全公司 Imperva 2017 年发布的报告称，全球范围内约 52% 的互联网流量来自"机器人"(bots)，即自动化程序。国内一位影视公司 CEO 指出，网络视频点击率的水分甚至达到 90%。这些都意味着网站的大部分访问者不是人类，而是机器人。

作品一经上网，就会被盗用。内容产业的贸易客体就是作品版权合同。尤其是泛文娱领域的创业企业，公司的产品很可能只是图文、音像等数字作品。

如果没有做好作品的版权保护，以版权内容分发、分销或代销模式为主的创业公司，在竞争中很难获得优势。

4.3.2 IP 的发展趋势

文创 IP 发展趋势为以下几个方面：

1. 内容付费将成为常态

未来几年内，内容付费作为 IP 的一种新型商业模式，将成为行业常态。2016 年被称为"知识付费元年"。在这一年，知乎、果壳（在行分答）、喜马拉雅 FM、得到及其他知识付费平台相继出现，知识付费的用户迅速增长，知识付费产品面临井喷。

2016 年，有知识付费意愿的用户暴涨了 3 倍，知识付费用户达到近 500 人。截至 2017 年 3 月，用户知识付费（不包括在线教育）可估算的总体经济规模为 100 亿~150 亿元。随着用户需求提升、市场下沉及产业链拓展，知识付费也因此成为一个新的"风口"。

我国泛知识付费行业市场规模及用户规模呈高速增长态势，随着内容不断丰富、多元，涉足领域众多，关于泛知识付费行业内容质量良莠不齐、贩卖焦虑等质疑不攻自破。

2019 年，我国泛知识付费行业市场规模超 140 亿人民币，用户规模超 3 亿人。2020 年，疫情的爆发推动泛知识付费行业进一步发展，泛知识付费行业市场规模超过 230 亿，用户规模突破 5.4 亿。

2. 文创产业链化

IP 产业链，是围绕 IP 要素的全部产业部门，包括了从初始作品创作，到版权交易，到影视内容的制作发行，再到游戏、电商、实景娱乐、玩具等实体物品销售及艺人经纪、粉丝经济等衍生产品开发。

随着互联网新媒体的传播和优秀动漫原创作品的涌现，中国动漫"低龄化"的现象将有望向"全龄化"发展。国漫 IP 的用户和手游用户有很大的重叠性，青少年和成人中具有强烈动漫情结的人作为中坚消费力量，将成为中国动漫产业的主要用户。

从电影产业链各环节来看，上游是各类国营制片机构、民营制片机构，比较有代表性的有北京文化、博纳影业集团、阿里巴巴影业集团等，还有各类电影制作公司，包括影视基地、后期特效制作公司、器材租赁公司、演艺经纪公司等。

中游主要是各类电影作品的发行、推广平台，包括国营发行、民营发行等渠道，以及新媒体、短视频、粉丝运营的推广运作平台，比较有代表性的有新浪微博、微信公众号、抖音、快手等。

下游是丰富的院线放映公司，包括万达院线、大地影院、金逸影城等，智能影院、线上影院、网络付费平台等其他放映窗口，以及广阔的电影衍生品市场，主要包括 IP 形象周边产品、主题乐园、快闪店等。

3. 商品 IP 化

IP 正在重塑电商，低价促销将成历史。随着设计师原创、创始人代言、网红直销等形式的出现，未来商品的人格化形象展现会构建出一种新的商业形态——IP 商品。

虽然短期流量入口不大，但是会有较强的黏性。就如罗振宇在节目里卖书一样，今天微博、微信上的一群"大 V""小 V"也是如此，他们以社交平台作为内容运营平台，在各自的细分领域有着一批粉丝，并备受信任，他们就是 IP。

> **课后思考**

请选择一部你喜欢的电影，找出其中的 IP。

案例分析

靠IP授权盈利的迪士尼

目前全球商业价值最高的50个IP，几乎都来自美国和日本，其中诞生于1996年的《精灵宝可梦》是全球价值最高的IP，版权方收入达950亿美元。

排名第50位的《火影忍者》收入也超过了100亿美元，也就是说，全球50个IP中，最低收入也超过100亿美元。

对比电影票房市场，2018年全球只达到411亿美元。由此可见，影视IP市场的开发潜力巨大。排名前10的IP中，有一半来自迪士尼公司。

迪士尼公司成立于1923年，起初为动画卡通电影制作公司，创作出米老鼠、唐老鸭、白雪公主和狮子王等经典形象，此后迪士尼公司成为多元化的全球影视公司，目前，全球票房前20名的电影中，有一半出自迪士尼公司。

迪士尼利用自己多年积累的经典IP，形成以商品授权、出版、零售、影视娱乐、互动开发、主题公园等为主的变现渠道。

其中，迪士尼公司IP授权在媒体业务板块获得了41%的收入，主要来自传统电视网络、电视台等；迪士尼乐园和度假村为公司贡献了34%的收入；影视娱乐业务收入占17%；消费品和互动媒体的零售商品及版权收入也十分可观。

迪士尼具有优质版权内容制作的能力，还不断聚集各种IP资源，如收购漫威、卢卡斯等公司，引入了《复仇者联盟》《冰雪奇缘》《阿拉丁》《星球大战》等数十种经典IP，为后续的IP授权开发打下基础。

迪士尼依托IP，在传统的电影院线之外，开发线下消费品与线上流媒体内容和衍生剧，还对IP续集进行持续创作，通过影视原生音乐的推广，如舞台剧演出、主题乐园建设等，进一步巩固IP形象。

各种衍生品收入的变现，能反哺迪士尼的IP的开发制作，形成良好的闭环。

思考题

你认为IP授权为什么能成为迪士尼收入的重要来源？

本章小结

1. IP是Intellectual Property的首字母缩写，直译为"知识产权"。

2. 文创 IP 代表着某一个品牌或某一类标签,是一种无形资产,是一种文化现象,通过商业化运营和产业化融合,可能转化为消费品,实现价值变现。

3. 文创 IP 具有以下几个特点:它是无形的,具有多种形态,又一定坚韧性,还有,虽是虚构,但人人都能感受到它的存在。

4. 文创 IP 已经成为一种文化产品之间的连接融合的符号,伴随着新媒体的崛起,其有着高辨识度、自带流量、强变现能力和长变现周期。

5. 随着人工智能和 AR、VR 技术等的发展,对 IP 的形态、形象和成长都产生了巨大影响。同时,把区块链技术应用于知识产权保护、授权等方面,实现可追溯、可追踪,对文化创意产业的发展产生革命性影响。

6. 知识产权的对象是指人的脑力、智力的创造物,为知识产权下的定义是:人们就其智力创造的成果依法享有的专有权利。

7. 知识产权是基于创造成果和商业标记依法产生的权利的统称。创造成果权作为财产价值,来源于创造,或者说,创造成果所带来的功能或功效,即使用价值,是精神或物质的需求对象。商业标记是指商标、商号,产品的包装、装潢,地理标志等各类用于区别商品或服务来源的标记。

8. 知识产权有两种分类方法:一种是把知识产权分为著作权和工业产权;另一种是把知识产权分为创造成果权和商业标志权。

9. 知识产权具有四个基本特点:无形性、专有性、时间性和地域性。

10. 知识产权的保护的发展趋势有以下几个方面:保护范围不断扩大,权利内容不断深化,审批时间缩短,保护期限延长,侵权处罚力度加大,知识产权的归属权下放,标准与专利捆绑构成知识产权保护的新形式,知识产权保护正在演化为一种经营业务。

11. 著作权是作者或者其他权利人对其创作的作品及相关客体享有的专有权。文学艺术和科学作品是著作权产生的法律事实,没有作品就没有著作权,因此著作权也称为文学艺术产权。

12. 在我国,著作权有狭义和广义之分。狭义的著作权是作者对作品所享有的权利,也可以称为作者权。从客体来讲,作者权是指以作品为对象的权利。广义的著作权,还包括邻接权或相关权,即作品传播者享有的权利,如表演者对其表演、录制者对其制作的音像制品、广播电视组织对其播放的节目以及出版者对其出版物的版式设计享有的专有权。

13. 文化创意产业的知识产权的保护类别往往有以下几个方面:商标、专利、著作权、商业秘密与其他成果。

14. IP 通常是以版权作品形式存在的,IP 变现的渠道也以版权交易为主。IP 开发的过程涵盖了商标、专利、版权全要素的知识产权保护。

15. 文化创意产业的发展离不开良好的知识产权保护生态，近年来，我国知识产权保护环境不断优化，我国知识产权保护机制逐步健全，社会认知上，公民的知识产权理念也越来越强。

16. 商业化层面的IP可以分成四类：故事型IP、产品型IP、人物型IP和知识型IP。它们有一个共同的属性，就是可以被消费。

17. 优质IP评价模型，可以从价值力、内容力、活跃力、变现力和竞争力五个方面构建模型。

18. IP对文创项目的作用有：对创新、创作者和创业者进行保护，促进商业转化。

19. 文创IP发展趋势为以下几个方面：内容付费将成为常态、文创产业链化、商品IP化。

第五章

文化创意产业的商业模式

> **学习目标**

1. 了解文化创意产业的商业模式。
2. 了解文化创意产业的盈利模式。
3. 了解文化创意产业的产业链。

> **课前引例**

一边赶路一边唱歌的哔哩哔哩

哔哩哔哩（bilibili）视频网站作为中国二次元的最大阵地，一直深受"90后""00后"年轻人的喜爱。2018年3月28日，哔哩哔哩在美国纳斯达克正式挂牌上市。相对于粉丝对上市的"普天同庆"来说，B站对上市的态度就复杂得多，或许只是出于自身发展困局而不得不选择的一条路。

作为一个亚文化的视频网站，文化与商业化存在着一些矛盾，而B站主要用户是被称为"Z世代"的年轻人，B站在很长一段时间都没能实现商业盈利。

B站的运营主要是弹幕、无广告、免费看番、直播和游戏代理。在上市之前，B站的收入的60%以上来自手游的代理。一直以来，视频网站都是烧钱的行业。

B站在商业化的路上做了一些探索，例如，在整治版权乱象后，B站购入大量的国内外动画版权，并开创了承包制度，鼓励用户为喜欢的动画花钱承包；引入"大会员"制度，享有独家版权番剧先看一集、视频清晰度更高等一些"特权"；尝试在一些番剧内加入贴片广告。承包、大会员制度总的来说并没有影响观看视频的体验，但在视频中加入广告却引起了用户的不满。

很多用户声讨说，B站因为商业化而失去了初心，违背了原来立下的"绝不会在视频中出现任何广告"的承诺。很快，B站迅速地将广告撤下，向用户道歉，并解释了这是出于版权方的要求。

为了开辟更多途径，B站尝试了直播、线下活动和周边产品等方面，但收效甚微。所以，面对日益庞大的体量和艰难的商业化道路，B站选择了上市。

上市之后，B站迅速开始了转型和扩张。B站已经形成了7 000个核心文化圈，200万个文化标签，为了进一步开拓市场，B站开始在动漫、虚拟偶像、游戏、电竞等方面发力，打算将泛二次元进一步向泛娱乐化的产业模式转变，于是，B站投资了20多家涉及动画、漫画IP、游戏、虚拟偶像等的文化娱乐公司。

此外，B站从UGC（用户生产内容）逐渐向PGC（专业生产内容）、OGC（职业生产内容）转型，在纪录片、动画、漫画等多维度发力。例如，2018年，B站与Discovery合作，引进长纪录片，与旗帜传媒联合出品的纪录片《人生一串》走红；与投资公司合作，参与了50多个头部动画项目，发布了24部作品；成立漫画平台，购入国内外优秀的漫画的版权。

对于B站来说，核心竞争力还在于UP主（Uploader）。B站发起了"UP主激励计划"，不仅对头部UP主进行奖励，还鼓励每个用户进行内容创作，认可UP主对平台做出的贡献。UP主无法获得收益，在长期的内容创作上容易缺失动力。B站开放了"窗口"，让一部分头部UP主能够接到广告而获得收益，从而得到"充电"，而其余大部分UP主基本依靠"用爱发电"。

B站逐渐探索出了独具特色的营销策略：通过算法对用户历史浏览视频进行分析，判断出用户的喜好，从而智能推荐相关的广告；和淘宝合作，在UP主和相关广告之间建立产品链接，方便UP主进行推荐和粉丝了解产品。这种广告不至于引起用户的排斥。

B站还开辟了专门的广告区，UP主接到广告后，在原创视频中将内容与广告结合。广告自身可以充分发挥创意，来让用户产生兴趣。例如，在2018年，B站在拜年祭上植入了一则暴雪的广告，内容是当时正火的暴雪游戏《守望先锋》CG（Computer Graphics，计算机图形学），剧情非常有趣，并且以分P（Part）的形式加入，充分尊重了用户的意愿，受到观众的认可。

此外，B战的弹幕也是非常有潜力的广告形式之一，弹幕的到达率高，并且不会对观看视频的体验产生负面影响。

在B站上线的番剧、影视纪录片等下方都设置有专门的讨论区，还招商、举办品牌的线下活动，来帮助品牌与粉丝进行链接互动。这些营销策略已经起到了一定效果。

> **思考题**
>
> 你认为 B 站的商业化为什么很难？你有什么好的建议？

5.1　文化创意产业的商业模式

5.1.1　商业模式的基本知识

1. 商业模式的概念

商业模式是创造、传递客户价值和公司价值的系统。商业模式是企业创造客户价值的内在逻辑和提供客户解决方案的核心架构。

> **延伸阅读**
>
> **管道的故事——模式的价值**
>
> 1801 年，意大利中部的小山村里，有两个年轻人，柏波罗和布鲁诺，村里决定雇用他们把附近河里的水运到村广场的水缸里去，按每桶一分钱的价钱付钱给他们。
>
> 柏波罗对布鲁诺说："布鲁诺，干脆我们修一条管道，把水从河里引到村里去吧。"
>
> 布鲁诺说："一条管道？有谁听过这样的事？我一天可以提一百桶水。一天赚一百个一分钱，我已经很富了。"
>
> 柏波罗也知道要等一两年后，他的管道才会产生收益。但柏波罗相信他的梦想终会实现，于是他就去做了。
>
> 一天天、一月月过去了。柏波罗的管道完成了一半，这意味着他只需提桶走一半路程了。
>
> 在他休息的时候，他看到他的朋友布鲁诺在费力地运水。
>
> 后来，柏波罗的管道完工了，村民们簇拥着来看水从管道里流入水槽里。柏波罗再不用提桶了。流入村子的水越多，流入柏波罗口袋里的钱也越多，而布鲁诺却丢了工作。
>
> 在《管道的故事》里存在两种模式：一种是提水模式，一种是管道模式。由于模式的不同，其结果天差地别。布鲁诺提水的效率再高，都无法与柏波罗的管道相竞争，因为这不是工作效率的问题，而是"模式"效率的问题，是完全不同

的两种资源配置之间的较量。

从企业经营来说，企业之间的差别也无非有两个，要么是构成经营的要素之间的差别，要么就是经营要素的结构之间的差别。

思考题

你从《管道的故事》里受到什么启发呢？

2. 商业模式的构成

商业模式包括客户、产品、运营、渠道、经营者、管理机制和竞争壁垒等七个方面。

客户是价值需求，产品是价值的载体，运营是价值创造的过程，渠道实现价值传递，经营者进行价值选择，管理机制进行价值驱动，竞争壁垒进行价值保护。这七大方面的要素一个也不能少，七个方面相互影响、相互依赖，共同形成企业创造价值的内在逻辑和完整的价值创造系统。

在不同商业模式中，这七个方面要素的重要性或优势并非等量齐观。在某些企业或平台中，某个要素占有绝对优势或者成为其商业模式突出特征的基因，但在另一个企业或平台中，是另外一个或几个要素占主导地位，形成了企业的差异化。

如果某企业的商业模式中的要素的优势有多个方面，我们称之为"某一基因＋某一基因"的商业模式。例如，乐视移动的"硬件＋内容"模式、吉利的"刀架＋刀片"的基础产品模式等。

之所以引用生物遗传学的概念"基因"来比拟商业模式的要素，是因为商业模式的基因与生物遗传学的基因具有异曲同工之妙。

基因储存着生命孕育、生长、凋亡的全部信息，通过复制、转录和表达，完成生命繁衍等过程，使后代出现与亲代相似的性状，并通过基因突变，改变自身的生物特性。基因具有双重属性：物质性是存在方式；信息性是根本属性。

商业模式的要素，决定了企业的生存、成长和转型等过程，企业发展出分公司或子公司的商业模式，也具有与母公司商业模式相似的特点，并通过创新突变，改变公司对环境的适应性。商业模式的要素也分为两个层面：物质层面和信息层面。

竞争壁垒是商业模式的一系列无形的屏障，它由市场领导，或是专利、版权、品牌、技术、产品领先和成本领先，或是由企业文化、客户关系等诸多要素构成。这些竞争壁垒深深嵌入了商业模式，对商业模式提供全面保护。

3. 商业模式的范式

成功的商业模式的范式可以分为两大类：单极商业模式范式与多极商业模式范式。

（1）单极商业模式

单极商业模式，是以一个基因为突出特征或者绝对优势形成的基因结构，这一基因在商业模式价值创造中居于核心地位，或者对外竞争中拥有绝对优势。单极商业模式有时候也可以称为"单点极致"商业模式，这种商业模式的一个基因占领了产业的制高点。

根据商业模式的七大要素（基因），单极商业模式分为七种类型：价值需求模式，又称客户模式；价值载体模式，又称产品模式；价值创造模式，又称运营模式；价值传递模式，又称渠道模式；价值选择模式，又称经营者模式；价值驱动模式，又称管理机制模式；价值保护模式，又称竞争壁垒模式。

在实践中，商场上崭露头角的企业，由于资源有限，没有足够的资源与能力将商业模式上的各个基因都做得出众，因此，往往集中资源，以某一个基因为核心，或在某一个基因上打造出一定的竞争力，从而谋求生存与发展。因此，创业之初的商业模式大多是"单极商业模式"。例如，百度初期是"产品模式"，百度的拳头产品是搜索引擎技术服务；新浪、搜狐初期是"资本运营模式"；阿里巴巴是"平台运营商业模式"，阿里巴巴把客户与商家用互联网联系起来，建立一个开放的平台，形成了以平台为核心优势的生态圈等。

在七种单极的商业模式中，产品模式和渠道模式是最常见的。单极商业模式也存在很大风险，因为靠"单点"取得成功的企业，如果不能及时打造健全的商业模式系统，不能有效构筑强有力的竞争壁垒，一旦竞争环境发生变化，或一旦系统出现致命"短板"，那么企业就可能会失败。

（2）多极商业模式

多极商业模式，不是单单围绕一个要素，或仅仅占领一个要素的产业制高点，而是为了确保成功，保证几个要素领先，甚至全方位"出击"。采用多极商业模式，还能将企业几个基因的优势进行叠加。例如，麦当劳的"地产＋快餐运营"模式等。

产品商业模式是经营的核心，也是企业商业模式打造的主流。对集团公司和拥有众多业务或者产品的企业来说，要分析它的商业模式，要对其商业模式进行进一步的细分，分为四个层次，即产品商业模式、业务商业模式、企业商业模式和集团商业模式。

众多同类产品构成了一个业务单元，那么，众多同类产品的商业模式也构成了业务商业模式；相同类型业务商业模式又构成了企业商业模式；集团内部各个企业商业模式构成了集团商业模式。

4. 商业模式成功的五大定律

商业模式成功与失败都是有规律可循的，规律要在企业营销的外在环境、内在追求及商业模式基因结构中寻找。

成功的商业模式大都遵循五大定律：进入高利润区；没有"致命短板"；占领产业制高点；构筑竞争壁垒；超越客户价值。要同时符合这五大定律，才能取得商业模式的成功。

（1）进入高利润区

彼得·德鲁克说过，企业经营者要把各种资源，从收益低或收益逐渐降低的领域，转移到收益高或收益逐渐增加的领域。

被誉为"21世纪的彼得·德鲁克"的亚德里安·斯莱沃斯基（Adrian J. Slywotzky）认为："利润区是你的'经济领域'，你在此处能够赚到钱。每家公司的目标都是：进入利润区，并在那里经营。"

利润区是指商业模式在产业竞争力量作用下，企业所处价值链上的竞争位势、价值区间及其未来走势，直接影响企业所要从事的产品以及所包含的业务环节方面的决策，决定了企业赢利空间和成长空间。利润区在很大程度上决定着企业平均获利空间，因此它也成为商业模式不可或缺的方向性因素。

之所以说利润区是商业模式的方向性要素，是因为企业需要不断跟踪产业之间和产业内环境因素利润区的变化，并果断修正和调整商业模式，甚至转移到新的商业模式中去。

有时把握住利润区转移的商业机会，就可以缔造出优异的商业模式。如加拿大的太阳马戏团，就是发现了高利润区存在于行业边界的规律，决定跨出马戏领域，将马戏与百老汇的歌舞相结合，进入了高利润区，打造了成功的商业模式。

不在利润区中的商业模式，不管模式多么完整，也不管它过去曾经多么辉煌，都无法持续实现企业价值，如柯达胶卷等，都随着时代变迁而被淘汰。导致企业衰落的原因有很多，但根本原因是产业的利润区发生了转移。

因此，企业找到并进入高利润区，在高利润区经营，是商业模式制胜的第一大定律。

（2）没有"致命短板"

如果以五分制来对商业模式各个基因的健康程度加以评价，那么，一个成功商业模式的每一基因，都必须达到三分以上；如果某一个基因低于行业平均水准，就是存在"致命短板"。

"致命短板"不仅严重影响企业的价值创造，而且整个企业都有可能因此而失败。

（3）占领产业制高点

当一个企业在需要构建什么样的商业模式都不甚明了的情况下，追求产品市场占有率、利润率或管理效率，追求企业品牌美誉度、知名度，都可能会误入歧途，那些曾经非常成功的企业都在追求这些指标，但也是在对这些指标的追求中陷入困境，这恰恰说明了这些指标不能作为衡量商业模式好坏的标准。

占领产业制高点，一个最突出的特征，就是在一个或者多个基因上，在产业中，获得绝对优势或者保持领先。

在自然界的生态系统中，有这样一种规律：每一个物种都不具备全部物种的所有能力，而是具备一种或者几种其他物种难以匹敌的独特能力。凭借这些独特能力，这一物种在弱肉强食的生态链中得以生存和繁衍。如人类，飞行能力不如小鸟，奔跑能力不如猎豹，但是这并不妨碍人类成为生物界的王者，因为人类具有发达的脑力，以及发明和使用工具的高超能力。

客户、产品、运营、渠道、经营者、管理机制和竞争壁垒这七个要素，都可以用来打造占领产业制高点。由于每一个商业模式基因都有众多要素，这些众多要素会构成丰富多彩的组合，因此，即使是一个占领制高点的基因，不同的商业模式也会呈现出丰富多彩的形态。

同样是占领产品基因（价值载体基因）制高点，由于如产品和服务基因（价值载体）是由产品特性、价格、交易方式、产品地位等一系列要素构成的，这一基因内部要素的结构就呈现出千差万别的形态，其商业模式也因此千差万别。再加之多极商业模式范式的选择，就可以创造出无穷多样的成功模式。

制高点不是"自高点"。产业制高点，不是指企业自身是最好的。产业制高点是从产业和竞争的角度认识企业某一基因的竞争力的。只有企业有效地解决了产业中的"瓶颈"问题，定位于有效解决顾客的"痛点"问题、解决企业内部的"致命短板"基因问题、把握了潮流中最新的趋势等，才算是真正占领了产业制高点，才可能铸就成功商业模式。

优秀的商业模式也并非每一个基因都是最优秀的。完美的产品，需要每一个方面都要做到最好，但消费者也可能无法承受由此带来的高成本和高价格。成功的商业模式，也不是商业模式的每一个基因都做到最好，这对企业来说是不现实的。

优秀的商业模式的基因结构大都符合这样的规律：在七大商业模式基因中，至少有1~2个基因具有绝对优势，还有1~2个基因保持领先，其余基因处于行业平均水平以上。如果用五分制来打分的话，符合"5544333"的基因结构,即有两个基因得五分，具有绝对优势，有两个基因得四分，保持领先，另外三个基因得三分，算作卓有成效。这种结构既具有竞争力，同时也很经济。

（4）构筑竞争壁垒

每一个成功的商业模式都要有强有力的竞争壁垒，否则，企业利润随时可能丧失。巴菲特说："我给那些公司经理人的要求就是，让城墙更厚些，保护好它，拒竞争者于墙外。你可以通过服务、产品质量、成本、价格、专利或地理位置来达到目的。"

竞争壁垒是商业模式不可或缺的，缺乏强有力的竞争壁垒，是很多企业的辉煌转瞬即逝的根本原因。

（5）超越客户价值

超越客户价值，就是要企业为客户创造价值，同时，要实现客户、企业和社会价值的和谐统一。

客户价值的重要性是显而易见的，但却有一些企业盲目追求商业模式的创新性和特殊性，渐渐忽视了客户价值，导致企业走向困境。

例如，2007年，ITAT以其近乎"完美"的商业模式设计，受到企业界、投资商和学术界的追捧，吸引了中联集团海外投资有限公司、美国蓝山（中国）资本、美国摩根士丹利和美国CITADEL投资集团等据称高达1.2亿美元的风险投资。然而，作为一个可持续的商业模式，必须高度重视的客户价值却被忽视。

服装为顾客创造的是时尚、实惠、身份和便利等价值。身份的价值需要品牌来支撑，时尚的价值需要品牌、新颖的设计来支撑，实惠需要低成本、压缩的渠道来实现，便利需要分销渠道即商场的位置来提供。反观ITAT，为顾客做到了哪一点？

其品牌认知度较低，难以满足顾客对身份的价值需求；商业模式的定位更大程度上是解决生产商的库存问题，因此产品时尚性就大打折扣；渠道设计和选址大多是交通不便、人流不大，市场不甚繁荣难以出租的商场，购物的便利性价值也无从谈起；入场企业为了降低人气不足带来的风险，就提高了售价，实惠也没有做到。后来，这一曾经红极一时的商业模式最终还是偃旗息鼓了。

5. 商业模式的原则

商业模式的本质是企业资源与能力的配置模式，企业与企业之间资源与能力配置结构不同，就形成了企业与企业互不相同的商业模式。把握商业模式的本质，才能认知商业模式，并设计甚至创新商业模式。商业模式制胜要符合"择极分配原理"。

美国社会活动家威廉·科恩（1940—）说："在任何场合，企业的资源都不足以利用它所面对的所有机会或回避它所受到的所有威胁。战略，基本上就是一个资源配置的问题。成功的战略是将主要的资源用于最有决定性的机会。"

企业怎样配置企业资源与能力，才能实现以最小投入获得最大产出呢？这就必须遵循商业模式资源与能力配置的择极分配原理。

微观经济学中有一个著名的资源配置理论，就是"择优分配原理"，这种传统的资源配置模式过时了。

"择优分配原理"认为，一个商品的价格该如何确定，就是看把商品供给甲和供给乙，其边际收益是否相等，当边际收益相等时，价格是最优的；同理，在资源例如化肥的分配上，施肥和增产的关系要符合收益递减的规律，当化肥在各块土地上都达到最大边际收益时，就是最优分配了。其他资源分配问题同样如此。如资金分配，花在研发或者人力资源方面的投资,当边际利润相等时,就是最佳的资源配置。

然而,在现实的企业经营中,并不具备完全封闭的经营条件,由于影响资源配置和被资源配置所影响的因素众多,并且相互关系复杂,实际上,择优分配原理就演变成了"木桶原理",即企业在资源与能力配置上,呈现不断发现经营"短板",不断补齐"短板"的循环往复的过程。

每一个经营者对企业整体经营系统的认识不同,以及自身的技术、业务、专业及经历背景不同,导致每一个企业经营者在企业内部资源与能力配置上,尽管有"择优分配原理"及由此演变出的"木桶原理"的指导,还是形成了完全不同的模式。

(1)传统资源配置模式

常见的企业资源配置模式有四种,即无导向模式、市场导向或者机会导向模式、能力导向模式和路径依赖模式。这四种模式都存在一些致命伤,导致企业资源错配。

① 无导向模式

这种模式下,会出现两种资源错配现象:第一种,企业经营者在配置资源时,受到那些善于伸手求援的业务或者职能部门的影响,企业资源更多地倾向于投入这些业务和部门,从而导致企业资源的错配,可以比作"会哭的孩子有奶吃";第二种,受企业经营者专业背景和经验影响,越是经营者擅长的领域,越受到经营者关注,也越是容易被经营者发现问题,致使企业资源越来越多地配置在经营者擅长的领域,而不是企业真正需要关注的领域,这就是马太效应,"强的领域越强,弱的领域越弱"。

② 市场导向模式

这种模式下,企业的资源配置是根据外部市场机会的大小来决定的,外部市场机会大,企业配置的资源就会较多;外部市场机会小,企业就降低资源配置的数量和质量。这种类型的企业中,存在很多机会主义者,忽视了自身的能力与实力,以及未来长远规划。

采用这种资源配置模式的企业,如果处于一个蓬勃发展的市场,例如前几年的信息互联网时代、商务互联网时代等,如世纪佳缘、携程等,抓住了市场机会,就获得了较快的成长。

③ 能力导向模式

这种模式可以分为两种类型:一种是面向市场的能力导向模式,在面临市场机会时,企业整合一切社会资源,迅速聚集创造价值的能力和资源的模式;另一种是创造市场的能力导向模式,根据人类需求的内在本质,根据客户尚未满足的需求,着眼于创造市场,整合、培育资源与能力,从而创造出具有划时代意义的产品,如苹果手机。这种模式也催生了很多能力创新者、市场创新者和领导者。

④ 路径依赖模式

路径依赖模式，也可称为"模式锁定"，是诺贝尔经济学奖得主道格拉斯·诺思（Douglass C. North）（1920—2015）提出的。

诺思认为，"路径依赖"类似于物理学中的惯性，事物一旦进入某路径，就可能对这种路径形成依赖。经济生活与物理世界一样，存在着报酬递增和自我强化的机制。这种机制使人们一旦选择走上某一路径，就会在以后发展中不断地自我强化。在一定程度上，人们过去做出的选择，决定了他们现在可能的选择。

这四种传统资源配置模式都有两大硬伤，即不系统和不普适。仅从一个角度、一个方面或一个领域来配置资源，会导致机会主义。不普适，指的是到目前为止，那几条都无法适用于所有企业，在复杂系统中难以操作。

（2）择极分配原理优于传统资源配置模式

目前，优秀的商业模式都遵循了"择极分配原理"。商业模式制胜的五大定律，可以归结为一点，就是择"极"配置资源与能力。

"择极分配原理"，要求企业建立商业模式的途径是：进入高利润区，在产业中选择"极缺"的产业链或者产业链的某一个环节；建立没有"致命短板"的价值创造系统，及时修补商业模式"极需"修补的"致命短板"；超越客户价值，创造客户、社会和企业三者都"极需"的价值；占领产业制高点，打造商业模式中"极致"的基因；构筑竞争壁垒，建立"极强"的价值保护基因。

上述"极缺""极需""极致"和"极强"四个"极"就是企业配置资源与能力的优先选项，这就是所谓的商业模式的资源与能力配置的"择极分配原理"。

商业模式的资源与能力配置的"择极分配原理"，是有内在逻辑和优先顺序的。

第一"极"，是"极缺"，企业必须把如何进入高利润区作为配置资源与能力的第一优先选项，把资源与能力首先投入"极缺"的产业链或者产业链中"极缺"的某一个环节，进入高利润区，是企业资源与能力配置的第一选项。

第二"极"，是"极需"，在企业已经处于高利润区，或者至少企业没有处于低利润区的前提下，企业资源与能力投入的第二优先选项，就是发现企业"极需"加强资源与能力配置的领域。

企业"极需"加强资源与能力配置的领域，主要来自两个方面：第一个是企业外部客户"极需"的价值，第二个是企业内部"极需"加以修补的"致命短板"。每个企业都有"短板"，但不一定"致命"，而"致命短板"是资源与能力配置的重点。

第三"极"，是"极致"，是指商业模式的产业制高点。只有占领产业制高点的商业模式才能迅速地脱颖而出。商业模式有七大基因，因此，商业模式有七个制高点。这七个"极致"包括：极致的价值需求，即客户；极致的价值载体，即产品；极致的价值创造,即运营;极致的价值传递,即渠道;极致的价值选择,即经营者;极致的价值驱动,即管理机制。最后一个极致,就是极致的价值保护——竞争壁垒,那是后面的择极分配的第四"极"——极强。

第四"极",是"极强",就是构筑强有力的竞争壁垒,这是商业模式的目标和必然结果。发现了价值链的"极缺"环节,进入了高利润区,并占领了某一个基因的制高点,就在一定程度上建立了竞争壁垒。先发优势和学习曲线本身就赋予先行者以一定优势,但是制高点难以持久,要想巩固胜利成果,必须在城池之外修筑护城河。

6. 商业模式的环节

商业模式包括四个环节:客户价值主张、盈利模式、关键资源和关键流程。简单来说,商业模式就是企业赚钱、盈利的方式与途径。

商业模式的核心是流量,传统的商业模式强调实体流量,互联网商业模式强调的是线上流量。

PC互联网的商业模式是通过入口级产品获取用户,把控网络流量,最后通过流量变现来获取盈利。移动互联网的商业模式是在碎片化的时间里,通过具有一定优势的产品和服务来快速吸引、获取用户,并尽力满足用户个性化的需求,互动性更强。

互联网商业模式发展之初,商家通过地推、赠送优惠券等营销方式来吸引用户使用其产品,虽然营销费用巨大,但是效果明显,这使得互联网巨头几乎掌握了所有用户流量。

随着近年来互联网突飞猛进的发展,消费者对互联网产品的消费观念已经逐渐成熟,对互联网产品的选择更加理性,而且流量入口几乎被大公司占据,新晋的互联网企业很难再通过简单的营销手段获取大量的用户流量,于是获得流量入口就成为决定互联网企业生存的关键因素。

新晋的互联网企业可以通过精良的内容吸引用户,开辟流量入口,增强用户黏性。于是,互联网商业模式正在发生转变:内容成为互联网商业模式的另一大核心要素。

7. 商业模式决定了企业核心竞争力

(1)核心竞争力的本质

彼得·德鲁克说过:"使命决定远景,远景决定结构。"而商业模式的基因结构,决定了企业的核心竞争力。

核心竞争力的概念是1990年美国密西根大学的商学院教授普拉哈拉德(C. K. Prahalad)和伦敦商学院的教授加里·哈默尔(Gary Hamel)在其合著的《公司核心竞争力》中首先提出来的。

他们认为,核心竞争力是"在一个组织内部经过整合了的知识和技能,尤其是关于怎样协调多种生产技能和整合不同技术的知识与技能"。

从与产品或服务的关系角度来看，核心竞争力实际上是隐含在公司核心产品或服务里面的知识和技能，或者知识和技能的集合体，是创造和保护该企业竞争优势的专属资源与能力。

核心能力包括一系列技能和专业，企业以此提供超乎寻常的价值。这多半涉及一套完整且竞争者难以模仿的能力体系。核心竞争力是可以提供超乎寻常价值的、竞争者难以模仿的能力体系。

核心竞争力有四个共同特点：创造独特价值；经过整合了的一系列知识、技能、资源与能力体系；竞争者难以模仿；可赢得竞争优势。

核心竞争力的本质是商业模式的基因结构，或者说，是商业模式的基因结构决定了企业的核心竞争力。

企业的核心竞争力，是企业在竞争中超越竞争对手、为客户创造独特价值的一种能力，这种获得竞争优势的能力，不是来自企业某一个部门、一个职能或一个业务单元，它是商业模式七大基因的合力。

当商业模式的某些基因占领了产业制高点时，就必然在竞争中具备竞争优势。商业模式中，占领制高点的基因越多，竞争优势就越强，核心竞争力也就越强。

可见，是商业模式的基因结构决定了商业模式独特的资源与能力配置，即管理大师们所说的"知识与能力集合体"和"专属资源与能力"，而企业独特的资源与能力配置就必然表现为企业经过"整合了的知识和技能""知识和技能的集合体""超乎寻常价值的竞争者难以模仿的能力体系"，并最终体现为企业的核心能力与核心竞争力。

（2）打造核心竞争力的路径

"商业模式七大基因"不仅揭示了"核心竞争力的本质是商业模式的基因结构，商业模式的基因结构决定了企业的核心竞争力"，同时，也能够解释企业核心能力与核心竞争力的区别和联系。

企业核心能力与核心竞争力是一回事吗？为什么有些企业的核心能力不能产生出核心竞争力？

有些企业拥有差异化的产品或核心技术，或拥有领先的管理，但是这个企业却濒临倒闭。这说明"核心能力"并不等同于"核心竞争力"。

而存在"致命短板"的商业模式，即使有基因占领产业制高点，也无法打造出卓越的核心竞争力。可见，核心竞争力来自商业模式七大基因的合力，核心能力只有在商业模式其他基因力量的协同配合下，才能形成核心竞争力。

由于企业的核心竞争力本质上是商业模式的基因结构，因此，打造核心竞争力的路径就是采用"择极分配原理"，按照成功商业模式的五大定律，即"进入高利润区"、打造"没有'致命短板'的商业模式系统"、占领产业制高点、构筑强有力的竞争壁垒、超越客户价值,从而打造成功的商业模式,也必然打造出企业的核心竞争力[①]。

5.1.2 互联网商业模式的分类

互联网商业模式有六种典型的类型:O2O 商业模式、平台商业模式、"工具+社区+变现"模式、免费商业模式、长尾型商业模式和跨界商业模式。

1. O2O 商业模式

O2O 是 Online To Offline(在线离线/线上到线下)的简称,指的是将线下实体店与互联网结合,通过 O2O 平台进行下单付款,然后线下进店消费。通过这种方式,可以将店铺信息和口碑在消费者中更快传播,还可以量化消费数据、追踪交易,同时,还能传递面对面的实体服务品牌价值。对很多传统产业来说,它是向互联网行业发展或跨界的切入点。

2. 平台商业模式

平台将供应商和消费者联系起来,是连接供给和需求的市场。平台商业模式最核心的功能就是作为市场的中介,将市场中的各方资源整合起来,快速、高效地实现买卖双方的沟通,从而促进交易。

3. "工具+社区+变现"模式

"工具+社区+变现"的一体化模式是移动互联网时代的新模式。工具、社区和变现这三者之间是"入—留—付"的关系。

首先,工具可以作为入口,通过其工具属性、社交属性、价值内容等核心功能来满足用户的痛点需求,从而过滤得到一批目标顾客。接下来,通过社交属性培养出社群,用来帮助沉淀有效粉丝用户。然后,通过点赞、评论等互动交互手段,保证用户活跃度,形成留存用户。最后,逐步开始实现变现业务,从而实现盈利。

4. 免费商业模式

免费商业模式指的是通过向用户提供免费的产品功能或服务来积累流量,再以流量为基础来构建盈利模式,从而创造价值的这种商业模式。

例如,当联通、移动和电信三大运营商靠用户打电话、发短信赚钱时,微信通过文字、图片、语音、视频等多种免费模式实现了用户价值。那么微信用免费的方式吸引了客户,继而转化成流量,然后再利用其他方式实现盈利。

5. 长尾型商业模式

长尾型商业模式就是为利基市场(Niche Market)提供大量产品,每种产品相对

---

① 栗学思. 商业模式致胜 [M]. 北京:中国经济出版社,2017:97.

而言卖得都很少，但营业额却能与传统的面向大量用户销售少数拳头产品的模式的营业额相当。

> **延伸阅读**
>
> 手账这么贵，为什么我还是出不了坑
>
> 没有入过手账"甜蜜的坑"的人，可能会对手账爱好者花上400元买一本品牌手账本的行为感到十分迷惑。同样的迷惑行为，也会发生在诚品书店或者日本的老字号文具店，那里会看到很多手账爱好者对各种和纸胶带、绝版文具之类毫无抵抗力，疯狂购买。
>
> 载满日常生活痕迹的独家记忆的手账，也成为个人的人生轨迹的"文献"，还可以把电影票、好看的餐纸、重要日子的日历等之类，贴到手账本上，手账爆本带来的满足感，使得无形的岁月似乎也变得有迹可循。
>
> 据说达·芬奇也是手账爱好者，他的《哈默手稿》可以算得上手账界的鼻祖，美国学者富兰克林也有着用小册子"打卡"的习惯，他提出的"道德表"也用来督促生活和自我的进步。
>
> 手账文化最发达的国家是日本。日本每年要销售上亿本手账，日本人对手账的情结，不分年龄层。一档日本综艺调查了街头行人的手账，有几位阿姨的手账本封皮是用了几十年的LV。
>
> 日剧中，手账的出镜率很高，如警察破案时拿出一本警察手账等。小到繁杂的琐事，大到人生梦想的规划，全都写在了手账里。
>
> 日本的手账评论家馆神龙彦（Tategami Tatsuhiko）说："比起发现新事物而记录，倒不如说手账是为了管理自己的工作与生活。"手账的自带治愈的气质、注重点滴细节里的情趣、对生活仪式感的推崇，构成了手账爱好者的迷恋。
>
> 在手账的演变过程中，似乎更多人开始花费心思在拼贴和设计上，或甜或咸，或清新或复古，对手账的认知和使用方式在改变，关于手账的定义和操作也更加灵活。
>
> 手账里有着诸多讲究，内页使用的各种材质的纸，各种胶带、配饰和书衣，不同功能的笔，都让手账所携带的符号意义更丰满，也是掏空众多"手账控"的钱包的"甜蜜的坑"。
>
> （参考资料来源：节选自，三联生活周刊 2019-12-27）

思考题

你怎么看待这种小众的品类的商业模式？

6. 跨界商业模式

互联网模糊了一些行业的界限，使跨界成为一种新常态。跨界思维的核心是颠覆性创新，而且一般都是源于行业之外的边缘性创新，于是很多传统行业与互联网企业之间寻求合作，形成新的传播模式或者产品形式，跨界模式也就应运而生。

5.1.3 文化创意产业的商业模式

在互联网时代的背景下，互联网成为中国文化创意产业成长的肥沃的土壤。在这个平台上，属于文化创意产业的不同领域正发生交融，因此，文化创意产业的商业模式可以理解为：在碎片化的时间里，通过文化创意产品快速吸引用户，获取顾客，得到流量，并满足用户的个性化需求，通过流量变现来获取盈利。

文化创意产业的商业模式具有开放性。文化创意产业的开放商业模式要积极采用外部的创意，包括来自用户的及合作伙伴的创意，同时，允许更多的创意为他人所用。

在这种开放商业模式下，企业要考虑从知识产权中获取价值。文化创意产业作为一定程度的知识产权的创造性产品和服务的生产与扩散的体系，其核心内容是创新活动，本质特征体现在创新知识产权的收益上。

知识产权的重要性在于能够保障创意主体持续的创新原动力，从而保证文化创意产业的持续性发展。

文化创意产业多以内容为核心，商业模式设计要素在于 IP 贯穿。整个设计环节重点考虑以下几点：首先是生产，通常是分为创作和加工两个过程，其中，创作为创意型工作，加工为技术型工作，好的创意与相应的技术合理结合，才能构造出吸引用户的产品。然后是传播，从最初的发行开始，选择合适的渠道，根据目标顾客的偏好，进行精准投放。最后是消费，在这个环节设计出合理的流量变现方式，实现盈利。

典型的商业模式有两大类：IP 模式和平台模式。

1. IP 模式

IP 模式是以打造 IP 为核心，将具有潜力的内容进行加工，最终形成独特且生命力持久的优质内容。IP 模式是以内容为主，通过打造一个具有吸引力的 IP，围绕该 IP 进行商业活动，打通不同领域间的壁垒，实现跨界合作、衍生 IP 相关产品。

IP 作为泛娱乐生态链的联结者，促进了相关产业的融合共生。通过衍生，泛娱乐 IP 能够产生持续性的价值。

IP模式的核心有四个方面：客户价值主张、盈利模式、关键资源和关键流程。

（1）客户价值主张

客户价值主张指的是为谁服务，即目标客户，包括最终消费者、组织客户及参与价值创造的合作者；客户需要解决的某个问题或者某项需求是什么，以及问题情境和客户解决该问题后希望达到的状态；企业的提供物是什么，即它创造了何种具有吸引力的利益，使目标客户愿意购买。

在IP模式下，目标客户就是粉丝，该商业模式依托的就是粉丝经济，因为IP造就了一批粉丝，粉丝通过IP获得了某种情感共鸣，从而形成产生共振的粉丝的社区，而内容提供商通过为社区提供品牌化的服务，打造独创性的形象或者情节，吸引粉丝，使其愿意购买IP衍生品。

（2）盈利模式

盈利方式有内容付费、电商、打赏、广告、金融等。版权保护是IP得以持续盈利的基础，所以内容付费正在成为最主要的盈利方式。

IP在不同阶段、不同领域都可能产生不同的变现模式，所以IP模式下的变现方式的组合是多种多样的，一个优质IP可以有多种不同的变现方式，而不同IP根据其自身特点也有对应的变现方式。

例如，知名主持人马东通过喜马拉雅付费节目探索内容付费方式，在爱奇艺《奇葩说》上则采用广告付费盈利。

（3）关键资源

好的IP既有影响力，又具有消费力。通过与粉丝接触，IP及其衍生产品影响用户群体，从而扩大影响力；通过粉丝效应，其游戏、影视等中下游产品的数量和市场规模会持续增加，而周边衍生品市场就会形成新的蓝海，从而能够提供充足的IP内容供给。

IP作为最核心、最关键的资源，其内涵价值要经过时间考验。其中，优质IP能持续变现；顶级IP处于价值链的顶端；潜力IP的价值需进一步发掘；劣质IP被市场淘汰。

（4）关键流程

IP需要对各种媒体进行接口，满足各种类型的媒体习惯的人群的需要，其中包括平面、电视等传统媒体，微博、微信等社会媒体，以及自媒体等。

并且，创意需要将活动、广告、公关等进行整合营销，吸引用户分享、转发和参与进来。因此，IP模式的关键流程有三个步骤：

第一个步骤是，上游以内容作为支撑，利用优质内容源吸引原始核心粉丝，所以需具备低成本、多样化的内容生成能力，与核心粉丝加强互动，这时合作企业主要来自文学、动漫、影视开发类。

第二个步骤是，中游具有放大作用，使 IP 的影响力倍增，吸引新的粉丝，强化对核心粉丝的影响，所以需要拥有低成本、大覆盖的传播能力，并具备一定的变现能力，这时合作企业主要是影视、动漫、游戏等。

第三个步骤是，下游具有变现作用，下游企业可实现 IP 价值多渠道再变现，并且变现能力强，可快速在标准化产品上代入 IP 概念，此时合作企业主要是游戏、主题公园、玩具、图书等其他衍生品。

2. 平台模式

平台模式主要是为内容产出者提供服务，为内容提供优质的传播途径及渠道，达到共赢，将内容提供商和大众联系起来，连接了供给和需求的两端。平台模式最核心的功能是作为内容传播的中介，将市场中的各方资源整合起来，吸附大量的优质内容，快速、高效地实现与消费者的沟通，从而促进交易。

平台模式就是将流行 IP 与众多经典 IP 收于一处，使之成为中心化的内容聚集平台，为这些创意达人、内容制造商提供一个面向大众的渠道。

平台模式的核心有四个方面的内容，包括客户价值主张、盈利模式、关键资源和关键流程。

（1）客户价值主张

平台模式的目标客户包括供给方（即内容提供者、广告商等）和需求方（消费者等）。内容提供者和消费者二者都构成平台的主要利润来源：平台向广告商或者内容提供者收取费用，包括广告费、服务技术费、交易抽佣、资源收费、数据方面的客户管理费和促销管理费等，还可以通过巨额的流动资金进行金融变现，在平台上，内容提供者提供优质作品，通过打赏、广告、内容付费等方式实现盈利。因此，只有迎合了消费者喜好的平台商业模式才能留住用户，实现平台的持续发展。

（2）盈利模式

平台模式的盈利方式主要是广告、会员费和单品内容付费。视频、游戏、文学等平台网站的主要收入来源是广告，广告商投放广告的最主要的标准是用户点击率，平台的用户容量大、点击率高，广告费相应地就高。

会员费也是平台的收入来源之一。用户支付会员费，可以享受到独家内容、抢先看、下载、免广告、超清、超音质等服务。内容付费正逐渐被大众所接受，尤其是知识分享平台。

例如，在互联网发展初期出现的知乎、分答等共享知识平台。

（3）关键资源

不同商业模式的运行，所需要的资源也不尽相同。在新媒体时代，平台模式最重要的资源就是传播渠道及整合内容的能力。

媒体的传播不只是一个载体，而是全方位、多介质的整合传播，最终达到一个综合性的传播效果。因此，优质内容必须依靠优秀的平台进行传播运营，否则，能够发挥的价值就有限，其商业价值也受到影响。

（4）关键流程

平台模式的发展流程包括两个主要阶段，即计划阶段、衍生阶段。在计划阶段，平台需要吸引用户、积累用户。接下来，需要给用户提供具有黏性的服务，形成行业壁垒。

平台模式有一个缺点，那就是易复制，只有形成了自己的核心竞争力，才有可能避免用户大量流失。当有了一定数量的稳定用户和形成了行业壁垒之后，围绕这个产品进行平台演化，从寄生到共生，再到衍生，就会形成一个生态系统。

平台发展到衍生阶段，产品更为多元化和多样化，对消费者的吸引力更大，消费者活跃度也会提升，不仅可以提高各商家的收益，包括平台提供商、广告商和内容提供商，还能吸引更多的创意达人入驻，进而丰富平台上的内容或作品，进入良性循环。

5.2 文化创意产业的盈利模式

目前看来，文化创意产业的互联网创业项目主要有以下几种盈利方式：内容付费、电商销售、"流量主""打赏"、广告和金融等。

5.2.1 内容付费

内容付费内容包括专业知识、音乐作品、视频等，用户通过付费获取内容提供者创作的内容。

知识分享、付费问答平台等逐渐发展，很多技能分享者把自己的某种长处或技能当作一种特殊的内容，在互联网上为自己盈利。并且，目前音乐作品、视频付费已经越来越普遍，成为趋势。为文化创意作者的创作内容付费，可以起到保护知识产权的作用。

5.2.2 电商销售

电商是最先出现的变现形式，也是最经典的、常用的方式。电商通过社群聚集一群有产品需求的用户，然后通过生产丰富有趣的内容吸引用户消费，实现流量变现。

书是电子商务领域最早售卖的一种产品，因为书是标准件，不复杂；卖课程，没有仓储和库存，没有物流的麻烦，成本也小很多。

> **延伸阅读**
>
> **哔哩哔哩的盈利模式探索**
>
> 公司网站的首次推出是在 2009 年，创始人徐逸称其是 AcFun 后花园，2010 年改名为"哔哩哔哩"，同年 A 站暴乱，大批会员流失至 B 站，进入规模扩张阶段，一直保留"御宅文化"，扩展至泛二次元文化领域。
>
> 2011 年开始商业化运营，陈睿以天使投资人身份加入 B 站。2012 年正式上线哔哩哔哩移动端。2013 年获得 IDG 数百万的首轮融资，首次举行社区活动"拜年祭"。2014 年，获得 B 轮融资，同年 11 月份设立日本分部，进军日本市场。
>
> 2015 年，哔哩哔哩与上海电影节、虎嗅等达成合作；举办萌战（动画人气大赏）大赛，开启了游戏联运和代理发行业务。
>
> 2016 年，哔哩哔哩代理了热门移动游戏《FATE GO》，发起"哔哩哔哩小宇宙计划"，在青年独立动画领域寻找人才。2017 年又宣布"国创扶持计划"，对部分新番实行"付费先看"。2018 年，哔哩哔哩在美股上市、上线哔哩哔哩漫画 APP、收购猫耳 FM、推出 20 多部优质国产动画。

思考题

你认为哔哩哔哩的各种盈利模式的效果如何？

5.2.3 "流量主" "打赏"

"流量主"是指公众号运营者将公众号内的指定位置自动交给微信平台作为广告展示的渠道，按月获得广告收入。这种方式的优点是收入稳定、可靠；缺点是微信广告设置的门槛是关注用户需达两万人，而且"流量主"的收入也有限。

"打赏"是指关注用户认可所发布的原创内容，即可通过赏钱的模式来表达赞赏。

不论是开通"流量主"还是"打赏"，都是建立在内容本身具有深度吸引力的基础上的。目前"打赏"的方式在网络直播中比较流行。

"流量主" "打赏"的背后都有强大的社群作为支撑，而社群是一个极为重要的流量入口。当公众号发展到一定规模后，用户可能会从关注你这个公众号或者自媒体的发展到认同你这个公众号或者自媒体，因此可以通过维护社群并提供附加服务，获得变现机会，也可以在社群内开展活动或利用其他营销方式变现。

5.2.4 广告

广告是最为直接的变现方式，凭借用户数和点击率就能吸引广告主。投放的广告分为软文广告、情境广告和原生广告。

1. 软文广告

软文广告是相对于硬性广告而言的，是由企策人员或广告公司来负责撰写的"文字广告"，它将宣传的产品的内容和文章内容糅合在一起，既让客户得到了他需要的内容，也达到了宣传产品的结果。软文是目前公众号变现最主要的方式。

2. 情景广告

通过让明星或者网红在影视节目或生活中使用自己品牌的产品，达到增加品牌曝光的目的。这个类型的广告形式越来越多地被采用。

3. 原生广告

原生广告通过"和谐"的内容呈现品牌信息，不破坏用户的体验，为用户提供有价值的信息，让用户自然地接受信息。原生广告是目前视频类内容的变现方式。

例如《巡回检察组》电视剧里频繁出现的"沃隆"坚果广告，在视频中既植入了产品功能介绍，又自然代入了产品使用的各种场景，并且还不影响剧情的推动。不过其植入的广告品牌数量有点多，而且"沃隆"出现的次数也过于频繁，这也引起了争议，有人认为广告导致"出戏"，还有网友戏称《巡回检察组》是"巡回广告组"。

5.2.5 金融

金融的变现方式主要结合平台，把一些资金进行汇集，发挥其金融价值。金融变现的前提是平台足够大、资金足够多，而且具有资金运作的能力和拥有良好的信用口碑。

5.2.6 其他

2018年，在线音频用户规模增速接近20%，目前，在线音频行业的主流企业已经探索出比较好的盈利模式。例如，喜马拉雅FM、蜻蜓FM主要依靠付费内容、广告以及硬件销售来盈利。荔枝平台转型为语音互动社区，主要依靠直播打赏、广告、主播培训、IP打造等盈利。

2018年，中国迷你KTV主要盈利模式是提供唱K服务收费获取盈利，另外，还有加盟和跨界营销来盈利。加盟方面，迷你KTV向加盟商出售产品设备和抽成加盟费。加盟模式有利于厂商快速扩张，但厂商也需要在加盟商培养方面进行投资。跨界营销方面，迷你KTV通过与其他行业品牌合作，发挥协同效应。有些企业加强与电影、音乐、综艺IP合作，通过跨界营销，除了为平台引流之外，还扩大了品牌影响力。

> **延伸阅读**
>
> **中国的文博 IP 商业化**
>
> 文博 IP 是指基于藏品进行的再创作所产生的知识产权和博物馆本身的品牌价值符号，IP 来源有藏品研究成果、博物馆陈列设计方案、基于藏品再创作的影视节目及三维藏品的摄影图像和博物馆的品牌等。
>
> 与其他 IP 相比，文博 IP 差异化在于其背后依靠的是人类历史长河中丰富的文化资源，每个人都是文化的参与者和贡献者，具备更广泛的用户群体，IP 有充足的内容素材。
>
> 我国文物主要属于国家，博物馆拥有文物保管权而非所有权，但博物馆有基于文物二次创作的知识产权和博物馆自身品牌权利。不过，若出于商业用途拍摄文物等，需要经博物馆及相关部门同意。
>
> 文博 IP 进行产业化和商业化时，主要可以分为三个模式：商品开发、文化服务和空间运营。
>
> 商品开发可以分为以文创产品为代表的实体产品和以影视文娱节目为代表的虚拟产品。文化服务包含了博物馆教育、讲解和出版等。空间运营主要是以快闪展、在线看展和创意数字展等为代表的展览，以及博物馆场地出租。
>
> （资料来源：节选自艾瑞咨询研究院，2021 年 8 月）

5.3　文化创意产业的产业链

5.3.1　文化创意产业的产业链的概念

产业链的本质是用于描述一个具有某种内在联系的企业群结构。产业链中大量存在着上下游关系和相互价值的交换，上游环节向下游环节输送产品或服务，下游环节向上游环节反馈信息。

文化创意产业链是以创意为灵魂，以文化为基础，通过经济链条中各个环节的分工协作、整合运用，将文化产品从创意开发、生产制作到营销分发，开发成一系列的经济模式。构建完整的文化创意产业链，能够使文化创意产业更加具有创新性、规模性和连贯性，从而产生更大的经济效应。

文化创意产业链的构建大体可分为三个环节：产业链上游、产业链中游和产业链下游。

产业链上游，是内容创意开发环节，它是文化创意产业的概念设计环节，包括中国传统文化、现代文化产业。

产业链中游，是生产设计制作环节，完成文化创意产品的生成，包括传统设计制作产业（编辑出版印刷、影视制作、工艺品设计、美术设计和戏剧曲艺编导等产业）和现代设计制作产业（动漫制作、网络制作、广告设计制作、装潢设计制作和主题公园设计制作等产业）。

产业链下游，是营销推广管理环节，包括渠道开发与整合、拓展衍生产品等。这三个环节环环相扣，共同构建了文化创意产业链。

例如，电竞产业的产业链，上游主要是游戏厂商，包括CP和发行商，提供各种类型的电竞产品。中游是生产制作环节，以赛事运营和媒体渠道为代表，是整个电竞产业链的核心。下游是营销推广环节，包括直播、电商、游戏周边等，是电竞得以生存和发展的重要环节。

又如，动漫产业的产业链，是由动画片的制作完成，到报纸刊物连载或单行本、电视台或其他视频媒介播放动画片、动画片出版物上市、动画片相关衍生产品上市等五大部分构成的。在一些动漫产业发达的国家，已经把最后一个环节运作成其利润的主要来源，同时也是较为稳定和持久的来源。

5.3.2 文化创意产业链的环节

文化创意产业链的环节主要包括策划创作、产品生产、分发销售、衍生品开发和消费者体验几个部分。

1. 策划创作

借助于文化创意人才的智慧、能力和知识，运用各种创意思维、方法和技术，对历史素材以及社会现实等进行挖掘和创新，构成了文化创意产业的策划创作活动。策划创作环节位于产业链的顶端，是文化创意产业的基础。文化创意产业链的有效发展要以内容为主，如果没有优秀的内容，设计生产链下游的衍生品就成了无源之水、无本之木。策划创作环节是基础环节，也往往是最难的环节。

2. 产品生产

文创产品的生产将立意新颖的原创内容转化为文化创意产品或服务，并最终创造价值。产品生产环节在文化创意产业链中起到了承上启下的关键作用。

创意产品可以分为虚拟产品和实物化品两大类。实物产品指实物或者服务形式的创意产品，实物如玩具、文具和时装等，服务如广告、设计服务、休闲娱乐、艺术品交易等。虚拟产品主要包括传统形式的创意产品，如广播影视及文化艺术等，以及数字形式的创意产品，如网络游戏及手机增值服务等。创意内容可以通过图书、电影、

DVD光盘和MP4等不同载体表达。

3. 分发销售

文创产品分发销售的关键是畅通的渠道链和资金链。文化创意产品只有推广出去，才有机会赢得消费者的关注，从而实现盈利。目前在文创产品传播推广的过程中，传统的渠道推广方式已经远远不能满足需求，新兴的渠道分发方式逐渐成为主流，而且整合渠道的能力显得尤为重要。

延伸阅读

天天P图是这样的宝宝

天天P图是腾讯继魅拍、水印相机之后又推出的一款美图神器APP，基于团队自研的世界领先的人脸检测技术和国内一流的五官定位、图像处理技术，推出了自然美妆、疯狂变妆、魔法抠图、星光镜、光斑虚化、智能景深等多项功能。

2015年年初，天天P图掀起全民COS武媚娘的狂潮，并使其登上我国台湾、香港、澳门及马来西亚、越南等多个国家和地区的AppStore总榜第一。仅在2014年4月到2016年6月，天天P图就上2次总榜的TOP1和5次总榜TOP10、4次摄影榜TOP1和12次摄影榜TOP5。

美图秀秀已经成为一个符号，嵌入了用户脑海，"美图"成为一个动词，作为口头语，比"P图"更委婉，还更形象。所以天天P图起步较晚，自身流量不足，加上用户心智被"美图"挤占，在这样的背景下，通过纯粹的运营能做到冲榜，已经算很成功了。

2014年7月冲榜是借势世界杯头像；2015年年初，《武媚娘传奇》强势播出，天天P图围绕"大头武媚娘"掀起全民PS风。此时，天天P图推出范冰冰的"媚娘妆"，引爆社交网络。2016年是猴年，天天P图推出的"大圣妆"又乘着"猴赛雷"与"让六小龄童上春晚"新闻的热度火了一把。《太子妃升职记》时期的"太子妃妆"、《太阳的后裔》热播期间的"乔妹"、《爱丽丝梦游仙境2》上映前期推出的"疯帽子妆"等，都让天天P图人气攀升。

思考题

你觉得天天P图的生产和推广策略做得怎么样？

4. 衍生品开发

文化创意产业链的最大特点是衍生性，通过文化创意产业链的延伸，衍生出新的产品市场。衍生品要符合消费者的需求，将不同领域的内容联系在一起，实现衍生品生产甚至多次衍生品生产与开发，让文化创意产业在行业间全方位发展，使衍生品的种类越来越多样化。

5. 消费者体验

消费者对流行、环保、品牌智能、高品质的商品越来越重视，人们对个性化、多样化商品的需求不断增加，随着消费升级，消费从物质型消费走向服务型消费的趋势日益明显，越来越多的消费者愿意为提升生活质量和品位的产品与服务付费，越来越多的消费者也倾向于新的消费方式、尝试新的消费体验以及采用新的支付方式。

以"90后""00后"为主的年轻消费者，追求自我价值、标新立异，重视参与和体验的乐趣，敢于接受新鲜事物。消费的个性化和多样化，催生了诸如电影周边、网红直播的高速增长。

> **延伸阅读**
>
> **网红产业链**
>
> 网红指的是在社交平台上具有一定量的社交资产，并且有能力将这些社交资产变现的人。其范围不止于网络上走红的美女，网络上以新浪微博等为主的各大社交平台上都长期活跃着各类垂直领域的意见领袖或者行业达人，包括游戏、动漫、时尚、美食、宠物、教育、摄影等领域都有一些具有影响力的网红。网红变现方式通常包括广告与网红电商等。
>
> 网红模式为何成为热点？以服装产业为例，网红的出现其实改善了目前供应链效率较低的问题，促进了精准营销。
>
> 从供应链方面来说，网红作为意见领袖，利用买手制导购渠道，通过其自身对时尚的高敏感度，向粉丝推荐经过筛选的款式，来对接供应链厂商，提高了供应链生产效率，部分缓解了库存大、资金周转慢等问题。
>
> 从品牌商来说，由于开实体店的边际收益下降，而租金和人员成本日益增高，同时，在传统B2C电商平台上的推广成本也越来越高且转化率越来越低，于是，选择网红在社交平台宣传其产品，相对而言是比较精准的营销模式，并且还能导流，一举两得，值得尝试。
>
> 网红的产业链包括网红、网红经纪公司、社交平台、供应链提供商、品牌商

以及电商等变现平台。网红由于某领域特长，成名于各类社交平台，之后逐渐向综合性社交平台汇集。

网红经纪公司的运作模式基本为：寻找签约合适的网红；组织专业团队维护网红的社交账号、定期更新吸引粉丝的内容、保持与粉丝的互动来维持黏性、吸引粉丝点击相关店铺链接，或者关注网红推广的产品、组织生产、利用其供应链组织生产能力为网红对接供应链渠道，将其在网上宣传的产品进行生产；提供相关电商店铺的运营管理、销售网红宣传的产品。

网红经纪公司自身或者其对接供应链的服务平台，需要通过大数据分析以及供应链人脉，为网红对接到能够保持快速反应和高品质的供应链，其中也有部分品牌上市公司借助自己已有的成熟供应链体系参与到这个环节之中。

各社交网站规模和培养网红能力有差别，各有优劣势。

兴趣及运动旅游类社交网站，优点在于平台用户均对某一领域拥有相同的兴趣爱好，相似的需求容易使粉丝聚集并较快速地出现网红；缺点是垂直领域的粉丝数量有限，网红规模普遍比较有限。

科普类社区网站，优点在于网红凭借自身具备的才华，能够持续不断地输出优质内容来吸引各类有知识需求的网友，使得其粉丝不仅数量较大，并且具有较强黏性；缺点是，其严谨性氛围使得粉丝普遍比较排斥商业化，而且有一些网红本身或许也有较强的个性，这为其未来的管理和变现增添了难度。

视频直播类网站，优点是伴随目前"宅"文化以及游戏产业的兴起，人气较高，而且在这一类社交网站上成长起来的网红，其自身条件及演艺素质也较为优秀，有利于未来的变现；缺点是这类网红由于出道时有很大可能被某一形象框定，使得其未来转型也较为艰难，而观众口味变化较快，黏度不高，使得网红的生命周期相对较短。

为什么网红店会成为热点？以服装行业为例。目前服装产业链的销售端主要分为线下实体销售和线上销售两类，而线上销售目前又延伸出了网红店。

网红买手制的购物模式能提升供应链效率。传统服装产业链包括服装设计、组织生产以及服装销售这三部分，其中，服装设计和组织生产这两个环节属于整体产业链的制造端。我国目前服装产业链的多数环节是由品牌商完成的。品牌商负责时尚潮流的市场跟踪和产品的设计，并外包供应链、组织产品的生产。

各品牌在利用广告打造品牌方面有优势，但在设计、供应链及终端营销管控等方面的专业化水平都不够，容易陷入销售效率下降、库存大、资金周转慢的困局。而网红作为专业领域的意见领袖，可以利用自己的时尚品位和专业度，将符合潮流趋势且迎合粉丝偏好的产品进行推荐销售，简化了消费者购买决策，提升了供应链效率，缓解了品牌商库存大、资金周转慢的问题。

网红店以销定产，采取了少量现货限时限量发售和后期预售翻单方式，因此对补单的要求较高，补单规模通常在初期备货的两倍以上，而换季窗口和用户容忍时间上限是20天，带来供应链的压力巨大。

同时，客服、发货、售后等系统也得适应这种潮汐式运营节奏，上新时，非常忙乱，服务质量下降；上新后，资源浪费。例如莉家、榴莲家、Lin家网红曾是优秀的淘宝商家，之后演变成网红孵化公司，其签约的一些网红店铺，评分都有不同程度下降，因用户体验的消耗带来销售额的急剧下降。

电商综合服务平台可以帮助电商解决供应链痛点问题，形成供应链信息、物流信息、客户信息和订单信息的及时传达转化。在其平台上，能显示下游旺盛的订单需求，以便供应商动态调整库存和生产计划，将上游无法及时消化的闲散生产力、过剩产能显示在不断更新的信息流中，让下游经销商进行选用，最终实现上下游的供需互补。

课后思考

你认为喜马拉雅FM的优势有哪些？商业模式和盈利模式是什么？

案例分析

是网易云还是"网抑云"？

网易公司创始人丁磊于2013年4月创办了网易云音乐，2015年网易云音乐的用户超过1亿，2016年7月用户达到2亿，仅用了3年的时间，网易云音乐就跻身行业第一阵营。网易云音乐纳入阿里的88VIP会员体系以后，在阿里的加持下，从2019年到2020年，网易云音乐的付费用户从863万增长至1 600万。

但在这个过程中，网易云音乐也受到了一些质疑，如部分用户无法在网易云音乐上找到自己想要的歌。用户体验的下滑，让网易云评论区一度成为不少人发泄负面情绪的地方，"网抑云"产生了。

关于社区生态建设问题，网易云音乐于2020年8月推出"云村评论治愈计划"，邀请心理专家和万名心理专业志愿者加入"云村治愈所"，并规范乐评礼仪，力求把"网抑云"变为"网愈云"。

网易云音乐已建立起了包括付费音乐、广告、数字音乐专辑、流量包售卖、演出及票务、智能硬件和音乐周边等在内的多元化商业模式。

广告如开屏广告（Splash Ad，又称启动页广告）和banner广告（网页顶部、中部或底部的横向贯穿整个或大半个页面的广告条），这也是很多APP的盈利手段之一，网易云音乐的开屏广告时长一般在2~4秒之间，时间较短，风格大气，banner广告也经过谨慎选择和精心设计，尽量减少广告对用户体验的伤害。

网易云音乐的"音乐大战"是于2015年8月11日晚举办的年度音乐盛典活动，活动邀请中韩实力歌手，分成红、白两队进行擂台演唱比拼，由在线直播实时互动投票选出最后赢家。其赛制颇为大胆，完全由网友的投票决胜负。

网易云音乐计划继续深耕音乐社区、丰富多元音乐内容、提高技术能力，增加了短视频、直播，还推出了线上K歌的移动应用"音街"，并与抖音等进行合作等，这些都显示出网易云音乐力图打造在行业中的独特性。

2021年第一季度，网易云音乐的总营收共计达15亿元，其中，在线音乐板块收入达8亿元，社交娱乐及其他板块收入达到7亿元，两项均较2020年同期有不同幅度的增长。但网易云音乐仍处于亏损状态，需要释放出更大的商业价值。

中央财经大学文化经济研究院院长魏鹏举认为，"音乐付费的习惯已经逐渐形成，这对音乐市场的发展是一个非常好的消费基础。"

从音乐市场的角度来看，需求在未来是会不断扩大的。网易云音乐往后面临的挑战，包括原创内容、优质内容的生产和优质版权的整合，以及盈利模式问题。

魏鹏举说道："虽然音乐的付费收听、下载习惯在国内逐渐形成，但是音乐的付费收入和创作成本支出相比，总体来说，还是处于一个入不敷出的状态，目前还不能覆盖成本。"所以网易云音乐"需进一步改善商业盈利模式，如可做俱乐部、音乐教育，可能还有综艺等领域"。

新元文智创始人刘德良认为，从网易云音乐此前的发展来看，音乐版权方面存在落后的情况，导致在用户数量和流量上也相对落后，网易云音乐虽然也在做原创计划，但原创计划是一个长周期投入的事情，使得之前的发展的动力较弱。

刘德良认为，现在网易云音乐需要提高产品用户的付费率，这方面需要网易云音乐将整个数字音乐产业链条打通，也就是说，平台在上游要注重创作，在下游要注重音乐的传播和音乐版权的运营。

（参考资料来源：北京商报2021-08-02；新浪科技2021年08月23日）

思考题

你认为网易云音乐还可以进行哪些盈利模式的尝试？

本章小结

1. 商业模式是创造、传递客户价值和公司价值的系统。商业模式是企业创造客户价值的内在逻辑和提供客户解决方案的核心架构。

2. 商业模式包括客户、产品、运营、渠道、经营者、管理机制和竞争壁垒等七个方面的要素。

3. 成功的商业模式的范式可以分为两大类：单极商业模式范式与多极商业模式范式。

4. 成功商业模式大都遵循下列五大定律：进入高利润区；没有"致命短板"；占领产业制高点；构筑竞争壁垒；超越客户价值。要同时符合这五大定律，才能取得商业模式的成功。

5. 商业模式的本质是企业资源与能力的配置模式，企业与企业之间资源与能力配置结构不同，就形成了企业与企业互不相同的商业模式。把握商业模式的本质，才能认知商业模式，并设计甚至创新商业模式。商业模式制胜要符合"择极分配原理"。

6. 常见的企业资源配置模式有四种，即无导向模式、市场导向或者机会导向模式、能力导向模式和路径依赖模式。这四种模式都存在一些致命伤，导致企业资源错配。

7. 商业模式包括四个环节：客户价值主张、盈利模式、关键资源和关键流程。简单来说，商业模式就是企业赚钱、盈利的方式与途径。

8. 商业模式决定了企业核心竞争力。

9. 核心竞争力有四个共同特点：创造独特价值；经过整合了的一系列知识、技能、资源与能力体系；竞争者难以模仿；可赢得竞争优势。

10. 打造核心竞争力的路径就是采用"择极分配原理"，按照成功商业模式的五大定律，即"进入高利润区"、打造"没有'致命短板'的商业模式系统"、占领产业制高点、构筑强有力的竞争壁垒、超越客户价值，从而打造成功的商业模式。

11. 互联网商业模式有六种典型的类型：O2O商业模式、平台商业模式、"工具＋社区＋变现"模式、免费商业模式、长尾型商业模式和跨界商业模式。

12. 文化创意产业典型的商业模式有两大类：IP模式和平台模式。

13. 目前看来，文化创意产业的互联网创业项目主要有以下几种盈利方式：内容付费、电商销售、"流量主""打赏"、广告、金融和其他。

14. 文化创意产业链的环节主要包括策划创作、产品生产、分发销售、衍生品开发和消费者体验几个部分。

第六章

内容创意与生产

学习目标

1. 了解文化创意产品的概念、分类、特点以及生产方式。
2. 了解文创阶层、文创人才、文创企业的形态。
3. 了解文化创意产业的内容生产。

课前引例

李子柒的视频是翻车还是"被翻车"

#李子柒最新视频被质疑抠图#的话题一度登上抖音热搜,搜索量超过435万。被推上舆论风口的这期视频主题为"桃林游记",视频意境依旧,还是那个我们熟悉的李子柒。她做了美食,制作了绢花工艺的头饰和汉服,趁着春光,带着奶奶一起去欣赏桃花漫山。视频中,开场的15秒雪景镜头,却因为"人像和雪景交界模糊突兀"且"雪地看起来颗粒感较大",被一些网友质疑是棚拍"抠图",而非真实场景拍摄。还有人提出疑问,"雪景也是假的,她的创作还有意义吗?"

这15秒完全没有影响视频的内核,最后几分钟的桃林实景也带来了足够的视觉美感,无论是否真的抠图,直接扣上"人设翻车""造假"这样的帽子,总给人一种"没事找杠""大可不必"的感觉。也有人提出这样一个问题:博主们做视频真的不可以抠图吗?观众介意的到底是什么呢?一是疑似人造雪;二是怀疑棚拍镜头。技术党一派提出:"相机的光圈和感光值如果设置得不好,很容易有这种效果,就像影楼拍照就可能会拍出这种抠图效果。"也有人说,李子柒完全没有必要抠图,她不缺创作时间,这样的效果很可能是后期制作过程为了美化,导致主体和背景之间虚化不自然。"抠图"本是影视作品常规操作,并且如果真的没有雪,需要棚拍造景,也很正常。

之所以引发关注，也是因为事件的主角是"李子柒"。真实一直是她的视频给人最主要的印象，网友在她身上投射了太多对美好自然的向往。随着影视工业的发展，会用到"抠图"或者类似"抠图"技术的场景越来越多，尤其是在 AR、VR 技术不断成熟之后，使用场景会更加普遍。对于内容创作者而言，使用"抠图"技术或是为了提升视频效果，或是为了降低实拍成本。比如抖音上的特效技术流视频，很多内容都是达人先在摄影棚的绿幕下完成拍摄，然后再用后期制作特效，才能出现最后的成片效果。YouTube 上有位名叫 Tatiana Subbotina 的网红奶奶，就经常给自己抠图假装去世界各地旅游，画风简单粗暴，凭借"五毛"特效的抠图走红，很多网友都表达了对其视频的喜爱，甚至调侃"凭什么说人家是五毛特效？这特效和国产玄幻剧有啥区别？价值百万好吧"。很显然，争议不在"抠图"本身，有争议的其实是"抠图"带来的内容作假的嫌疑。

从本质来说，人们在意的是内容与博主人设的真实性。无论是图文还是视频领域，"真实"一直都是很多内容平台强调又强调的重要特质。

（资料来源：微信公众号"新榜"2021-04-17）

思考题

网友对李子柒的视频的质疑主要针对哪些方面？

6.1 文化创意产品

6.1.1 文化创意产品的概念

文化创意产业是一个新兴产业，因而，对于文化创意产品的定义，尚处在探讨的过程中。

对文化创意产品的认识，有广义和狭义之分。广义的文化创意产品是文化产品，具有特定历史文化内涵或艺术想象力，如艺术品、收藏品、电影/音像/出版物等，这是广义的文化创意产品，是人类在历史各个时期的发展过程中，通过其智慧利用自然资源、社会资源和文化资源所生产的全部产品。狭义的文化创意产品，是指在知识经济时代一种源自个人创意、技能和才干，根据社会实践要求，以脑力劳动为主，通过知识产权的开发和运用，自觉创造出的具有象征价值、社会意义和特定文化内涵的产品或服务。文化创意产业学科所研究的文化创意产品指的是狭义的文化创意产品。

文化创意产品的概念是文化资源与创意结合的非物化形态的观念内容、符号，包括文化创意内容与其载体。

6.1.2 文化创意产品的特点

由于文化、创意和高科技元素的植入，决定了文化创意的使用价值和使用价值的不确定性、流通过程的共享性和重复利用性、生产过程成本的复杂性、应用过程的增值性等特点。对文化创意产品特点的深入研究，有助于探索其价值的实现路径。

由于创意的特殊性，决定了文化创意产品具有以下几个方面的特殊性。

1. 价值的不确定性

文化创意产品的特点和其生产制作不同于一般传统产品，这使文化创意产品的价值和使用价值具有不确定性。文化创意产品为消费者创造的产品价值，包含着功能价值和表意价值。功能价值主要是指物理功能，是商品的物质基础，主要指向市场价值。表意价值是商品中包含的能够符合一部分社会群体精神追求和文化崇尚需求并产生共鸣的无形附加物，是文化的附加观念。这更多依赖于消费者个人的精神和文化偏好，不同的需求偏好者对同一个文化创意产品的需求不同，对文创产品的文化价值、艺术价值、娱乐价值、商业开发价值有不同的价值评价，有一定的主观性，因此文创产品的价值具有不确定性。

文化创意产品的使用价值具有潜在性和不确定性。消费者购买文化创意产品是因为其满足的是自己精神文化的需求，如审美、思想、愉悦等。如电影的使用价值只有通过版权交易、电影的发行才能体现，因此说文化创意产品的使用价值是潜在的、不确定的。

2. 非消耗性

传统有形产品交换中，生产者让渡使用价值，丧失所有权和使用权，与之不同，文化创意商品却可以在同一时间内分别由若干人使用，与他人共享文化创意产品与创意服务。传统有形产品的使用过程就是价值消耗过程，而文创产品的知识共享和重复利用的特殊性，以及其产业链各环节的相互联系，使文化创意产品的使用过程不但不会像传统物质形态产品那样消耗其价值，而且在一定条件下可转换为其他的使用价值并带来大量的增值价值。例如，一张音像产品、一项设计技术的专利，版权人和专利权人既可以自己使用，也可以转让给他人使用或者由若干使用者共享这项专利。文化创意产品应用于具体的工艺生产过程中，通过合理、有效地运用，其使用价值不仅可以等量地转移到新产品中去，而且可能会创新出其他产品，或改革原有产品，在同样条件下创造出更多更好的物质财富，开发出更多的能量。

这种知识的独享和共享行为并不会降低文化创意产品的价值，不会影响版权和专利技术的质量,这就是文化创意产品与文化创意服务的非排他性特征。这些特征使文化创意产品可以重复使用,并带来这类产品的重复生产,因而易于形成规模经济效应,能有效降低社会交易成本。

3. 创新性

与一般的物质产品不同,创意作为人类社会一种特殊的知识产品,其生产过程是复杂的脑力劳动过程,精神生产劳动决定了文创产品的价值量,而精神生产劳动具有独创性、不可比性。一个创意的生成包括提出问题阶段、创意酝酿阶段、创意孵化阶段、创意生成阶段和创意成熟完善阶段这五个阶段,在这个过程中,创意始终贯穿其中。

文化创意产品价值链增值能力呈现先期研究与开发附加值高、中期生产制造利润低、后期营销利润高的"微笑曲线"(Smiling Curve)特点,同时,显示了文化创意产品高成本研发、低成本制造复制产品的特点。施振荣提出的"微笑曲线"理论,指的是像微笑嘴型的一条曲线,两端朝上。在产业链中,附加值更多体现在两端——设计和销售;处于中间环节的制造附加值最低。

这种成本的复杂性给产品定价带来了困难。文化创意产品在未被生产出来之前,市场对它的需求是难以判断的,具有高风险性和不确定性。这就决定了文化创意产品难以采用以生产者为导向的、以费用为依据的成本定价模式,而适宜采用以消费者为导向的、以价值为依据的差别定价模式。

4. 知识产权的保护性

文化创意产品和其他传统产品一样,在没有被交易以前,商品的价值和使用价值不可能体现,只有在交易发生后,商品的使用价值和价值才会表现。但是文化创意产品交易的内容与一般传统商品交易的内容有着明显的不同,这就是蕴含在文化创意产品背后的知识产权交易内容。文化创意产品无论价值有多高,因其复制成本低的特性,一旦得不到知识产权保护,产业将面临任意仿制和抄袭的局面,产品的价值就不能体现。

文化创意产品的知识产权交易涉及文化创意产业不同领域,包括创意符号、创意要素、创意所有权、创意使用权等交易内容,以及特定文化创意产品的著作权、专利权、商标权等交易内容。文化创意产品的核心问题就是知识产权保护。

6.1.3 文化创意产品的分类

文化创意产业的内容和形式丰富多彩,从不同的角度,可以将文化创意产品划分为不同的类型。

1. 从创意与融合的领域来划分

文化创意产业通过分散的个体劳动、简单协作的集体劳动和社会结合劳动来组织生产,由此产生文创产品。在从分散劳动到社会结合劳动的过程中,创意与不同领域进行了融合，根据创意与不同领域的融合，文创产品可以划分为艺术型文化创意产品和经济型文化创意产品两大类。

艺术型文化创意产品，是指存在于文化产业领域中的文化作品。艺术型文化创意产品是文化产业化的核心，其创作者往往是来自文化领域的艺术家们，如文学艺术、视觉艺术、传媒艺术、表演艺术等领域。这些作品包括文字书写、声图像录制、现场表演、视觉印象等，如一部小说、一幅画或是一场话剧表演等。

经济型文化创意产品，是指创意元素融入传统产业生产过程中而出现的产品。创意元素的植入，极大地提高了产品的附加值，增加了产品的市场竞争能力，从而也扩大了市场的销售。这类产品包括因工业设计、建筑设计、广告和会展策划等创意元素的融入而产生的产品或过程。这类产品具有新颖性、奇特性、高附加值性等特点。在这类产品中，产品的物理价值无法避免地构成价格的一部分，但是其所占的比例随着创意元素的植入比例而变得越来越少。

2. 从文化创意产品的形态来划分

从文化创意产品的形态划分，一般可以分为有形和无形文化创意产品两大类。

有形文化创意产品是指借助于物质载体形成的既有物质形态又有文化符号的创意商品，如设计图纸、书刊、报纸、图画、雕塑、唱片、音像磁带、照片、电影拷贝、手稿、讲稿和电脑软件等。

无形文化创意产品是指为社会提供服务的创意服务等，如咨询服务、演出服务、教学服务等。创意服务通过把各种各样的事物作为符号加以利用，使其具有某种象征意义，受到消费者的认同，从而具备商品的属性，可以作为商品进入市场流通，并转化为生产力，使用户获得经济效益。

3. 从文化创意产业群层面来划分

从文化创意产业群层面划分，文化创意产品可以分为原创类文化创意产品、运作类文化创意产品和延伸类文化创意产品三大类。

原创类文化创意产品是指处于文化创意产业核心地位，与出版业、报业、电影业、广电产业、文艺演出业、动漫产业等相结合的文创产品。这一类文创产品的主要特点有内容性、新颖性、文化性和奇特性。

运作类文化创意产品是指创意融入已有产业中，并处于文化创意产业群运作层面的文创产品。运作类文化创意产品融入的产业有音像业、计算机和软件业、互联网业、工业设计业、建筑设计业、服装设计业、旅游业和广告业等。这一类文创产品的主要特点有创意的转移性和创意的生命周期性。创意的转移性是指创意一旦嫁接产业，即不再对创意进行深化，而是注重与产业融合的形式。

延伸类文化创意产品是指处于文化创意产业群边缘，与服装业、体育娱乐业、会展业、工艺品、商业服务业等相结合的创意产品。这类产品往往处于产业链的末端，其创意含量相对于原创类和运作类文化创意产品来说要少，但其生命周期比较长，而且门类多。

文化创意产品的生成主要还是集中在原创类文化创意产品中。

6.1.4　文化创意产品的开发原理

文化创意产品是在知识经济时代背景下的一种源自个人创意、技能和才干，根据社会实践要求，以脑力劳动为主，通过知识产权的开发和运用，自觉创造出的具有象征价值、社会意义和特定文化内涵的产品或服务。所以说，文化创意产品的生成本质上是创意的生成，并进行相应的开发。

1. 文化是创意产品生成的基础

文化创意产品是对文化资源的开发和利用，而且对文创产品有消费需求的消费群体通常是具备一定文化品位的。文化资源越是被人们深入了解，其市场就会越大，它的重复利用的可能性也就会越大。

文化创意产品的隐性价值是文化内容，是产品的核心竞争力，是文创产品的核心部分，也是文创产品高价值部分和文化创意产业链的高利润区域。丰富的文化资源和深厚的人文底蕴是文创产业发展的宝藏。

文化氛围可以分为文化设施及活动和文化教育水平等几个方面。文化活动参与度，可以根据一个国家或地区的人均借阅图书馆图书的数目、人均参观博物馆的次数、群众文化活动机构活动次数和艺术表演场次及观众等指标来分析；文化教育水平可以根据受过高等教育人口比例、高等教育机构数量等指标来衡量。文化氛围构成了一个国家或地区的文创产生的土壤。

在美国，具有各种特色的众多文化艺术机构为大众提供了文化创意产业的活跃力量。除了百老汇的音乐剧团等少量团体是商业机构外，美国很多文化艺术业属于非营利性机构，包括美国西部艺术联合会、美国中部艺术联盟、美国中西部艺术联盟、斯格兰艺术基金会、大西洋中部艺术基金会和美国南部艺术联合会。美国的表演艺术市场上，演出活动主要是由演出经纪公司、表演团体或个人、剧场或演出协会三方构成。全美的演出经纪公司有 1 000 多个，如哥伦比亚艺术家经纪公司和 ICM 艺术家经纪公司等。美国有 1 400 个以上的交响乐团，如纽约交响乐团、波士顿交响乐团、芝加哥交响乐团、华盛顿国家交响乐团、克利夫兰交响乐团和旧金山交响乐团等。美国还有星罗棋布的剧场和演艺中心，有大大小小的演艺中心、戏剧中心、娱乐中心、文化中心、艺术中心等。美国许多大学的剧场也具备演出的条件。这些不同类型的文化单位共同组成了美国的创意产品与服务的市场。

在英国，有一大批以培养创意人才而闻名的高等学府。英国是世界上高等教育最发达的国家之一，拥有世界最顶尖的高等教育水平，其中，以剑桥大学为代表。英国特拉福德艾文学院是英国创意产业委员会最初五个学院之一，学院除培养音乐、艺术、媒体等专业学生外，还接受相关专业的从业人员到学院进行继续教育培训。英国文化、媒体和体育部还成立了创意产业高等教育论坛，将高校与创意业界的人才聚集在一起，共同培育创意人才。英国众多的博物馆、艺术中心和剧院等公共文化设施，也为文化创意提供了宽广的市场环境，如英国共有1 848所博物馆。

在澳大利亚，很多城市都在文化氛围的建设上取得了成就。如维多利亚州的首府墨尔本，被誉为"文学之都"，2008年8月被纳入联合国教科文组织的"创意城市网络"项目，分为设计、文学、音乐、烹饪美食、民间艺术、电影、媒体艺术七个主题，虽然悉尼在2004年奥运会后经济衰退，但其在创意人员从业数量、新媒体发展水平以及创意城市的建设上仍然具有很强实力。

在中国，经历了40多年的改革开放后，实现了国民经济的平稳、快速增长，目前第三产业增加值比重约为一半，第三产业增加值占比超过了第二产业，居民消费水平在提高，中国的文化市场氛围总体处于向上发展的态势。演出、娱乐、艺术品、网吧、网络音乐、网络游戏等各市场都在迅猛发展，后来，演出与旅游、网络、动漫等领域跨界日益融合，演艺集聚区建设出现热潮，演出市场国际化趋势显现，娱乐场所转型升级蔚然成风，大众型消费场所成为市场主流，艺术品市场发展迅猛，带动了社会资本及普通民众参与艺术品投资、收藏的热潮，促进了优秀文化的传承，画廊经营实力增强，网络音乐带动音乐产业转型升级，移动游戏走向规范化。伴随着电子通信技术的广泛应用，中国的传媒行业正在经历空前的转型。目前中国传媒行业的发展已经呈现由传统媒体（包括报纸、杂志、电视、广播等）向新兴媒体（主要指国际互联网、多媒体等）转移的态势。电视、互联网及移动媒体已经成为经济增长的主要支柱。目前中国传媒行业的主要特点是新媒体崛起，营销模式不断创新，形成新的经济增长点；网络游戏平台逐步体现媒体价值；社交媒体、网络视频和数据库等新的商业模式层出不穷，市场规模逐步扩大。各种文创行业的从业者从中国传统文化元素中吸取营养，推动了"国潮"热，在时尚、游戏、音乐、影视和短视频平台等行业中呈现了丰富多彩的局面。

2. 灵感是文化创意产品产生的源泉

灵感，又叫灵感思维，指文艺、科技活动中瞬间产生的富有创造性的突发思维状态。"灵感"一词在我国古代是没有的，于五四运动时期来到中国，是英语inspiration的音译，inspiration指的是一种灵气，在希腊语中指的是"神的灵气"。

灵感并不是无中生有的，它必须在人类实践的基础上产生。人类灵感往往产生于全部精神力量贯穿于创造性活动的客体上、情绪异常充沛、对自己的创造性劳动对象充满激情的状态中，并且具有思想的极度明确性和智慧的高度敏感性。灵感是以长期的、辛勤的巨大劳动为基础的，是在创造性劳动中出现的心理、意识的运动和发展的飞跃现象。灵感是由疑难而转化为顿悟的一种特殊的心理状态，有时候是无意识的突然兴起的神妙能力。

文创工作者的创作离不开灵感，有时候灵感一至，文思泉涌，一挥而就；而没有灵感，殚精竭虑，毫无收获。所以，很多文创工作者特别强调和钟情于灵感，或蜗居斗室、冥思苦想，或游走八方、探幽访胜，无非也是为了寻找灵感的源泉。

关于灵感的来源，艺术界有三种说法。一是神灵说，认为创作灵感来自神的启示，如古希腊哲学家柏拉图就认为："优美的诗歌，本质上不是人的而是神的，不是人的制作而是神的诏语，诗人只是神的代言人，由神凭附着。"；二是天才说，认为创作灵感是艺术家"天生的心理禀赋"，这种观点特别强调个人特质和先天因素；三是实践说，认为创作灵感来自客观世界的真实体验，是在实践中获得的，这种观点为广大艺术工作者普遍接受。艺术工作者的创作实践和成长经历也证明了灵感来源于实践。

3. 需求是文化创意产品产生的动力

随着经济的发展，消费在不断升级。根据马斯洛需要层次论，人的生理需求、安全需求、社交需求、尊重需求以及自我实现的需求是逐级递增的，当低层次的需求满足以后，需求就会要求更高层级的满足。现在，随着经济发展和时代进步，彰显个性、自我实现和审美需求逐渐成为这个时代的消费者新的需求。人们的生活方式发生了改变，欣赏音乐、参观展览和收藏艺术品等成为越来越多的人选择的生活方式，而文化创意产品中所蕴含的文化要素、科技要素也是满足消费者精神需求的主要吸引力。

创意产品和服务带给人们的效用，比较偏重精神层面，通常比普通产品与服务效用层次高。人们对创意消费的效用追求建立在基本消费效用满足的基础上，因此，社会经济基础对创意消费有较大的影响。

消费者效用的偏好是受多种因素的影响的，如消费者的教育程度、个人价值取向及个人审美水平等内部因素影响，再加上广告刺激、他人意见和消费情境等外部因素影响。这些因素因个体差异、时代背景等发生变化，而且创意产品这种本身就以主观观念价值为基础的特殊商品，消费者效用偏好变化更具有易变性和不确定性。

有效需求指的是拥有购买意愿和购买能力，因此，创意消费者的收入和创意产品的价格也是决定消费行为的最主要因素。不过，也有其他因素影响需求。创意产品消费有时候容易出现炫耀性消费或符号性消费现象，那么这个时候，由于创意产品的稀缺性或独特性，导致其价格越高，需求反而越大。另外，除了收入和价格因素外，创意消费还受到文化氛围的影响和自由活动时间的影响。

人们在创意消费中完成某种个性化的认同和自我身份的塑造，这就要求创意生产更重视消费者的个性化的需求。与传统产业中消费者一般是产品的被动接受者不同的是，创意产品的消费者对产品具有更强势的话语权，甚至是设计权，如消费者需要创意产品进行个性化定制。

6.1.5 文化创意产品的价值实现路径

从产业角度分析，以创意核心产业为主线，创意支持产业、配套产业和衍生产业为辅线而形成的产业系统，是文化创意产业价值实现的产业系统内容。文化创意产业需要产业集群所形成的产业链或相关产业的支持、配套和衍生，才能造出经济价值和社会价值。这一产业集群价值效应，在很大程度上依赖于区域经济发展条件和区域政府的产业规划与产业政策。

从产品角度分析，在文化创意产品价值的形成过程中，一般产品生产过程中的供求机制、价格机制、竞争机制等价值规律都会作用于文化创意产品的生产和交易，文化创意产品价值生产和实现过程服从于一般价值规律。但由于文创产品的生成机理和特点，价值系统的隐性及显性部分会随着其附加的创意个性的不同而不断增值，因而企业要有效利用创意产品的特点，建立文化创意产品价值系统的持续生命力，使文化创意产品的价值实现最大化。

1. 挖掘产品的隐性价值，以创造文化消费

利用人类的创造力，将文化资源转化为文化内容，充分挖掘产品的隐性价值。文化创意产品的价值是其产品所具有的精神内涵内容，形式各异、内涵多样的文化创意产品因其内容而有价值。内容创意是文化创意产品价值实现的核心和基础，并且在文化创意产业价值链中占据着顶端的地位，在任何情况下，都能够控制产业链的关键部位。因此，文化创意产品的内容创意也成为能够吸引消费者的关键点。与传统产品的内容有着本质的差异，文化创意产品的内容创意可以是抽象的文化概念、文化服务等，以创意为动力，将各种文化资源与信息数字技术相结合，创造出惊人的经济社会价值。

文化创意产品是利用文化的内容进行创意，首先表现为内容决定产品，由于其相关的文化内容，必须关注其产品的文化品位和社会效应等。作为核心基础的内容创意，要转化为文化创意产品，生产成本高，并且不易计量，需要高技术强力支持。因此，必须依赖高技术的紧密联盟、与产业链中各个相关部门和行业的良性互动、风险投资的支持和国家优惠政策的大力推动。最后，与消费社会时尚浪潮化运作相呼应，依托深厚文化底蕴，立足创新性，是实现价值的良策之一。

2. 增值产品的显性价值，以引导文化消费

由于文化创意产品是一种观念产品，能够吸引消费者进行消费的，除了其内容的创意外，其载体形式，即显性价值部分，既要符合消费者需求，也必须通过一定的形式实现。文化创意产品的实现需要对内容创意进行产业化开发和生产制造等产业价值链的环节落地，以及运用各种媒体进行传播，帮助其市场流通，进而获取价值。

消费者对文创产品的消费需求来自对其所含文化内容的认可或欣赏，因此，消费者首先必须知晓产品及其内涵，对文创产品表现形式进行接受。同时，由于文创产品的价值有些是无形、隐蔽而且深刻的，需要通过营销推广加以诠释、渲染，以增加文化创意产品的故事力、感受力和娱乐力，使消费者感知、感受、感动，进而产生消费。有时候，文化创意产品需要经过多次反复的展示、推介、宣传，其价值才被逐步挖掘出来。这就要求生产商通过媒体推介，实现文化创意产品价值的增值。因此，媒介推介成为实现文化创意产品价值挖掘的重要环节。

3. 知识产权维护，以保障价值实现

知识产权是智力成果权，赋予创造者对其智力成果的各项权利，知识产权对权利人提供了对创新成果的专有、垄断的合法保障，为创造性劳动所创造的价值提供了合理的利益分配机制。若缺少了知识产权的保护，那么文创产品的发展就很难顺利进行下去。

创作者在分工与合作中，要注意约定好知识产权的分配事项；文化创意产品企业要制定企业内部商业秘密保护制度、与相关人员签订文创成果的归属合同等。有一些文创人员在进行发明创造实物的展示前就开始进行专利申请，即"预期性专利申请"。在文创产品的传播与销售阶段，也要通过知识产权执法部门打击侵权者。文创产品的消费阶段，消费者的知识产权保护意识也很重要。

美国制定了《专利法》《商标法》《版权法》《反不正当竞争法》《互联网法》和《软件专利》等版权保护体系。美国联邦政府还设置了管理体系，其主要职能是负责知识产权的事务性工作以及新技术的推广和转让，如，美国专利商标局负责专利和商标的受理、审查、注册或授权、公开等，美国著作权局负责著作权的登记和管理，美国商务部负责国有专利的推广。

英国是最早颁布法律来保护知识产权的国家，早在1623年就颁布了《垄断权条例》，这是世界上最早的正式而完整的专利法；1709年颁布了《安娜女王法令》，这是世界上最早的现代意义上的著作权法。英国知识产权局在鼓励创新、推动技术成果转化方面也起着重要作用。在英国，申请专利和商标、注册设计是比较方便的。近几年，英国扩大了知识产权的保护范围，如录音、音乐、戏剧、计算机软件等都在保护的范围之内，前提条件是原创作品。另外，基因、蛋白质、植物新品种、地理标志、数据库、有艺术创意的广告、翻译过来的国外作品等，也被列为知识产权保护的范围。这些都鼓励人们进行创新，同时也让所有人受益。

澳大利亚也有版权局和知识产权局两个独立单位对不同类型知识产权进行管理。

版权局主要负责版权管理，属于澳大利亚司法部下的分支机构，主要负责版权法事务管理，为政策立法提供建议，向公众普及版权知识，并不涉及具体的版权侵权查处。另设联邦版权管理处，负责版权的强制许可申请的批准。澳大利亚知识产权局负责专利、商标、外观设计和植物品种的管理。

中国的《商标法》在 1983 年就开始实行，在专利权和商标权的保护上实行先申请登记先保护的制度，而著作权和商业秘密权的保护则是自动取得。中国的知识产权保护，有行政保护和司法保护两种途径。主要履行保护知识产权职能的部门，有国家知识产权局（专利权）、国家工商行政管理总局（商标权和类似权利）、工业和信息化部（互联网域名权）、国家版权局和新闻出版总署（版权）、国家保护知识产权工作组（涉及知识产权保护各部门的协调）、农业部和林业局（植物新品种权）、国家质量监检验检疫总局（原产地名称）、海关总署（边境知识产权）和文化部等单位，最高人民法院、最高人民检察院拥有司法管辖权。行政执法的部门主要是著作权行政管理机关、专利行政管理机关、工商行政管理机关、海关执法机关和公安机关等。此外，各地城管监督部门也在查处、遏制盗版活动中发挥重要作用。国务院修订的《专利法实施细则》和文化部出台的《全国文化市场知识产权保护专项执法行动方案》等，都起到了加强创意产业的知识产权保护的作用。

延伸阅读

《月亮之上》有没有抄袭《敖包相会》？

2005 年，《月亮之上》是凤凰传奇的热门歌曲，红遍大江南北，其词曲作者署名是何沐阳。2006 年，达斡尔族著名音乐家通福之女色日玛在一次偶然的机会下听到了这首《月亮之上》。令她感到吃惊的是，《月亮之上》中有一段蒙语长调是《敖包相会》里的曲调，而《敖包相会》正是由自己的父亲通福创作的。但《月亮之上》整张专辑并没有就这段音乐引用的署名，而且色日玛作为这首歌曲著作权的唯一继承人也从未对此进行过许可，更未得到相应的报酬。于是，色日玛与《敖包相会》的另一名词曲著作权人玛拉沁夫将《月亮之上》的词曲作者何沐阳及音乐 CD《凤凰传奇——月亮之上》的销售商、出品商一起告到了法院，要求判令被告立即停止侵权行为，并在全国有影响的专业媒体上公开赔礼道歉、消除影响，同时赔偿经济损失 20 万元，承担本案支出费用 1 万元。

案件审理中，双方就涉案 6 小节的归属展开了激烈的争论，被告方认为，涉案 6 小节来自民歌《韩秀英》，并非抄袭《敖包相会》。在一审判决中，法院经过对《韩秀英》《敖包相会》两件作品的比较，认定涉案6小节均源自民歌《韩秀英》，《敖包相会》改编者通福对此6小节并不享有著作权。案件宣判后，色日玛对判决不服，向北京市第一中级人民法院提出上诉。

　　2011年，此案终审判决。二审法院将1952年通福的歌曲手稿与1949年版民歌《韩秀英》曲谱进行了再次对比，认为涉案6小节中，除第三小节完全相同外，其他各小节均有较为显著的差异，所对应的曲调也有较为显著的不同。据此认为，《敖包相会》的涉案6小节并不来源于《韩秀英》，色日玛认为其对涉案6小节享有著作权的主张具有事实与法律依据。法院认为，《敖包相会》的涉案6小节与《月亮之上》的对应6小节曲调基本相同，何沐阳、孔雀廊公司、广东音像出版社的行为均已构成对色日玛著作权的侵犯，应共同承担停止侵权、赔偿损失的民事责任。

6.1.6　文化创意产品的生产方式

　　文化创意产品的生产方式是指文化创意产品的生产过程中使用的方法，包括思维方式、生产材料、产品定位以及生产指向等。根据这些指标，可以将文化创意产品的生产方式分为作者生产方式、配方式生产方式和再生式生产方式三种。

1. 作者生产方式

　　作者生产方式是由文化创意产品的作者来进行生产的生产方式，包括两大类型：以某一个核心人物为中心和主导的文化创意产品生产单位，或是在其文化生产及产品中具有与众不同的个性化追求的组织。目前最常见的是各种以导演为核心的摄制组、独立制片公司；以创作者为核心的图书、音乐、动漫工作室等。这种生产方式的主要特点是追求个性与追求创新。在作者生产方式中，创作者的作用尤为突出。

2. 配方式生产方式

　　配方式生产方式是按照一定的配方，对题材、立意、表达方式等因素进行组合或搭配来生产，是大众文化产品的生产方式。与作者生产方式相比，配方式生产方式是同类型的、模式型的、反复复制的。文化产业的繁荣离不开配方式生产，因为配方是深谙市场的生产者们总结出来并且得到了消费者认可的。

　　配方式生产方式主要有三个特点：一是不以生产方面的创造性人才为核心，而是由市场型的经营者掌控整个团队。目前电影的制片人、歌手的经纪人地位不断上升就是这一点的体现，好的经营团队才能打造优秀的作品。二是组织中具备齐全的生产销售部门，生产过程相对标准化，销售地位突出。三是较容易形成规模经济。

3. 再生式生产方式

　　再生式生产方式是文化产业中对人类历史上已有的文化资源进行再利用而生成新

的文化产品的生产方式，挖掘文化资源新价值，将文化资源产品化。通常是以当代创意思想整合文化资源，或用现代商业机制支撑文化资源产品化。

6.2　创意生产者

早在 1960 年，西奥多·舒尔茨就在美国经济学年会的演说中首次提出人力资本理论，并促使人力资源管理成为经济学的一门正式的分支学科。费雪、贝克尔、明赛尔、丹尼森等经济学家也从不同角度对人力资本进行了论述。人力资本理论认为，人力资本具有创造性、创新性，有效配置资源和调整企业发展战略。随着后工业化时期和知识经济的来临，人力资本将比货币等硬性资本具有更大增值空间。人力资本理论为"创意"和"创意者"成为知识经济体系下价值创造的源泉提供了理论依据。

创意是人的智慧、思想和才能等创造性思维和人性化特征的表现，是衍生出新奇而有效用的主张的能力，是文化的创意观念、审美的创意观念和产业的创意观念的整合。创意对于现代新经济具有驱动作用，创意具有裂变效应，"一盎司创意能够带来无以数计的商业奇迹"。

创意作为一种隐性资本，是由创意者创造产生的，创意者占据了创意产业链最上游位置，他们所从事的这种创造价值的活动，改变了传统产业中必须有实体生产才能创造价值的观念。

创意活动可以分为艺术创作和融入传统产业中的创意活动。艺术创作包括文字书写、声音、图像录制、视觉印象和现场表演等，创意活动包括工业设计、建筑设计、时尚设计、广告和咨询策划等。

创意者，主要包括艺术家，如画家、作家、演员、演奏、编剧、词曲家、乐队指挥、摄影、摄像、动画和魔术等艺术创作人员，也包括设计师，如服装设计、建筑设计、装潢设计、动漫设计、游戏设计和广告设计，还包括一些能够为创意企业提供有价值的内容的所谓草根的非专业工作者或业余爱好者等。

能够提供有价值的创意思想的普通者所构成的非专业的创意者，存在的形式多种多样，如"众包"。他们本身可能是创意产品或服务的消费者，了解消费者的喜好和需求以及消费习惯，他们也许能产生比较迎合消费心理的新创意。"众包"是企业通过互联网络将工作分包给大众，任何参与者（业余爱好者）都能够借助网络平台来提供创意、解决问题并获取相应报酬。"众包"不仅为有思想、有热情的人们参与到创意生产过程提供了可能，也为企业的创意活动提供了新途径。

创意生产者，是指一些专门从事创意产品的个人或企业，其主要任务是使创意产品的制造和服务成形。在原创的思想和设计进入创意生产环节之前，其价值都是没有被体现出来的隐藏性的价值。如，一个游戏设计，在游戏开发者将其编码成一个可以上线供人们体验的游戏之前，这个新颖的思想还没有机会被证实是可创造价值的；一个故事需要被作者创作为文字、经过出版商的印刷和大量传播之后，才有机会实现价值增值。

创意生产者包括个人和企业。一般的艺术创作不需要大规模产业生产的创意生产者，采取创意个人形式。需要将创意元素融入传统产业中进行规模生产的，则采取创意企业形式。

创意型企业，区别于一般企业的特点在于：创意型企业的生产要素除了包含传统企业劳动力等要素外，最重要的要素是创意的思想。创意型企业是知识型企业，它是脑力劳动者知识和精神的结晶。也因此，创意型企业的成本结构中，创意成本占很大比重。

6.2.1 创意阶层

创意阶层是指所有从事需要创意的职业的人，包括科学家和工程师、诗人、艺术家、设计师、卫生和法律从业者、高科技和知识密集型行业的从业者。根据美国区域经济发展学教授，即《创意阶层的崛起》的作者理查德·佛罗里达的定义，创意阶层是指工作中包含较多创造性成分的群体，比如科学家、工程师、艺术家和娱乐业工作者，会计师、医生和律师这类传统的白领工作也包括在内，因为他们的工作也需要创造性地运用一套复杂的符号体系。

创意阶层涵盖了创意生产、创意策划和创意经营管理方面的人才，这三类人才统称为"创意人才"，指那些掌握较高水平的知识和创新能力，能够运用自己的创作技能和手段，把特有的表达内容和信息转换为新的创意产品或服务，能够推动该产品或服务的生产、流通和经营的人。

理查德·佛罗里达认为，相对按令行事的工作阶层或服务业阶层的人来说，创意阶层的人善于构思和解决难题，有较多的自主权和灵活性。工业经济时代产生劳工阶层，商业经济时代产生大量服务阶层，知识经济时代产生大量创意阶层，是智慧型人才。中国知识分子正在经历"文化人"到"创意人"的转型期，如出现了大量"新媒体人""经纪中介人"等。

6.2.2 创意人才

创意能力包括感知力、记忆力、思考力和想象力。富于想象是创意人才的特点之一。想象是指人们在头脑中改造记忆的表象而创造新形象的过程。想象能力将这种形象进行再现。创意人才以创新为工作甚至生活本身，以创新为乐，有强烈好奇心，勇于探索。相对来说，年轻人和男性比例比较高。创意人才往往具有独特个性，尊重差异化、不因循守旧和喜欢开放的环境，多以自由职业者形式工作。

创意人才往往勇于挑战常规，可能有一些特立独行的行为方式；一般对新生事物和新的变化具有高度的敏感性，往往是时尚前沿的风向标；往往是思维发散、爱好演绎的人，表现为不愿受现有知识的约束，常是风险偏好人群，这些特质决定了他们更愿意选择在宽容度较高，更加重视自我价值实现的环境中工作，而这种环境往往与经济发展水平及人群整体素质等有密切的联系。

在全球化时代，可供创意人才选择居住的城市越来越多，社会地位的象征物也不再仅仅是经济收入等外在事物，有志青年完全可以在科学和文艺等诸多领域一显身手。创意人才在城市之间的迁移，也会逐渐从外在的经济驱动转变到内在的心理驱动。他们不一定只在意经济收入的数量，而会更看重发挥才能的机会和个性张扬的空间。

6.2.3 文创人才

文化创意产品从产生到形成产品、进入市场、进行后续开发，形成了一条完整的创意产业价值链。根据文化创意产品价值链的不同环节，把创意人才分为三类：文化创意生产者、文化创意策划者和文化创意产品的经营管理者。

文化创意生产者指生产文化创意的原创者，包括艺术家、艺术创作者，如画家、作家、编剧、词曲作者、演员、乐队指挥、演奏、摄影、摄像、动画和魔术等，设计师，如服装、建筑、广告、装潢、动漫和游戏等，以及民间艺术家和民间手工艺人等。文化创意的生产者从某种程度上说是稀缺资源，文化创意生产者位于创意产业价值链顶端，其工作成果将直接影响到文化创意产业价值链的延伸空间。创意也并非只是创意人才独有的天赋，尤其是在数字时代，数码设备和互联网的发展为每一个人提供了施展才华的机会，如博客、播客、闪客、维客、魅客、沃客、拼客、换客、秀客、粉客、测客、极客、掘客、淘客等。而专业的文化创意生产者，也能通过应用数字技术为创意找到更适合、更完美的展现方式。

文化创意策划者指创意生产的管理者和组织者，致力于创意以最完美和最恰当的形式进行展现，包括导演、策划人（如广告活动策划、项目策划等）、策展人等。文化创意产品要进入市场，形成产业，就需要文化创意策划者对产品的设计和生产过程进行整合资源，包括人力、物力、财力资源，将产品推向市场。文化创意策划者不仅要懂市场需求，善于策划，还要有一定的艺术鉴赏能力，能够敏锐地发掘产品价值。策展人是组织策划艺术展览的人，受过艺术训练，具有筹集资金、公关、推广能力，利用专业优势，通过学术眼光，把作品推向市场。策展人，集策划、采访、写作、艺术评论角色于一身，为艺术家和公众建立沟通的桥梁。

文化创意产品的经营管理者指通过文化创意产品的经营,实现创意产品价值的管理者,了解文化创意产业内容,擅长经营管理,包括公司经理、项目经理、经纪人、中介人、拍卖师、评估师、制片人、画廊经理和书商等。

许多文创产品的原创者不了解市场,其作品虽然可能具有较高的艺术性,但是缺乏商业性,从而难以实现价值,需要经营管理人才对其产品进行专业的商业运作,评估创意,控制和降低风险。而且文化创意产品的生产者往往不喜欢受拘束,灵活的工作时间、地点及方式,其工作特点决定了他们很难同时兼顾创意产品的生产与产品的经营管理两者。文创产品的经营管理者既要具有计划、组织、领导和控制职能,还要具备创新精神,掌握知识产权相关的法律,通过统筹、规划和运作实现目标。

一个宽松、包容、多元化文化的社会,容易吸纳文创人才,有时候作家、设计师、音乐家、导演、演员、画家和舞蹈家的人数比例可以用来衡量社会的开放度。吸引文创人才的城市也有一些共同特点,如文创产业的发展程度、成熟的公共服务和法律环境以及城市的文化魅力。

多数创意工作者生活在没有保障的状态中,这种状况在未来很长一段时间里还将持续。许多艺术家与音乐家有时被迫寻找第二职业以增加收入,比如进入酒店业、公共或私人管理和物流业等。但是即便是这样危险的就业情况,也不能阻止年轻人在未来从事创意活动。他们期望可以跻身于少数成功的创意产业企业家之列,有时被称为文化企业家。

延伸阅读

英国创意职位分类

以下是来自2014年的英国创意职位分类资料。英国广告业的创意职位包括市场与零售人员、广告印刷相关人员、公共关系专家、广告管理人员、广告创意人员和市场管理专员;建筑行业的创意职位包括建筑师、城市规划师、特许建筑技术人员和建筑与规划技术人员;工艺制作业的创意职位包括锻造工、纺织工、玻璃与陶器工、装饰与安装工、家具与木器制作工和其他工艺制作者;设计方面,包括产品、形象与时尚设计业,其中,创意职位包括图片设计,产品、服饰及相关设计;电影、电视、音响、广播与摄影业,其中,创意职位包括艺术产品制作,摄影、影像与广播制作;IT、软件与计算机服务业,其中,创意职位包括信息技术与电信、IT商业分析、制造与设计,软件开发人员、网站设计与开发人员;出版业的创意职位包括期刊、报纸编辑,作者、作家与翻译;博物馆、艺术馆与图书馆业的创意职位包括图书馆员、档案保管员;音乐、表演与视觉艺术业的创意职位包括艺术家、演员、舞者与编舞、音乐人。

6.2.4 文化创意企业形态

1. 工作室

作者生产方式的团队往往是采取工作室的组织形式,在一个工作室内进行创作,生成文创内容,然后用轻模式加工成文创产品,再销售,从而盈利。

2. 大制片厂

大制片厂是以流水线和大规模生产为特征的文化创意产品生产组织。比如,好莱坞有一套完整的电影生产体制,包括公司内部机构、流水线生产、影片的生产、商业策略的选择等。大制片厂的产品往往有程序化、类型化的特点,所以有规模经济的优势,同时也有为人诟病的"千篇一律"的缺憾。

3. 企业集群

企业集群是多个产业集团合作形成的商圈形式。集群化带来外部性规模经济或范围经济,集聚区能容纳规模较小的创意主体;一些有着艺术创意改造空间的旧厂房痕迹地址,为创意提供设施条件和较低成本的场所;同时,产供销的集聚,还减少了信息不对称,节约社会交易成本;集聚区的艺术经纪人也相对集中,可以帮助该区域的创作者进行交易和转换,减少沉没成本。以上这些因素,都一定程度上降低了文创产业的进入壁垒。而且,集聚区的品牌能带动区内的知名度很普通的创作者,从而降低了文创产业的品牌壁垒。集聚区集聚了一些创意人才,降低了相应的人才成本,加上集聚区的公共性的基础设施,因此降低了文创产业的投资壁垒。集聚区还有一些配套政策、制度环境、市场规模吸引力以及交流的氛围,对创作者的发展有利。集聚区往往设在有文化机构、科研机构和高等学校的城市,通过产学研合作和聚类心理可以引进知识资本,还会产生知识外溢效应以及形成环境文化和文化认同。

目前,我国文创产业集聚区有以下几种形成模式:第一,校企运作型,通过高等院校的智力优势背景,通过整合资源对老厂房进行统一改造的模式,这是建立在院校品牌之上的一种延伸服务。第二,依托老厂房、老建筑改造型,对工业历史建筑的保护性开发,为老仓库和老大楼注入新产业元素,使得一些工业老建筑所特有的历史底蕴和文化内涵得以延伸,为各城市文创产业的发展提供了得天独厚的优势资源。第三,依托传统布局型,在现有产业结构的基础上建立相应的创意产业基地。第四,全新创造型,现在很多城市都有这个类型。

长远来看,城市中的文化生活将长期活跃于高收入、保守但具有时代精神的消费者与边缘化的城市居民二者之间,文化与创意产业用不同的方式满足二者的需求。

6.3 内容生产

文化创意产业的核心就是内容，有自主知识产权的内容创作和知识生产是文创产业链的源头，包括文学、时尚、娱乐、艺术和科技等类别。

6.3.1 内容生产的类型

1. 文学类

文学类内容生产，主要指网络文学，即以网络为载体而发表的文学作品，如长篇小说、连载文学，或是一条微博或一条帖子，其中，小说形式最为常见。网络文学分为以下几个类型：一是已经发表的又通过电子扫描技术或人工输入等方式进入互联网的文学作品；二是直接在互联网上进行"发表"的文学作品；三是通过计算机创作或通过有关计算机软件生成的文学作品。

网络文学中也存在一些与传统文学体裁类似的作品，如诗歌、小说和散文等。但由于与网络相结合，这些作品又有了一些自己的特点，甚至有些网络小说就是作者在与读者的即时互动中完成的。网络文学是以网络为载体而发表的文学作品，其本身并没有一个明确的界限。网络文学所具有的特征并不局限于所传播的一个媒介，更重要的是这样的一个文学形式在传播过程中形成的一种写作特征和行文方式。

新文学体裁的划分，虽未被广泛认同，但确实存在。论坛里有些通过接龙创造出来的故事，以及利用"队形"达到特殊效果，被认为是一些新的文学形式。

网络文学最常见的是小说。篇幅在几千到 2 万字之间的属于短篇小说，篇幅在 3 万~10 万字之间的是中篇小说，长篇小说往往在十几万字以上，中长篇有 50 万~60 万字，大长篇有 80 万字以上，超长篇可达 150 万字以上，巨长篇甚至有几百万字数。

中国社会科学院发布《2019 年度网络文学发展报告》，报告显示网络文学用户数量已达 4 亿以上，半年增长率达到 5% 以上，超过 1/2 的网民都是网文读者，国内网络文学创作者已近 2 000 万人。

网络文学的载体多种多样，有网站或论坛以纯粹交流写手的作品为目的的，或者是办一份电子刊物的，不采用传统媒体；也有网站或论坛以类似于传统媒体的手段推销写手的作品的，也有传统媒体在网络上寻找适合纸媒的作品后出版的，还有利用无偿的、平民性的写作平台如博客之类来增加广告收入的。但是那种在网站或论坛上购买传统媒体作品的版权，并在网上进行付费下载与阅读的，不能归入网络文学。

网络文学的来源有以下一些：文学爱好者创作的作品，以小说为主，偶尔也有诗和散文等；首发于网络，以网络平台作为进入传统媒体的跳板的作品；为了表达自己的观点、看法或情感而写的，文学性较弱、体裁多样的内容；还有为了推广自己的公司或产品的软文。

作者多数是年龄偏小的，甚至还有的是很小的孩子，但其中不乏有一些已经写得比较深刻而有内涵的、文学性较强的作品。年龄偏小的作者往往以抒发感情、获得认可，或是为了赢得互动与社交为动机；年龄较大的作者，比较大的比例是抱着一定的商业动机而来的。

网络文学的传播比传统纸质媒体更便捷，也更容易形成互联网内容创业的产业链。网络小说文学成为最快捷，而且成本最低的文化消费品，并将形成越来越多的IP。

大资本与网络文学网站将形成一种既合作又竞争的关系，同时，版权交易和开发服务也将产生很大的经济与社会效益。

实时回复、实时评论和投票是网络文学中的常见形态。由于网络文学传播的快速、便捷和互动性，导致知识产权不易受到保护。著作权问题是关系到网络文学发展的一个难点。

> **延伸阅读**
>
> **"中国网络侵权第一案"**
>
> 1999年，王蒙、毕淑敏、风轻扬等六位作家状告"北京在线"网站侵权，引起网络界和文艺界的广泛关注，判决结果引发争议。六位作家状告"北京在线"网站，未经许可将他们享有完全著作权的文学作品，如《坚硬的稀粥》《一地鸡毛》《预约死亡》《黑骏马》登载到网上，法院最后判决六位作家胜诉。
>
> 法院指出，作品上网是作品传播的一种新方式，作品的数字化行为本身不具有著作权法意义上的独创性，作品载体形式与传播方式的变化并不影响作者对其作品享有的专有权利。因此，被告未经允许将原告作品上载到互联网上，侵害了原告对其作品享有的使用权和获得报酬权。被告应停止侵权，在自己的网络主页上刊登致歉声明，并赔偿原告经济损失。
>
> 此案被称为"中国网络侵权第一案"，其审理结果对网上著作权保护具有深远意义。有业内人士认为，"过度保护网上版权会阻碍网络的发展，特别是中文网络信息资源还处于匮乏的阶段，现有作品的数字化也是促进我国文化传播的一项任务"。

网络写手目前的生存环境是普遍签约率低。写手签约获得收益的情况是少数，能获得大众认可、有作品出版的人就更少了。大量网络文学作品的作者无回报，也没有签约。

网络写作的意义不亚于一次文学革命。中国当代文学发展近 30 年的最重要的变化之一，就是网络文学的出现。网络写作现已不单单是一种文化现象，它已成为一种社会形态。

那些在网络上创作的工作者们，他们需要一个身份的定位，需要一个合法的社团接纳他们。在全国成立一个引领、指导和规范网络文学创作、研究的国家级社团，中国文联或者中国作协成为它的主管部门，民政部成为它的登记部门，由中国作协会员领导。网络文学社团，从时间上说，与传统文学社团相比，尚处幼年。网络文学社因依靠互联网、高科技的支持，已经显示出了超过以纸张为载体、印刷技术为依托的传统文学社的优势。相同的时空里，网络文学社能容纳比传统文学社数量大几十倍的作品，给广大文学爱好者提供了更多的欣赏、阅读作品的机会和更大的展示自己文学才华的空间。

2. 娱乐类

娱乐类包括的范畴很广泛，其中，动漫娱乐类文创产品是以"创意"为核心，以动画、漫画为表现形式，包括动漫图书、报刊、电影、电视、音像制品、舞台剧等动漫直接产品的开发、生产、出版、播出、演出和销售的产业。

我国动漫产业起步于 20 世纪五六十年代，近年来，国漫发展迅速，大多以工作室和大制片厂的形式制作，质量显著提升，有着广泛的发展前景。动漫产品本身有巨大的市场空间，而其衍生产品的市场空间更大，比如食品、玩具、服装等行业。

综艺节目（Variety Show）是一种综合多种艺术形式并带有娱乐性的电视节目，给观众带来轻松、欢乐或资讯等。现在逐渐产生互联网综艺节目，脱胎于传统电视综艺节目，依托于互联网进行传播，是一种新兴的综艺形式。

音乐艺术类发展迅速。随着国民生活水平提高，音乐艺术需求不断提高，《中国好声音》《我是歌手》等音乐综艺节目热度居高不下，音乐类 APP 产品也日益火爆。互联网对音乐行业最大的颠覆就是将一些有价值的传统资源免费化，将精英文化平民化。因为互联网的本质是分享与创造，音乐产业有了互联网充当载体之后，用户可以是消费者、传播者，也可以是创作者。于是用户自由创造音乐的互联网机制冲击了原有的高冷的流行音乐制作发行机制，互联网颠覆了音乐的传播、发行、创作、录音制作及艺人经纪等各个领域。音乐产业还要面对版权危机，音乐版权之争将成为行业焦点。如《中国好声音》《我是歌手》在互联网上被独家授权之后，几乎难以看到盗版。

影视类包括影视作品创作、网剧创作等。

旅游演艺类将文化与旅游进行很好的融合。

3. 体育类

体育竞技类，主要以体育内容平台为主，如乐视体育等。

电竞手游类是近几年异军突起的行业，以青年人热衷的电竞手游为主要承载形式，以游戏直播、手游周边、电竞比赛等形式呈现。电子竞技正在成为一种全新的体育运动。

电子竞技（Electronic Sports）是电子游戏比赛达到"竞技"层面的体育项目。电子竞技是以电竞游戏为基础，以信息技术为核心的软硬件设备为器械，在信息技术营造的虚拟环境中，在统一的竞赛规则下公平对抗的电竞游戏比赛。

电子竞技就是利用电子设备作为运动器械而进行的、人与人之间的智力和体力的综合比拼。通过电子竞技，可以锻炼参与者的思维能力、四肢协调能力以及意志力，培养团队精神。

2003年11月18日，国家体育总局正式批准，将电子竞技列为第99个正式体育竞赛项目。2011年，CCTV5《体育人间》播放电子竞技特别节目。2018年，雅加达亚运会将电子竞技纳为表演项目。2018年2月，中国首个高校电竞体系化联盟"富联盟"成立。2019年1月29日，中国人社部发布公示通告，拟发布15个新职业，其中包含了电子竞技员、电子竞技运营师这两项与电竞相关的职业。2019年12月16日，新加坡成立了电子竞技的最高组织机构，即国际电子竞技联合会。2020年12月，亚奥理事会宣布电子竞技项目成为亚运会正式的比赛项目。

2020年8月15日，《中国游戏产业报告》最新数据显示，中国电竞用户规模已达4.84亿人。2021年8月底，为防沉迷，部分电竞赛事宣布未成年选手不得参赛。

2021年11月5日下午，杭州亚组委竞赛部的部长朱启南在发布会上，代表杭州亚组委，首次公布了2022年杭州亚运会电子竞技的小项设置，其中，《英雄联盟》《王者荣耀（亚运版）》《和平精英（亚运版）》《炉石传说》《刀塔2》《梦三国2》《街霸5》和《FIFA Online 4》等8个项目入选。

电子竞技运动有两个基本特征，即电子与竞技。"电子"是其方式和手段，指这项运动是借助以信息技术为核心的各种软硬件以及由其营造的环境来进行，类似于传统体育项目中的器材和场地。在电子竞技中，"器材"是由信息技术来实现的，这是电子竞技与传统体育运动的不同之处。"竞技"指的是对抗，这是体育的本质特性。作为一个体育项目，对抗是最基本的特征。电子竞技有多种分类和不同项目，但核心一定是对抗。

因此，电子竞技绝不等同于网络游戏。随着游戏产业的发展和电竞项目的不断更新，电子竞技早已不再是局限于IP直连或局域网的单机游戏了。尽管网络游戏在发行、运营、付费方式和游戏的平台构建上都有很大的不同，但这并没有影响那些平衡性与对抗性很强的网游加入电竞项目中。

电子竞技与网络游戏的区别在于以下几个方面：

第一，基本属性不同，网络游戏属于娱乐游戏，而电子竞技属于体育运动项目；网络游戏是在虚拟的世界中以追求感受为目的的角色扮演，而电子竞技则是在信息技术下的虚拟环境中，有组织地进行人与人之间的智力对抗。

第二，电子竞技的最大特点是有明确、统一的比赛规则，严格的时间和回合限制，而网游缺乏明确、统一的比赛规则，也没有时间和回合的限制。

第三，电子竞技比赛是运动员之间的公正公平的体育精神的竞赛，通过人与人之间的智力和体力对抗，决出胜负，而网络游戏主要是人机之间或人与人之间的交流互动。

第四，电子竞技注重于思维能力、反应能力、心眼四肢协调能力、意志力以及团队精神，而网络游戏注重娱乐体验感，部分网游甚至只需付费充值就能取得游戏中的某种优势，这也是电子竞技有别于网络游戏的重要不同点。

电子竞技基于电视游戏、电脑游戏和智能手机游戏平台，国际上作为电竞赛事的游戏多为直接对抗的游戏，广为人知的电竞游戏包括《穿越火线》《星际争霸》《星际争霸Ⅱ》《魔兽争霸Ⅲ》《刀塔2》《英雄联盟》《王者荣耀》《风暴英雄》《雷神之锤》《绝地求生》《和平精英》《帝国时代》《守望先锋》《FIFA》《炉石传说》等。

电竞赛事一般以联赛的方式举办，一年举办一次，或一年分多个赛季。

电竞选手即"电子竞技运动员"，是指那些出类拔萃，经过层层选拔，有资格参加电子竞技比赛的职业玩家。与传统体育项目的运动员一样，职业选手要对一款游戏或一个项目经过长时间的练习。选手分为职业选手和业余选手，区别在于业余选手只会以业余的身份参加比赛，而不以游戏为职业。职业选手隶属于某家俱乐部或战队，是雇佣关系。

电竞俱乐部又称战队，和体育联赛，如NBA等俱乐部一样，是由运动员相聚而组成的互益组织。职业战队一般拥有独特的标识，如队标和队服等，以及进行统一的作息安排和管理。随着行业的逐步规范，职业战队出现了越来越多的新角色，如领队、教练和分析师等，负责战队的幕后工作，如进行选手的指导和比赛的分析等工作。

电竞还有一个重要角色就是赞助商。俱乐部的运作离不开赞助商的支持，赞助商提供经费、实物或相关服务等，而俱乐部或赛事组织者为赞助商进行商业宣传，二者形成合作关系。

随着中国电竞的发展，中国国内赛事和战队对赞助商的选择也越来越慎重。业余战队一般没有赞助商，有的会有网吧或个人提供赞助。

4. 时尚类

时尚内容生产是指提供时尚内容给用户观看，通过时尚内容影响用户的时尚理念、品牌认知、消费观念与行为等，用户对喜欢的时尚内容完成点赞、评论等互动行为。

时尚内容生产涉及的领域有服饰穿搭、鞋帽、美妆、香水、箱包、珠宝、潮玩、电子产品、食品、运动健身、旅游和家居饰品等,其展现形式有图文、短视频、长视频和直播等。

时尚内容生产的一个重要载体是时尚 KOL(意见领袖),KOL 经常采用硬广形式协助品牌推广,带动新兴时尚品牌的成长,也助推传统品牌走向时尚化和年轻化。随着时尚成为一种寻常人的生活态度,时尚 KOL 的身份也逐渐多样化起来,大量不同行业、不同风格的人群加入时尚 KOL。时尚的概念被"破圈"的各路新人延伸和升级,"万物皆可潮"的时尚泛化也成为趋势。

时尚内容的呈现方式包括开箱测评、好物推荐、教程、街拍、旅拍、生活美学、快闪形式以及二次元等。由于不同网络平台的用户群体需求不同,各平台时尚内容也随之具有不同特点,微博的时尚内容覆盖领域最广,抖音平台的时尚内容更像是生活片段的记录,小红书的时尚内容中轻奢化的较多,B 站的时尚内容更贴近"00 后"人群的需求。

5. 知识类

知识类内容生产有很多种类,如科普、财经、读书学习、职场技能、外语、亲子教育、美食教程、旅游攻略、创业教程和生活技巧等主题,还有故事型,很受欢迎,而且垂直领域还可以更进一步进行细分。

知识类的内容生产,不局限于学术权威,有一技之长或者对某领域有一些经验和实践的人都可能成为互联网平台的知识博主。

延伸阅读

薛兆丰,曾是北京大学法律经济学研究中心联席主任,是得到 APP 上的专栏主理人,付费订阅用户超过 29 万,《薛兆丰的经济学课》成为最受欢迎的经济学课堂之一。后来在少年得到 APP 上开设《少年经济学》。

他长期关注信息技术与互联网商业在中国的发展,对法律、管制与经济增长之间的关系具有独特见解,在国内发表过数百篇经济评论和文章,观点鲜明、思路清晰、文笔干练。他作为网络"大 V",把经济学课程进行深入浅出的讲解,被誉为"有用又优美"的经济学课程。

2019 年 10 月 29 日,薛兆丰在《奇葩说(第六季)》担任导师。2020 年 5 月 15 日,薛兆丰参加江苏卫视节目《最强大脑之燃烧吧大脑(第三季)》,担任嘉宾。

6.3.2 内容创业

1. 内容创业的概念

在互联网时代，文化创意产业的核心就是内容。内容就是在文字、图片、语音、视频以及图文混合等原创内容的基础上，通过现有的平台（微信、微博以及各类媒体平台）进行传播，并拥有一定的受众，因此形成的商业行为，这就是内容创业。

内容创业，不局限于自媒体和微信公众号，这只是内容创业的一种形式，广义上的内容创业，包括以创造高质量的内容为手段的很多种创业方式。在移动互联网时代，微信公众号上阅读量过百万的爆款文章，抖音上美妆达人上传的化妆教程视频，或者是连载的网络小说，直播平台里主播的唱歌等，只要发布的内容有市场，都有可能形成一种内容创业。

社会化媒体的兴起，加剧了各平台对优质内容的争夺，同时，也引来了一批新的以深度内容为主打的自媒体创业者，越来越多的传统媒体人投入这一波浪潮之中。微博曾投入 1.5 亿扶持自媒体创作者，今日头条也推出了"千人万元计划"，为创作者提供万元"低保"，而几乎同时，淘宝也提出了"手机淘宝内容开放计划"，并宣布，未来三年内优质内容创作者共享 20 亿市场佣金。

移动互联网时代，"内容创业"以生产高质量内容为手段，以用户数和阅读量为目标，在注意力经济环境下，正在成为创业的一种浪潮。

据不完全统计，以深耕内容为主的自媒体估值过亿的已有不少，如罗辑思维的估值 13 亿元以上、熊猫自媒体联盟估值 2 亿元以上、12 缸汽车估值 1 亿元以上、一条视频估值 1 亿元以上、餐饮老板内参估值 1 亿元以上、新榜估值 2 亿元以上，估值千万元的更多，如酒业家估值 5 000 万元、十点读书估值 3 000 万元、灵魂有香气的女子估值 3 000 万元等。这些自媒体拿到融资后，也完成了从个人到企业机构的转型。

内容创业变现的方式主要是广告、电商和服务三种方式。广告是自媒体常见的变现方式，如基于广点通的社交效果广告、品牌促销、新品发布、KOL（意见领袖）的评论以及各种软性广告植入。自媒体做电商是一条比较理想化的商业道路，比较难，要求自媒体有专业化的知识技能、个性化的人格魅力，在行业内有一定的品牌影响力，同时也要具备后端的整合供应链的能力。服务也被很多自媒体认为是比较体面又能够长期带来盈利空间的变现方式，如新榜推出的影响力指数、品牌指数及各种分析报告等。服务注重的是专业性和用户体验。随着垂直细分领域的自媒体增多，以社群服务为主的自媒体日渐兴旺。

继社交产品、O2O 之后，资本青睐的内容创业，看重的是内容背后的庞大用户数目。

> **延伸阅读**
>
> **最奇葩的内容说出最独特的创业**
>
> 2014年年底,《奇葩说》这么一档听名字很奇葩的说话达人秀节目成了众多大学生和年轻白领口中孜孜不倦讨论着的话题。同时,随着第二季6.2亿点击量的飙升,第三季的热度仍不断攀升,《奇葩说》已经成了年轻人甚至众多中年人所热捧的一档网络综艺节目。
>
> 《奇葩说》这档由爱奇艺首席内容官马东亲自挂帅的节目到底靠什么在"90后"消费者中走红?其制片人牟頔表示,《奇葩说》在内容上的特点有四个方面:
>
> 第一,节目内容与生活息息相关。《奇葩说》踏踏实实地讨论生活中真实会出现的题,用最直接的方式给我们的受众以内容上的刺激。
>
> 第二,找到了对的人。这也是对目标客户喜好的精准把握。
>
> 第三,保证内容的新鲜度。在《奇葩说》中几乎看不到所有市面上能看到的心灵鸡汤用过的梗或者是段子手写过的段子,都是自创的,这样能够确保节目上讨论的话题是年轻人感兴趣的,从而吸引目标观众。
>
> 第四,《奇葩说》是一个有自己的价值观而从不强硬贩卖价值观的节目。很多人误认为这是个没有底线、没有价值观、什么都说、以噱头来博眼球的节目,其实不是的。蔡康永说:"《奇葩说》最大的价值观是什么?是你的价值观并没有那么重要。"这句话是什么意思?很多人非常执拗,生活在自己的执念中不可自拔。《奇葩说》从来不用道德绑架别人,也不生硬地告诉"90后"什么是对的,而是用辩论的方式提供两方观点,让你自己获取自己的价值观。这个恰好符合我们目标受众的习惯。

思考题

你认为《奇葩说》的内容有什么特点?

2. "互联网+"时代下的内容创业的挑战

"互联网+"时代下的内容创业,有以下几个方面的挑战:自媒体平台暴增,创业门槛降低;内容抄袭泛滥;内容渠道变现单一;内容创业中流量获取成本越来越高。

(1)自媒体平台暴增,创业门槛降低

在早期进行互联网创业时,需要依靠编程技术搭建起自己的网站或者APP,这需要一个很长的技术周期，而在2012年微信推出公众号之后，开始有大量的网民利用微信公众号进行互联网内容创业。

随后各种分发平台的出现，只要有很好的文字驾驭能力和多媒体运用水平，就可以让内容的呈现更具感染力、表现力，能够引起大众共鸣，即可圈粉拉新，形成品牌，在创业浪潮中突围而出。这就是目前成功的互联网内容创业者们的标准路径。相比之前要经历漫长的技术周期的互联网创业，自媒体平台的出现使得互联网内容创业的门槛大大降低。

（2）内容抄袭泛滥

在移动互联网时代，原创内容已经变得十分稀缺。互联网的本质是共享，在信息化时代，我们每天接收数以亿计的信息，虽然这让大家都能阅读到自己感兴趣的内容，但是在信息传播过程中也给一些伪原创者、文字搬运工带来了机会。只要一个帖子、一条视频火了，你就会看到各个平台都在转发这条内容。按理说巨大的转发量会给原创者带来非常大的曝光，甚至是金钱的收益，但是，在这个共享经济时代，大家还没形成尊重原创的意识，都是免费转发的，而转发过程中没有署名的情况也就构成了赤裸裸的抄袭，而且这种抄袭行为十分普遍，内容原创者也很难通过正规渠道维权，因此很多内容原创者放弃了这种无谓的挣扎，这更使得抄袭大行其道。

延伸阅读

友谊的小船说翻就翻

2016年4月，"友谊的小船说翻就翻，爱情的巨轮说沉就沉"这句话一下子火了。原创作者是"85后"的宅男漫画师"喃东尼"。喃东尼本姓赵，是山东临沂人，大学退学回家，专心创作漫画。这句话让他名声大噪。在采访中喃东尼表示，万万没想到这个漫画会这么火，刚看到网络上都在转发自己的这个漫画时很愤怒，觉得没有署名就是原原本本地抄袭，后来还有根据他的版本衍生出了不同的版本，可是想到告得了一个，告不了大众，就放弃了。在这个互联网共享社会，抄袭现象经常出现，盗取别人的知识产权让创作者蒙受损失的行为是不可取的，应坚决维护内容创业者的合法权益。

（3）内容渠道变现单一

互联网内容创业本质还是创业，其商业模式也一定要能经得起市场的考验，所以变现渠道就显得尤为重要。互联网内容创业的变现渠道总结起来有两种形式：广告和电商。广告和电商的商业变现方式依然无法脱离传统的广告模式，而且这种模式能否保持持续性的热度并不确定。

虽然内容创业热潮汹涌，但真正让广大的自媒体从业者通过内容创业变现的道路仍在探索之中，而且各大媒体平台、各大互联网公司和各种类型的自媒体人都在努力探索着。另外，广告和电商变现的方式虽然可行，但是如果在自媒体内容和广告变现之间不能实现内容一致性与一体化，那就很可能因为广告而丢失流量，如此一来，更是忽略了内容本身及其价值。

（4）内容创业中流量获取成本越来越高

内容创业中最为珍贵的就是流量，在这个门槛低、需求大的市场上，竞争者相当多，不同内容之间对流量的抢夺也越来越激烈。如何吸引流量成为所有内容创业者必须要面对的难题。目前现实情形是不少受资本青睐的内容平台占据了众多流量，而很多真正草根的内容创业团队很难拥有足够流量。

微信公众号的打开率也在逐年降低。2014年是微信公众号的红利期，在那时开通的公众号，只要写得一手好文章，做好跟用户粉丝的互动，就能做到粉丝上百万，每个月靠广告获得的盈利收入都不低。从2015年下半年开始，微信公众号的阅读量逐渐降低，阅读量超过10万的文章越来越少，流量已经被分散。而且今日头条等分发平台的崛起、各种短视频移动应用的普及，也导致了用户注意力的分流，使得流量越来越贵。

目前，想要单靠内容运营上百万的粉丝关注度可以说是难上加难了。在进行内容创业之前，互联网创业者们需要衡量自身实力，不可盲目进入。目前，内容创业呈现出多元化、垂直化、IP化、团队化的趋势，各种垂直社区、音频、短视频、直播先后崛起，各大内容平台不断丰富内容形态的规则，接入资讯、视频、直播、问答等多元化内容形态，助推内容创业行业发展。于是在内容创业不断发酵的今天，很多内容创业者凭着一腔热爱，只有内容，不懂运营，缺乏流量意识，或者存在没有强IP和版权做付费内容的问题，或团队架构不完善，商业模式不清晰，缺少变现渠道和形式，这样的创业存在很高风险。

3."互联网+"时代下的内容创业的趋势

"互联网+"时代下的内容创业的趋势体现在以下几个方面：网络视频、音乐正版化运营和以IP为轴的泛娱乐开发的发展加速，精准、协同生产和个性消费发展迅猛，优质的、专业的内容成为内容创业的生存最大优势。

（1）网络视频、音乐正版化运营加速

网络视频正版化运营加速，主要表现在内容获取与内容运营两个方面。内容获取主要包括版权采购、内容自制与UGC内容。在获取方面，第一个就是视频采购，几年前，一集电视剧价格就是两万元，高的一集十万元以上，在优酷、土豆、爱奇艺、腾讯视频这些网站爆火以后，电视剧、电影的内容制作的收入因为网络渠道而快速增长。第二个内容来源是内容自制，越来越多的互联网公司在选择自制视频。第三个内容来源是用户上传，通过点击量与网络平台分成。在内容运营上，广告投放、付费订阅等模式不断创新。根据艾瑞咨询数据，仅以广告收入与会员付费计，2015年网络视频行业市场规模已超过360亿元，较上年度增长50.2%，2018年则有望接近千亿元。付费用户因可略过贴片广告，更倾向在不同屏幕之间转换，充分行使会员权利，因此互联网视频的广告形式、营销页面、效果衡量也应根据屏幕大小和使用场景做针对性优化。

2015年7月8日，国家版权局发布《关于责令网络音乐服务商停止未经授权传播音乐作品的通知》，同时启动了规范网络音乐版权专项整治行动，要求网络音乐服务商必须将未经授权的音乐作品全部下架。此后，国内的网络音乐版权问题明显得到改善，直接推动网络音乐行业突破盗版困局，培养了用户的付费习惯，市场效益进一步提升。

（2）以IP为轴的泛娱乐开发发展加速

泛娱乐指基于互联网和移动互联网之间的多领域共生，打造明星IP的粉丝经济，涵盖影视、小说、动漫、游戏等产业，并渗透至周边衍生品、主题乐园等线下领域。泛娱乐产业的核心是IP，通过IP实现不同产业间融合，满足用户全方位娱乐需求，扩大用户价值，推动市场规模的增长。

网络音乐的版权问题专项整治行动对网络音乐行业建立健康的商业模式起到了积极的作用，同时还连带促进了线上直播、线下演出等周边产业环节的发展。随着"泛音乐"时代的来临，O2O、IP艺人开发、粉丝经济的发展使得商业模式进一步升级，产业生态进一步完善。网络音乐通过O2O模式向线下延伸，票务、演唱会互动、VR直播、音乐电影等各种形式不断创新。好的IP资源，能使音乐作品本身的和艺人形象的价值得到充分挖掘，粉丝俱乐部、周边衍生产品的庞大消费市场也得到开发。

一些网络音乐平台围绕"音乐IP—艺人话题—音乐影视—线上线下演唱会"来拓展音乐IP，打造多模式、立体化的粉丝经济模式。在线演艺平台突破了地域限制，创造了清晰舒适的视听场景，带动了粉丝跨地参与的热情；社交元素的深度融合创新了用户交互模式，未来VR全息直播将大幅度提升体验，对用户的吸引力更强。在线演艺的跨时空属性还提高了粉丝与内容和艺人的接触频次，创造了更多消费场景；用户付费、与艺人主播打赏互动、购买衍生周边等多元消费模式，为内容创业者带来更多机遇。

（3）精准、协同生产和个性消费的发展迅猛

传统的传媒，内容输出是单向的，而非双向，用户是被动接受，而现在用户可以主动搜索。通过大数据挖掘可对用户关注的内容进行精准定位，包括音乐、文学、视频平台，都可以做到精准的个性化推送。另外，还有一个就是协同生产，如创立于

2001年的Wikipedia，强调自由内容、协同编辑，10年左右时间，就超过450万篇条目，位居百科全书之首，而且全部内容皆为网友志愿贡献。

（4）优质、专业的内容成为生存的最大优势

内容创业者如果更多的是依赖个人兴趣或专业度来驱动，而不是商业目的来驱动的话，往往在内容的精深打磨上会更有优势，而内容的优质度以及持续输出的能力，更能够使粉丝产生黏性，从而取得成功。一批无内容、资金、流量与团队优势的跟风者会被迫出局，还有部分创业者，优质内容输出能力在经历了一个较长时间输出后，面临枯竭的风险，也可能导致粉丝、流量用户数活跃度下降，随之而来的是商业价值下降，进而影响投资人的投入。如果采取内容付费，那么面临的挑战会更大，因为付费内容对应的是用户的高心理预期，顾客停止付费的可能性很大。

另外，还有其他因素存在，如内容创业者相互之间无论所处的领域是否重叠，都会存在事实上的竞争，或是竞争用户的有限的时间、竞争平台的流量、竞争资本的关注，也或者是在竞争广告商的有限资源。而获得融资的内容创业者在资本与团队的驱动下，在某种程度上，压缩了缺乏资本扶持的内容创业者的生存空间，这部分的内容创业领域中的优质内容生产者容易被埋没，若要在竞争中突围，需要内容有着更优质的呈现。

课后思考

网友志愿贡献内容的现象，引起知识产权界的专家学者和企业界的关注，你认为这个现象对内容创业产生哪些影响？

案例分析

抖音里的众生相

抖音每天产生超过3亿次搜索，每天能看到3 000万种新生活方式，美好内容持续在生产和输出。过去一年新增创作者超过1亿，新成长为百万粉的作者超过7 000人，其中85%是从普通人成长起来的原生创作者。

在时尚、美食、剧情类的创作者中，有收入的占比均超过半数。生活记录、剧情和才艺类创作者是增收的前三名。企业和品牌方也纷纷加入抖音，所属行业分布中，文化娱乐行业占比最高；生活服务、服饰、美食领域的增速最快。

Z世代的年轻人爱住在"圈子"里，饭圈女孩在抖音里寻求高调性的星聚力资源、收集明星和达人带货信息、在粉丝圈层里找到知己。Z世代活跃用户规模

已经达到 3.2 亿，占全体移动网民的 28.1%，每年可支配收入高达 42 000 元。即使有时候舍不得 8 块钱的外卖配送费，但愿意为爱豆代言的商品花掉整个月的生活费。这种"对立"的"统一"在 Z 世代的年轻人身上并不罕见。

30% 的小镇青年实现了有房有车和经济独立，生活压力往往小于城市同龄人，他们乐于关注投资理财，在抖音上对理财指南关注多，偏好科普等知识类内容。小城白领聚焦自己的生活健康和质感，对精致、限量和定制有偏好，愿意为有文化、有专业度、有品位的主播买单；具备辩证思维，喜欢独立思考和探索小众品牌，并乐于成为某领域的 KOC（key opinion consumer，关键意见消费者）。

（参考资料来源：《2020 抖音数据报告》《2020 抖音创作者生态报告》）

思考题

你觉得抖音的内容创作有什么特点？创作者和用户有什么特点？

第七章

产品分发与营销

> **学习目标**
>
> 1. 了解文化创意产品的分发的主要渠道和推广方式。
> 2. 了解文化创意产品的营销策略和营销方式。

> **课前引例**
>
> **免费电影动了谁的"奶酪"**
>
> 2020年由于疫情影响,徐峥贺岁片《囧妈》没能在电影院如期上映,选择了在网络免费播,不仅没赔,还赚了6.3亿元,这个事儿本身真是比电影剧情还精彩。
>
> 徐峥当时做出这个特别大胆的决定,那就是放弃春节档,将《囧妈》撤出影院排片,在大年初一向全网线上免费播放上映,引起网友热议。
>
> 这次操作在资本运作层面很高明,但院线人员受到很大损失,说徐峥破坏行业规范。2020年1月24日,浙江省电影行业以20 000电影人的名义发布了一份声明,称全国影院为电影《囧妈》放映投入了相当大的费用,此次《囧妈》的行为,给全国影院带来重大损失,并希望电影《囧妈》停止互联网首播的行为,否则浙江电影行业后续将对欢喜传媒及徐峥出品的电影作品予以一定程度上的抵制。

> **思考题**
>
> 为什么《囧妈》免费播放引起院线工作者的抗议?

7.1 文创产品分发渠道与推广

7.1.1 我国文创产品分发渠道

文创产品的分发指的是文创产品在分发渠道及客户终端进行的分销与发售。

我国文创产品有四大类，分别是文化艺术、创意设计、传媒产业和软件及计算机服务，各自分发渠道与推广策略有其自身的特点。

文化艺术类文创产品包括表演艺术、视觉艺术、音乐创作等。表演艺术在剧院舞台或其他场地与观众见面。文化创意艺术品特别是文物类艺术品，逐渐受到国内外市场追捧。艺术工艺品博览会成为分销的一种方式，创业者需要考虑交通成本和布置展会的费用，这种分发渠道的优势是能够吸引到相关的目标顾客。

贸易展是针对中间商的博览会，礼品类贸易展比较适合文创产品创业者的分销活动，这种分发渠道有一个可能存在的问题，就是中间商下单量通常较大，有可能超出某些文创工作者的产能。

创意设计类文创产品包括服装设计、广告设计、建筑设计等类型。其中，服装设计包括平面绘图设计、配件设计、时尚摄影、时装模特塑造等；广告设计包括广告创意、促销活动、公关推动、媒体计划、广告素材制作等。不是每一个本土时装设计师品牌都有能力将直营店、购物中心、买手店、时装展、跨界店、生活体验店等各种渠道资源一网打尽的，适合自己品牌调性、实力、发展阶段和目标顾客定位很重要。

现在也有一些创业者开辟新的分销模式，与画廊、文化餐厅等商业场所进行跨界合作，或与茶道、香道等艺术会所合作。随着各地文化活动的兴起，与地方文化部门合作机会也更多，如为其员工设计工作服。越来越多的时装展为创业者提供机会，举行文化沙龙、时尚论坛和专业洽谈等相关活动，帮助创业者对接资源、促进分发。

> **延伸阅读**
>
> **国内新兴设计师的推手**
>
> 买手店是买手依靠潮流大数据或者审美导向，收集某风格、某类型的单品或者品牌，集中到某一个整体空间陈列售卖的多品牌集合店铺。
>
> 买手店是零售店铺的一种，它的经营核心是买手，而买手的关键点在于挑选款式。买手店最早出现在20世纪50年代的欧洲，1996年才开始进入中国。
>
> 外资买手店由港澳、欧美或者日韩等地企业注资，如连卡佛（Lane

Crawford)、Joyce、大 I.T、小 i.t 和 10 corso como 等。

2010年以后,买手店在中国繁荣发展。上海2016年的买手店就达到了300家。买手店的城市分布也从北京、上海、广州等一线城市,向成都、杭州等二三线城市扩散开来。

目前,国内买手店分为两大类:外资买手店与本土买手店。

港资买手店就如时尚中转站,它依靠香港特殊的文化优势、坐标位置以及关税设定,把欧美最新的潮流从海外引入香港再导入内地,其中不乏那些没有在中国大多数地区开店的品牌。

欧洲、美国等买手店都相继进入过中国市场,但都以失败告终,因为进入中国后对中国市场定位判断失误。

本土买手店大致有三种:独立买手店、品牌买手店、百货公司买手店。独立买手店,大多数是小型店铺;品牌买手店,是连锁店模式;百货公司买手店,是由百货公司转型而成的买手店。

中国本土买手店更为年轻化,盈利能力逐年加强。如时堂Showroom,主要销售设计师品牌,在2021年5月的上海订货会上获得了2亿的订单数量,与其余的品牌的销量总和差不多。

上海长乐路、巨鹿路、安福路上聚集了风格迥异的独立买手店,店主就是买手,店铺门面虽小,但商品价格不低,通常有固定的客户群。

品牌买手店最早的有洪晃创立的BNC和刘馨遐的栋梁。国内资历较深的品牌买手店有Triple-Major,现在主营成都的店面,拥有36万微博粉丝,仍是潮流人士打卡之地。

曾被誉为全球最美50家买手店之一的ALTER,时常会和品牌合作开出pop-up store。许多新起步的国内设计师都要依靠这些买手店来获得曝光、名气和粉丝。

百货买手店有着供应链、品牌资源以及地段优势。

2017年,the bálancing是百联集团转型的新尝试,把时装、艺术和生活方式融合在一起,第一年开在徐家汇,第二年又开了丁香国际新店。

(参考资料:新浪时尚微信公众号2021年6月12日)

传媒类文创产品包括出版、电影及录像带、电视与广播等方面产品。视频、音频产品可以上架到各种移动应用App、智能硬件、电视端操作系统及一些微信公众号等,还可以进行联合制作。

软件及计算机服务类文创产品包括软件开发、系统设计、动漫游戏设计、软件维护、信息服务研发等方面。动画片制作完成后,通常通过报纸刊物连载或单行本、电视台或其他视频媒介播放,再就是动画片出版物上市,后续可能还有动画片相关衍生产品上市。

7.1.2 分发渠道与推广的类型

分发渠道可以大致分为付费渠道、自媒体渠道和口碑渠道。付费渠道有线上、线下两大类渠道。线上以电商为主要销售渠道。线上广告是以互联网为载体的广告,包括 PC 互联网广告、移动互联网广告。线下有店销、路演及户外广告等。

自媒体也成为分发的主要渠道之一。2014 年解放军出版社出版的总政治部宣传部编的《网络新词语选编》提到,自媒体是指普通大众通过网络等途径向外发布他们本身的事实和新闻的传播方式。

自媒体以现代化、电子化的手段,向不特定的大多数或者特定的单个人传递规范性及非规范性信息。自媒体可以分为广义与狭义两个概念。

狭义自媒体是指以个体作为新闻制造主体而进行内容创造的,而且拥有独立用户号的媒体。

广义自媒体不仅包括个人创作,也包括群体创作、企业微博(微信等)。

在中国,自媒体发展经过了以下几个阶段:2009 年新浪微博上线,引发自媒体风潮;2012 年微信公众号上线,自媒体从电脑端向移动端发展;2012—2014 年门户网站、视频、电商平台等纷纷涉足自媒体领域,自媒体的平台多元化;2015 年至今,直播、短视频等成为自媒体内容创业的新热点。

口碑渠道越来越受到分发与推广的重视,互联网时代的消费者在购买决策过程中,往往会去网上搜索相关评价,那些有正面评价的产品容易产生销量,而负面评价哪怕只是少量,也会对销售产生负面影响。

在口传过程中,意见领袖发挥着重要作用。意见领袖通常限定在特定的产品领域或特定的购买情境。网络口碑比传统口头传播影响范围更大、传播速度更快、传播方式更多样、传播效果相对较容易测量。

> **延伸阅读**
>
> **"三次元社区"小红书**
>
> 2013 年成立的小红书,在 2017 年被《人民日报》评为代表中国消费科技产业的"中国品牌"。
>
> 在小红书社区,用户通过文字、图片、视频形式的笔记,分享消费经验和生

活方式的方方面面，记录了这个时代年轻人的正能量和美好生活。

小红书通过机器学习对海量信息和人进行精准匹配和推送。大部分网络社区都是虚拟社区，用户在线上消费，体验也在线上结束。而用户在小红书不管是看了美食还是旅行目的地，他都必须回到现实生活中去消费，才能完成这个体验，因此小红书被称为"三次元社区"。

在小红书，一个用户通过"线上分享"消费体验，引发"社区互动"，能够推动其他用户去"线下消费"，这些用户反过来又会进行更多的"线上分享"，于是形成一个正向循环。

过去几年，在小红书上成长起来的有一批新品牌，回力、李宁等老品牌也通过小红书成为新消费品牌的代表。

2021年4月，小红书上线了《社区公约》，从分享、互动两个方向对用户的社区行为规范做出规定，要求博主在分享和创作过程中，将自己受商家提供的赞助或便利要进行主动申明。在申明利益相关前提下，由用户自行判断是否"被种草"。

思考题

你认为小红书的笔记上的产品口碑有助于商家推广吗？

文创产品的分发通常是多渠道进行结合，并且根据发展阶段进行动态调整。如手机游戏的分发渠道近年已经非常多元化，百度贴吧的游戏贴吧上的交叉推广和分发能够拉拢新用户，吧内的推广还能培养重度玩家，今日头条和网易新闻客户端都是用户聚集地，QQ空间还有游戏排行、游戏查找、游戏下载和游戏礼包服务，新浪微博也有很多功能帮助游戏提高用户活跃度，随着用户迁移、流量变动，手游的分发渠道也会随之调整。

7.2　文创产品营销策略

7.2.1　参与营销

参与营销是相对传统的市场营销策略的单一输出式而言的。参与营销是指企业邀请或者允许顾客亲身参与到某一活动之中，比如参与产品的生产制造或推广的某个具体环节，从而提升顾客对产品的认知和认可的一种新型营销策略。

由于企业很难满足顾客个性化的需求，这时顾客会"自己动手"，以满足其自身需要。他们的也许不成熟的想法、并不完美的设计、使用过程中的小创意，能促进企业开发新产品、改进老产品，尤其是文创产品对创意的要求是无穷无尽的，更需要集思广益。

消费者越来越不满足于被动消费，其自主意识增强，希望通过参与来获得成就感，而且消费者自己更了解消费者的需求，也因此会具有创造力。同时，通过参与，顾客能够很好地把自己的态度表达出来，供企业反馈，有助于避免新产品开发的某些风险。

现在手游行业，随着玩家的成长，对精品要求越来越高，玩家自发的创作意愿越来越强，与厂商共同建设内容生态，不仅实现了品牌曝光，也有利于内容沉淀。

延伸阅读

B站有哪些震撼全家的弹幕神作？

弹幕，B站看片的灵魂所在。每个逛过B站的人，对弹幕都不会陌生。弹幕艺术，即那些能让人眼前一亮的弹幕投稿，大致可分为两类：弹幕墙和高级弹幕。

弹幕墙，擅长以数量取胜，由无数网友合力创造，通常用于应援自己喜欢的角色或作品。打开这类作品，你将最直观体验到什么叫弹幕爆炸。比如镇站之宝《【魂】银魂：武士之魂》，共存有76.6万条弹幕。如果开启全弹幕效果，用评论区的话说，能有一秒让你看到背景画面，就算他们的耻辱。

更夸张的还有炮姐MAV，5分钟视频里，挤进了136万条弹幕。开播只一秒，你就会看到无数弹幕从眼前划过。对真正热爱的人来说，看到数不清的陌生人在弹幕中，用弹幕的形式分享感动与快乐，这是一种难以言喻的直观冲击。弹幕咆哮的一刻，是所有参与者的狂欢。

如果说弹幕墙是以量取胜，那么高级弹幕则是在制造"艺术"。大多数人印象中，弹幕是从屏幕上一划而过的字幕，随写随发，而高级弹幕则不同。发送高级弹幕只能在电脑上发送。发送前，你还需要花费2枚硬币提交申请，获得UP主同意后，你才有机会发送。高级弹幕的"高级"之处，就在于它的功能。

在高级弹幕的世界里，你可以随意调整弹幕的大小、颜色、运动方向等参数。利用这些开放式功能，你可以实现诸多从未设想过的效果，譬如用弹幕玩一场节奏大师。早期的高级弹幕神作多为辅助作用的歌词弹幕。

比如音MAD神作《【穿越】绿光》中，就通过变换弹幕色彩和位置，与视频的BGM节点完美契合，产生了如同歌词字幕般的效果。而将文字换成特殊字符后，简单的弹幕动画便产生了。《侵略乌贼娘》的 OP，就曾经是弹幕动画施法现场。方块状的字符弹幕被精心拼凑成乌贼娘，从视频下方缓缓划过。更妙的是，弹幕把海水波动都一并模拟了出来。如此神奇的存在，不得不让人感叹：这也能行？

当弹幕动画与视频有机结合，有时还会产生意想不到的效果。比如，你可以给从天而降的大火球之术加个表情包。原本宏大的魔法对战现场，忽然滑稽起来。

高级弹幕的功能不止于此。

大佬们发现，弹幕不仅仅是视频的附庸，它们也可以成为主角。于是，一系列以弹幕为主体，单纯用于欣赏弹幕艺术的纯弹幕作品诞生了。

纯弹幕作品的视频本体，通常仅为纯黑/白画面，只作为背景使用。至于作品里的所有动画效果，则完全交给弹幕来实现。譬如被人称为"艺术与技术完美结合"的《Round and Round》。

UP 主利用弹幕制作出一支极具艺术感的 MV。某些场景，甚至通过弹幕构造出了简单的裸眼 3D 效果。《【白屏弹幕】初音ミクの消失》更是一代弹幕爱好者心中的神作。这部作品用弹幕完美复刻了 MV《初音未来的消失》。其中最让粉丝们难以忘记的，是片尾用弹幕制作出的初音未来，其完成度已经与绘画作品无异。

如果再舍得花心血一些，你甚至能让弹幕画出的人物跳起舞来，比如《Bad Apple》的 MV。在这里，弹幕就是视频，视频就是弹幕，二者早已合二为一。本以为这些就已经够夸张了，直到遇到弹幕游戏。

弹幕游戏由代码构成，其原理相当于 UP 主发了一个视频，然后在视频上面用代码盖了一个网页游戏。而观众们在发送指定弹幕后，就能开始一场小游戏。诸如《别踩白块》《打砖块》这类小游戏，你都能在弹幕游戏中玩起来。

虽然可玩性并不算太高，但光是这一形式的存在，恐怕就已推翻了许多人对弹幕的认知。

说到这儿，可能有人会好奇：这些弹幕艺术作品，都是谁制造出来的呢？在 B 站，有一种神奇的存在叫弹幕君。他们是弹幕文化的忠实爱好者，热衷于用弹幕为视频增添乐趣。

相信大家在 B 站观光时，也曾或多或少遇到过不同的弹幕君们。譬如高能君，有关键情节的地方，就有他们的高能预警，提醒你做好准备迎接冲击。野生字幕君，它们的存在让网友看生肉视频成了可能。用心的字幕君，往往还会双语翻译，再将字幕一条一条手打在视频最下方。计数君，专门负责记录某种画面/台词/动作等的重复次数，常出没于鬼畜区和游戏区。科普君，他们通常会用专业硬核的内容为观众讲解剧情/人设。以上弹幕君，主要通过弹幕辅助视频来制造节目效果。

渐渐地，大家发现弹幕的效果不止于此，于是，专心钻研弹幕艺术的"弹幕职人"便产生了。

十多年前,在B站只能发布普通弹幕的年代,弹幕职人就根据"弹幕越长,滚动速度越快",以及在弹幕中打"/n字符"可以换行等原理,创作出了带有简单视觉特效的弹幕。

一年后,高级弹幕的诞生,大大解放了弹幕职人的创造力,图片弹幕、弹幕游戏等各种形式的弹幕神作开始井喷。《真物的花纹》这类大触级弹幕作品的出现,打破了大家对弹幕的固有认知。如果不是刻意提醒,恐怕没有人会相信,视频中的整个画面都是由弹幕组成的。

当然,神作诞生的背后,意味着大量时间和精力的投入。由于没有专用的可视化工具,所以大部分弹幕作品,都是在记事本中手写出来的。

在制作过程中,哪怕遇到微小的行间距、字体大小差异,都会影响最终的图形效果。至于代码弹幕,则需要对ActionScript编程语言有一定了解。

因此,一个弹幕作品的产生,背后往往需要花费数小时的心血,经历上万次的回车、暂停。而所有的付出,都是为了发布那一刻的成就感。

很多弹幕大佬从最开始入坑,到多年如一日地坚持制作弹幕作品,正是源自网友们的认可。作品被圈内外的人一致好评,这是属于技术宅的浪漫。正如评论所说,多年来一直能受到网友的肯定,本身就是件幸福的事。

由于高级弹幕几乎只能在PC端制作、观看,而现在手机才是主流。手机用户即使慕名前来参观弹幕作品,也可能什么都看不到,制作弹幕作品更不大可能。这也是为什么很多弹幕艺术作品如今只能在录屏中可见,新作日渐少见。

但也正是这种稀缺性,让弹幕作品成为赛博时代的珍贵艺术品。尽管如此,现在依旧有一批弹幕爱好者们在尽心维护着现存的弹幕作品。

由于每个点开视频的用户都可以发送弹幕。这些乱入的弹幕往往会破坏弹幕作品的完整性。为此,弹幕爱好者们专门成立了粉丝群,定期处理掉无关信息,以保护这些弹幕作品。于他们而言,弹幕作品是如同历史古迹般珍贵的存在。

可以说,每一个能留存下来的视频,背后都有弹幕爱好者的心血。曾经有人问,许多软件都能实现弹幕的效果,那费心制作弹幕的意义又何在?

但对于热爱弹幕的人来说,创造弹幕就是乐趣本身。正如弹幕爱好者郑诚所说:"即使AE(特效软件)能做到目前高级弹幕的一切,并且完成得更好,但就情怀而言,这些都比不上自己亲手做一个弹幕视频。"弹幕发出的一瞬,你就有机会与无数陌生人一起,产生跨时空的共鸣。

(资料来源:微信公众号"哔哩哔哩",2021-04-12)

7.2.2 游戏营销

游戏营销，是指将品牌融入游戏场景中，让用户通过借助手机或平板电脑体验游戏来分享和传播，在这个过程中实现品牌传播、粉丝互动和引流等效果。

相对于传统硬广来说，游戏营销属于隐性营销，在电子游戏和网络游戏中发布品牌信息，结合社交平台吸粉、门店引流和现场活动，以软性植入品牌的方式，在有趣的娱乐互动中实现品牌推广，提升销售转化。

文创产品借助游戏来做营销，将品牌的视觉元素和风格植入，凸显品牌调性。此外，利用品牌 IP 故事或者相关内容来充实游戏内容、在游戏中凸显品牌文化，让玩家在玩的过程中对品牌产生一定认知。

游戏广告产业把游戏作为产品和品牌推广的平台。游戏与品牌的契合度越高，营销效果越好。游戏的群体与品牌受众的契合度越高越好。

目前应用较广的是微信等移动社交媒体作为游戏互动营销的平台，其意义在于品牌商基于移动社交媒体的互动性、分享性等利于传播的属性，定制好玩有趣或有奖的轻手游，并软性植入品牌，使粉丝轻松近距离地感知品牌，提高品牌形象。

目前国内也出现了基于移动社交的游戏互动营销平台，减少品牌在需要游戏营销时进行游戏开发与调用的成本，还能个性化地为企业提供游戏营销方案。

7.2.3 社会化营销

社会化媒体营销，又称社会媒体营销、社交媒体营销或社交媒体整合营销，是利用社会化网络，如在线社区、博客、百科或者其他互联网平台媒体来进行营销、公共关系和客户服务、维护开拓的一种方式。

企业可以在拥有海量注册用户的社交媒体上发布相关的服务信息、产品资讯等，利用社交媒体上的粉丝关注效用和社群效应，可以大大增加企业的信息在网络上的曝光量。

社交媒体的聚焦效应使得企业能够通过其实现与潜在用户之间更为广泛的沟通。社交媒体还提供了平等沟通的平台，有利于企业与潜在客户之间保持亲和的沟通，持续深化关系。

企业通过自己的社会化营销团队，不仅可以关注在社交媒体上的用户，监控用户对相关产品与服务的关注情况，而且可以实时发起与潜在用户的互动，促进其对企业的了解，还能适时地发起社会化营销活动来促进成交。

利用社交媒体，企业还可以实施视频营销、病毒营销，增加品牌美誉率。社会化媒体的公开信息有助于企业寻找意见领袖来助力宣传。移动互联网基于地理位置的特性有利于企业对目标用户的精准人群定向以及地理位置定向,在社交网络投放广告能收到比传统媒体更好的效果。

社会化媒体的大数据特性有利于企业低成本地进行市场调查,从而有效地挖掘出用户的需求,为产品设计创新与开发提供很好的市场依据,还能进行舆论监控,一定程度上降低了企业品牌危机产生和扩散的可能。

社交媒体在吸引个人用户的同时,也吸引了越来越多的企业用户和潜在合作伙伴。社交媒体的属性特征使得用户能够获得比搜索引擎更加全面的资讯,用于辅助判断企业合作伙伴的经验和能力。

> **延伸阅读**
>
> 病毒营销不传播病毒
>
> 病毒营销(Viral Marketing),又称病毒式营销、病毒性营销、基因营销或核爆式营销,是指通过类似病理方面和计算机方面的病毒传播方式,即自我复制的病毒式的传播过程,利用已有的社交网络去提升品牌知名度或者达到其他的市场营销目的。
>
> 病毒营销是由信息源开始,依靠用户自发的口碑宣传,利用公众的积极性和人际网络,让营销信息像病毒一样传播和扩散,营销信息被快速复制,传向数以万计、数以百万计的观众,它能够像病毒一样深入人脑,快速复制,迅速传播,将信息短时间内传向更多的受众。
>
> 它描述的是一种信息传递战略,经济学上称之为病毒营销,因为这种战略像病毒一样,利用快速复制的方式将信息传向数以千计、数以百计的受众。
>
> 由于这种传播是用户之间自发进行的,因此是几乎不需要费用的网络营销手段。病毒营销是一种常见的网络营销方法,常用于进行网站推广和品牌推广等。病毒营销也可以算作是口碑营销的一种。

> **延伸阅读**
>
> 笑出"国粹范"
>
> 有些传统艺术似乎淡出很多人的视野,王珮瑜是著名的京剧余派老生,国家一级演员,她就曾说:"努力多年成为角儿,却发现台下的观众比台上的演员还少。"

近年来，她正尝试各种方式，尽量跨过京剧的高门槛去推广京剧。抖音短视频平台成为她宣传京剧的"阵地"之一。王珮瑜在抖音上"笑出'国粹范'"的话题活动中，提供了示范视频，展示京剧中老生的笑法，收获了一大批粉丝和模仿者。

王珮瑜说到，要通过年轻人接受的方式把京剧带到他们面前，在抖音上用娱乐的方式做碎片化的推广，欢快轻松，年轻人接受度高，这就是一种成功的方式。

2020年，她又担任策划人，在首档京剧脱口秀《瑜你台上见》中将京剧的历史、故事、流派、表演等门道娓娓道来，为京剧推广做出了很多贡献。

"我'变脸'比翻书还快"，"我要笑出'国粹范'"的话题活动，让普通人有机会模拟戏曲表演，感知和传播戏曲之美。

还有短视频平台上的传统文化相关的活动，如变脸挑战、非遗保护和诗词教学等，引发了互联网用户广泛的关注，让传统文化通过喜闻乐见的传播方式完成了知识传输和审美。通过各种各样的形式，传统文化也可以成为现代的生活方式，其实也可以成为流行文化。

7.2.4 事件营销

事件营销（Event Marketing），又称"活动营销"，是企业通过策划、组织和利用具有新闻价值、社会影响以及名人效应的人物或事件，吸引社会的关注，从而提高企业或产品的知名度、美誉度，并促成产品或服务销售目的的手段和方式。

事件营销是近年来国内外流行的一种传播和市场推广手段，集新闻效应、广告效应、公共关系、形象传播、客户关系于一体，并为新产品推介、品牌展示创造机会。

事件营销一般采取软文形式，而后通过媒介裂变达到传播目的，因此，相对平面媒体广告来说，事件营销的成本要低得多。作为新闻事件，其比广告可信度高。而且很多事件带有新颖性和话题性，可能引发热议和网络转载，具有渗透性，传播效果明显。

事件营销有借力模式和主动模式。借力模式是指事件围绕社会热点议题，从而实现公众的关注，要选择相关度较高、可控性好的策划方案，注重传播的系统性。主动模式是指企业设置一些结合自身发展需要的议题，通过传播，使之成为公众所关注的公共热点，这要具备创新性、公共性及互惠性。

事件营销也有实施风险，这主要来自媒体的不可控因素和大众对新闻事件的理解程度。这就要求事件策划注重企业和组织行为的自我完善、沟通的风度和策划的水平。

延伸阅读

这届奥运营销哪家强？

"奥力给"是来自快手平台的网红热词，在 2020 年东京奥运会期间，它被快手赋予了新的含义，不只是加油，还融合了奥运精神。重新诠释奥力给，是快手此次奥运营销的一个大胆尝试。

作为持权转播商，快手的广告语简洁明了："上快手看奥运，我们一起赢。"快手从奥运比赛日开始，就每日推出一张奥运插画海报（图 7-1），户外平面海报与央视强势曝光的 15 秒 TVC 广告片相结合。

图 7-1 奥运宣传广告

还推出直播答题线，选用了一个快手的老 IP，这次在奥运答题节目重新与大众见面，有创意，同时还设计了一些互动，让快手用户在获得奥运知识的同时，有机会从金项链等 2 000 万的奖金池中获奖。

快手还推出一个只会说"奥力给"的萌宠，叫奥力星。奥力星舞蹈上线后，不仅在快手端内掀起了用户采用热歌作为 BGM 背景音乐的热潮，还引发了用户对舞蹈的模仿，甚至引起同行抖音的关注和借势。

快手还将平台中之前的"放映厅"功能打造成"大话奥运"全新栏目，这是一个与明星语音聊天、边看边聊的栏目。快手选择了擅长定格动画的拍摄工作室来制作视频，让漫画和彩绘的插画师将黄健翔、韩乔生、邓亚萍、杨迪等一个个明星栩栩如生地展现出来。

快手用了两套户外视觉方案和让人动容的很具有快手风格的品牌宣传片，表达奥运精神不仅是赛场上的更快更高更强更团结，而且奥运精神在每个人的生活里。

快手以用户为核心，将快手用户的故事在这个奥运季用一种创意再次呈现了出来。快手的奥运营销做得有声有色，非常有助于快手的曝光带动转化、拉新和促活。

7.2.5 体验营销

1. 体验营销的概念

美国学者伯尔尼 H. 施密特（Bernd H. Schmitt）最早提出了体验营销的概念，于1997年，在他与西蒙森（Alex Simonson）合著的《视觉与感受：营销美学》中就指出，大多数营销都因为专注于功能性而受到局限，指出企业应对感官体验进行管理，进而提出了"感官体验营销"的概念，后来他又出版了《体验营销》一书，对"体验营销"的界定进行了明确。

施密特将体验营销（Experiential Marketing）界定为"一种为体验所驱动的营销和管理模式"，他认为体验营销"将完全取代将功能价值置于核心地位的传统的特色与功效营销"。

体验营销具有四大主要特征：关注顾客体验、考察消费场景、将顾客理解为理性与感性相结合、方法和工具都比较折中。

施密特将不同的体验形式称为战略体验模块，划分为五种：知觉体验、思维体验、行为体验、情感体验和关联体验。体验营销指的是，通过看、听、用、参与的手段，充分刺激和调动消费者的感官、情感、思考、行动、联想等感性因素和理性因素，重新定义、设计的一种营销方法。

体验营销策略，是指企业营造一种氛围、设计一系列事件，以促使顾客变成其中的一个角色投入地参与，顾客在此过程中将会因为主动参与而产生深刻难忘的体验，从而为获得的体验向企业产生让渡价值。体验营销向顾客提供有价值的体验，旨在通过满足消费者的体验需要而实现吸引和留存顾客。

体验营销能否被消费者接受，与地域差异关系密切。由于各个国家和地区的风俗习惯和价值观念等的不同，评价的结果存在差异。因此，体验营销活动的安排，要注意适应当地市场的风土人情，既富有新意，又符合常理。

企业着力塑造的顾客体验应该是经过精心设计与规划的，企业要提供的顾客体验对顾客必须有价值并且最好与众不同。体验设计要具有稳定性、可预测性，还须关注细节，尽量避免疏漏。

2. 体验营销的模式

体验营销的模式主要有节日模式、感情模式、文化模式、美化模式、服务模式、环境模式、个性模式和多元化模式。

节日模式，传统的节日观念对人们的消费行为起着无形的作用。

感情模式，通过寻找消费活动中导致消费者情感变化的因素，掌握消费态度形成规律，激发消费者积极的情感，促进营销活动顺利进行。

文化模式，利用一种传统文化或一种现代文化，有效地影响消费者的消费观念，进而促使消费行为的发生，甚至形成一种消费习惯。

美化模式，使得商品能为消费者创造出美感或商品本身存在着审美价值，能给消费者带来美的享受和愉悦，满足其对美的需要。

环境模式，让消费者在良好的购物环境中，在感觉良好的听、看、嗅过程中，产生喜欢的感觉。

个性模式，满足消费者个性化需求。

多元化模式，现代销售场所不仅环境舒适，设有现代化设备，而且集购物、娱乐、休闲为一体，使消费者进行了心理调节，完成了一部分家庭功能和社交功能。

互联网时代带来了很多让商家直接与消费者对接的体验接触点。这种对接主要体现在浏览体验、感官体验、交互体验和信任体验。在体验中，消费者通过发挥想象空间和释放感官，最大限度地提升了用户参与和分享的兴趣，提高了消费者对品牌的认同。

浏览体验，是指消费者通过网络直接进行的品牌信息接触，主要表现在网络内容设计的方便性、排版的美观、网站与消费者沟通的互动程度等使消费者对品牌产生的感性认识。

感官体验，即让顾客通过视觉、听觉等来实现对品牌的感性认识，达到激发兴趣和增加品牌价值的目的。

交互体验，是指通过论坛、留言板等方式实现的互动，从中消费者将自身对网络品牌体验的感受再以网络这个媒介反馈给品牌，能够促进消费者与品牌之间的双向传播，提高了消费者的积极性，也提高了品牌对于消费者的适应性。

信任体验，是指借助网站的权威性、信息内容的准确性以及在各种搜索引擎等的排名等，构成消费者对品牌信任的体验程度。

> **延伸阅读**
>
> **你这么喜欢这首歌，荣格知道吗？**
>
> 2018年8月，网易云音乐与网易游戏《第五人格》共同在线上推出荣格的心理测试，一度刷屏朋友圈，却不是因为歌。
>
> 这款心理测试与游戏《第五人格》的品牌名看似有着某种联系，容易让人将测试的内容与这个游戏名结合在一起，测试结果生成后，会根据测试结果，来向网易云音乐的用户进行个性化的推荐歌曲，还能将歌曲当作游戏内的BGM，这波操作非常有创意。
>
> 荣格将人的心理类型分为八种，心理态度为内倾、外倾，心理功能为感觉、思维、情感、直觉。
>
> 在网易云音乐的测试上，外在人格包括：自由、洒脱与超然；内在人格包括：聪明、贤惠与热诚。根据网友们的结果来看，多种类型描述并无冲突，而且多偏向褒义，给人一种豁然开朗的感觉：这就是那个很酷的我。
>
> 在测试中，同一个名字，不同的选择得出不一样的结果；一样的选择，不同的名字得出一样的结果，这说明人们得出的结果与自己选的每一项都有关系。
>
> 消费者出于对自己的好奇，纷纷来参与测试，并得到了属于自己的那份"结果"，欣喜地进行转发，测试准不准已经不是用户最关心的了，总之，好的体验已经拥有过，达到了娱乐和传播效果。

7.2.6 娱乐营销

娱乐营销，是指借助娱乐的元素或形式将企业的产品或品牌与消费者的情感建立联系，从而达到销售产品、推广品牌的目的的营销方式。娱乐营销已成为企业与消费者重要的沟通手段。

但当前的娱乐营销存在一些问题：缺乏新意、仿效成分居多、内涵不够；缺乏连续性等。娱乐营销关键在于让消费者乐于接受品牌信息，形式是多样化的，包括电影、电视剧、广播、印刷媒介、体育活动、艺术展、音乐会、旅游和探险、主题公园等，其中，电影、电视剧作为最大众化的娱乐方式，在娱乐营销中应用最多，最普遍的形式是企业选秀活动。

> **延伸阅读**
>
> 妈妈网孕育的娱乐营销
>
> 2020年的综艺节目受到疫情影响，录制推迟，受库存告急影响，综艺市场节目数量同比缩减。
>
> 《新生日记》这档明星"孕育生活"的真人秀节目，从明星的角度切入，展现孕期生活的酸甜苦辣，直击当代青年人普遍的"生育焦虑"，引发了网友广泛关注。
>
> 该综艺节目和妈妈网孕育有天然的品牌契合度，得到妈妈网孕育的赞助，妈妈网孕育由此获取的收益远超均值，成了母婴垂直领域的娱乐营销典范。

7.2.7 精准营销

精准营销（Precision Marketing）就是在精准定位的基础上，依托现代信息技术手段建立个性化的顾客沟通服务体系，实现企业可度量的低成本扩张。精准的含义是精确、精密和可衡量的。

精准营销借助先进的数据库技术、网络通信技术及现代高度分散物流等手段，实现与消费者的长期的个性化沟通，使营销达到可度量、可调控等精准要求，比传统广告沟通的成本低，使企业低成本快速增长成为可能。

精准营销的系统手段保持了企业和消费者的密切互动沟通，从而不断满足消费者的个性化需求，建立稳定的企业忠实顾客群，实现客户链式反应增值，从而达到企业的长期、稳定、高速发展的需求。

如抖音短视频平台采用了精准营销，对视频发布者和用户进行标签分类，根据分类，视频会被系统推送到精准用户处，比如把美妆短视频推送到经常看美妆视频的用户，把烹饪短视频推送到喜欢烹饪视频的用户。抖音有时会推送上下两个主题很相似的不同视频，看用户选择哪一个，从而进一步确定用户的兴趣领域，确定用户是因为偶然而点击这个视频，还是真正喜欢这类视频的主题，从而更准确地给用户贴上标签。

精准营销主要有以下几种形式：邮件（DM）、网络邮件（EDM）、短信、电话、直返式广告和网络推广等。直返式广告是对传统的大众广告的改良。

普通的传统广告主要是讲产品的优势或者优惠，对尽可能多的人去讲，尽可能找到更多感兴趣的人；而直返式广告主要是宣传一个活动，让感兴趣的人参与，其设计核心是活动诱因设计，让特定的客户感兴趣。

出于竞争和成本的考虑，企业需要更精准、可衡量和高投资回报的营销沟通，需要更注重结果的营销传播计划，企业运用个性化技术的手段，如网站站内推荐系统等，帮助用户从这些网络过量的信息里面筛出他所需要的信息，达到精准营销的目的。

目前，电子商务网站、媒体资讯类网站、社区都逐渐引进站内个性化推荐这种手段，进行精准营销了。

网络推广的精准营销常用的方式是：搜索引擎的关键词搜索；数据库定时发出EDM；在当下SNS（微博、微信、社交网站等）上建立粉丝圈。

精准营销借助现代高效、广分散物流使企业摆脱了复杂的中间渠道环节及对传统营销模块式营销组织机构的依赖，极大降低了营销成本。

精准营销的销售组织包括两个核心组成部分：一个全面、可靠的物流配送及结算系统，一个顾客个性沟通主渠道呼叫中心（Call Center）。

呼叫中心是通过网络技术和电话建立起来的实现和顾客一对一沟通的平台，它的主要职能是处理客户订单、解答客户问题和通过客户关怀来维系客户关系。精准营销的运营核心是客户关系管理（CRM）。

传统营销关心的是市场份额，而精准营销关心的是客户价值和增值。

延伸阅读

CRM

CRM（customer relationship management）即客户关系管理，是指企业用CRM技术来管理与客户之间的关系。

CRM是一个管理学术语，通常所指的CRM，是指用计算机自动化分析销售、客户服务等流程的软件系统。CRM的目标是通过选择和管理有价值客户及其关系，提高客户的价值、满意度、忠实度和营利性来缩减销售周期和销售成本、增加收入和扩展业务。

与高客户价值相对应的，是针对不同的消费者、不同的消费需求，设计、制造、提供的个性化的产品和服务。个性化的产品和服务在某种程度上就是定制，按需生产。既要实现大规模生产，实现成本最优，又要适应日益差异化的客户需求，就必须有选择地满足能够实现规模化的客户需求。

通过精准定位、精准沟通找到并引导大量的、差异化的需求，才能获得理想的经济效益。个性化的产品和服务体系依托的是现代化的生产和流程管理，包括供应链管理、企业资源计划（ERP）和业务流程再造（BPR）等。

> **延伸阅读**

"个性定制"位于"改变未来的十大科技"之首

"定制"一词就起源于萨维尔街（Savile Row），这是伦敦的一个购物街区，因传统的定制男士服装（bespoke tailoring）而闻名，是世界高级定制的圣地。温斯顿·丘吉尔、纳尔逊勋爵、拿破仑三世等都曾光顾过这里。

提起"定制"，普遍大众最常与"DIY"一词混用。毕竟"定制"的词义含有"为自己量身定做"的意思，与"DIY"（Do It Yourself）"我自己的东西自己动手做"的意思如出一辙。"DIY定制"的另外一个解释方法为Design It Yourself（为自己设计）。

定制经济最早出现在农业社会，普遍存在的高级定制，如皇家贡瓷、宫廷用物等。进入工业化社会，定制经济悄然消失，取而代之的是大规模的工业化生产以及其带来的海量的标准化的商品，定制成为被遗忘的而且是奢侈的梦想。

在未来，中国中产阶级的人数将会是美国中产阶级人数的四倍，这样庞大的市场为高端定制服务带来了契机。

中国（国际）定制协会的前身是定制行业联盟，是由北京华艺尚品文化传播有限责任公司率先发起和筹备的，整合了几百家优秀的定制品牌以及个性化服务企业参与的行业自发组织，涉及衣、食、住、行、休闲五大生活领域，旨在共同推动和繁荣我国定制产业。

> **延伸阅读**

ERP

ERP（Enterprise Resource Planning）即企业资源计划，是指建立在信息技术基础上，以系统化的管理思想，为企业决策层及员工提供决策运行手段的管理平台。主要用于改善企业业务流程，以提高企业核心竞争力。

ERP包括生产资源计划、制造、财务、销售、采购等功能，以及质量管理，实验室管理，业务流程管理，产品数据管理，存货、分销与运输管理，人力资源管理和定期报告系统。应用范围已从制造业扩展到了零售业、服务业、电信业、银行业、学校和政府机关等，通过融合数据库技术、图形用户界面、第四代查询语言、客户服务器结构、计算机辅助开发工具、可移植的开放系统等对企业资源进行了有效的集成。

ERP 是由美国公司 Gartner Group Inc 在 1990 年提出的供应链的管理思想，跳出了传统企业边界，从供应链视角去优化企业的资源，是基于网络经济时代的新一代信息系统。

目前，在我国，ERP 的含义已被扩大，企业的很多软件已被纳入 ERP 的范畴。ERP 是一个投资大、周期长、复杂和高风险的企业管理系统工程，因此，企业在 ERP 应用过程中，必须从系统工程和科学管理的角度出发，确保 ERP 项目的成功实施。实践中，成功率不超过半数。

由于电子商务是企业参与未来国际竞争，优化企业经营的主流商务模式。如果 ERP 一味固守原有思想，只停留在企业内部流程的管理上，将不能适应发展的需要。

实施 ERP 的企业，要争取实现 ERP 和电子商务的无缝对接，充分利用 Internet 技术及信息集成技术，将供应链管理、客户关系管理、企业办公自动化等功能全面集成优化，以支持产品协同商务等企业经营管理模式。

延伸阅读

BRP

20 世纪六七十年代以来，信息技术革命使企业的经营环境发生巨变，加上市场竞争日益激烈，企业面临着严峻挑战。

1995 年，哈默与钱皮出版了《再造管理》，指出应在新的企业运行空间条件下，改造原来的工作流程，以使企业更适应未来的生存发展空间。这一全新的思想震动了管理学界，一时间，"企业再造""流程再造"成为热门话题。

"再造工程"在欧美的企业中受到了高度重视和迅速推广，涌现出一批成功的范例，一些大企业采用了 BPR（Business Process Reengineering/Business Process Re-engineering/Business Process Redesign，企业流程再造，也译为业务流程重组）使自己获得了新生。

企业"再造"就是重新设计和安排企业的整个生产、服务和经营过程。通过对企业原来生产经营过程的各个方面、每个环节进行全面的调查研究和细致分析，对其中不合理、不必要的环节进行彻底的变革。企业流程再造过程中的工作重点，就是要消除价值传递链中的非增值活动和调整核心增值活动。

BRP 的技术手段主要有流程图的设计与分析和标杆瞄准法等。BRP 包括一系列的指导原则、一系列的活动和它们的内部关系、一系列的方法和工具。

针对再造工程的理论缺陷,发展出一种流程管理的新方法(Manage Through Process,MTP)。其内容是以流程为基本的控制单元,依据企业经营战略的要求,对流程的规划、设计、构造、运转及调控等所有环节实行系统管理,全面考虑各种作业流程之间的配置关系和适应问题。

MTP 是 BRP 的扩展与深化。企业流程再造的理论和实践仍在继续发展。

延伸阅读

独一无二的爱情见证

2008 年,深圳彼爱钻石有限公司创立了 BLOVES 婚戒定制中心,这是中国婚戒定制的开创品牌及领导品牌。每一枚 BLOVES 定制婚戒背后,都有一个动人的爱情故事。以独一无二,见证"用心爱"。

BLOVES 定制婚戒的定制流程是:第一步,客户向 BLOVES 婚戒设计师讲述自己的爱情故事,BLOVES 婚戒设计师与客户一起提炼该爱情故事中最有意义的元素,比如,相识的时间、地点,或者特殊事件、爱情信物等。第二步,BLOVES 婚戒设计师将最能代表客户爱情的元素作为设计元素,融入婚戒的原创设计中去,为客户设计一款世界上独一无二的婚戒。第三步,进入定制流程,甄选优质钻石,在国际通行的钻石 4C 标准的基础上,BLOVES 还拓展了钻石品质鉴定标准,以全球最严格的钻石筛选标准,确保为客户提供最优质的钻石。

除了钻石,客户还可以个性化选择其他天然的宝石,来点缀自己的婚戒,使其更加独特。定制的制作时间一般为 20~30 天。

众多明星成为 BLOVES 的客户,《甄嬛传》中的槿汐饰演者孙茜,与老版《西游记》中的小唐僧饰演者蔡远航,选择在 BLOVES 定制了属于他们独有的"旋转木马"婚戒。

像很多女孩一样,孙茜对旋转木马有着特别的情结。小时候在家附近的游乐园里,小朋友们都争先恐后地去坐木马,而她总是抢不到。孙茜和蔡远航认识后,孙茜带蔡远航回家乡,并向他讲述了童年的故事。蔡远航竟孩子般地拉着她一连坐了十几次旋转木马。

从那时孙茜就认定蔡远航就是那个值得托付终身的男人,旋转木马成为他们爱情的信物。2012 年,蔡远航在北京世贸天阶向孙茜求婚,最终抱得美人归,两人决定让"旋转木马"婚戒成就他们之间的"独家"记忆。

7.2.8 口碑营销

口碑（Word of Mouth）源于传播学，由于被市场营销广泛地应用，所以有了口碑营销。传统的口碑营销是指企业通过朋友、亲戚的相互交流将自己的产品信息或者品牌传播开来。口碑营销的走俏，源于博客、论坛这类互动型网络应用的普及。

口碑营销是企业在调查市场需求的情况下，为消费者提供他们所需要的产品和服务，同时制订一定的口碑推广计划，达到让消费者自动传播产品良好评价的目的。口碑是目标，营销是手段，产品是基石。

营销大师菲利普·科特勒说到，口碑营销是"由生产者以外的个人通过明示或暗示的方法，不经过第三方处理、加工，传递关于某一特定或某一种类的产品或品牌等，以及能够使人联想到上述对象的任何个人或组织信息，从而导致受众改变态度，甚至影响购买行为的一种双向互动传播行为。"

口碑营销，又称病毒式营销，其核心内容就是能"感染"目标受众的"病毒体"——事件，"病毒体"威力的强弱则直接影响营销传播的效果。在信息爆炸、媒体泛滥的时代里，消费者对广告，甚至新闻，都具有极强的"免疫"力，只有传播因子具有很强的持续性、故事性，才能够迅速引申和扩散。

口碑效应是任天堂前社长山内溥最早提出的，意指一些优秀的作品在发售之初并不为世人瞩目，但随着时间推移，玩家的不俗口碑却能使产品逐渐走红。

口碑营销有 5T 原则，包括谈论者（Talkers）、话题（Topics）、工具（Tools）、参与（Taking Part）和跟踪（Tracking）。

1. 谈论者是口碑营销的起点

口碑营销策略首先需要考虑谁会主动谈论产品，或是产品的粉丝、用户，或是媒体，甚至可能是员工或者供应商、经销商。这一环节涉及的是人的问题，是角色设置。

口碑营销往往都是以产品使用者的角色发起的，以产品使用为内容比较常见。假设将产品置于一个稍微宏观的营销环境中，还有很多角色可以成为口碑营销的起点。其中，企业的员工和经销商的口碑作用同样不容忽视。

2. 给人们一个谈论的理由

话题是产品、价格、外观，或是活动、代言人等。口碑营销就是一个寻找话题的过程，合乎情理又出人意料的话题，产生更好的效果。营销教科书中，4P、4C、7S 都可以用作发现话题的工具。

3. 如何推动信息传播

推动信息传播的工具有网站广告、病毒邮件、博客和 BBS 等。对不同渠道的传播特点要有全面的把握，投放的经验对工具的选择很重要，并且信息的监测也是一个重要的环节，从最早的网站访问来路分析，到当下兴起的舆情监测，口碑营销的价值越来越需要一些定量数据的支撑。

4. 参与到人们关心的话题讨论中

鼓动企业主动参与到热点话题的讨论，其实网络中从来不缺话题，关键在于如何寻找到和产品价值及企业理念相契合的接触点。

5. 如何发现评论

如何寻找客户的声音，这是一个事后监测的环节，很多公司和软件都开始提供这方面的服务，帮助企业发现一些反馈和意见。

但更为关键的是，当企业知道人们在谈论自己或者他们马上要议论自己，企业要做出正确的抉择，是参与他们的话题讨论，还是试图引导讨论，抑或置之不理进行"冷处理"。

课后思考

你怎么看待短视频平台精准推送视频给用户的现象？请从营销者和消费者两个角度分析。

案例分析

"无处不在的"樊登读书会

樊登读书会在2014年获联通创投300万天使投资，2016年获喜马拉雅投资超2000万A轮投资。2016年收入近1亿元，公司净利润超过千万元。樊登读书会的盈利模式是线上会员付费、线下城市代理和开线下店。

樊登认为，免费的东西，很多人不会珍惜，收费是一个筛选门槛，能把真正需求的人筛选出来。樊登说："从一开始，我们就觉得内容收费不是靠用户自觉的，应该靠朋友推荐或者他人推荐。"

所以，樊登读书会的会员增长主要采取两个渠道：会员之间的口碑推荐与城市代理销售会员卡。不同省份、城市的会员可以申请成为樊登读书会的代理，在地方设立分会，分会通过销售樊登读书会年卡来发展会员，获得利润分成，地方分会也成为承载会员线下活动的重要组织。

截至2017年4月，樊登读书会覆盖了全国34个省份，海外分会也拓展到了亚特兰大、多伦多、新加坡等20多个城市，海内外成立了超过600家分会，会员人数超过176万，樊登书店达200家以上。

　　樊登将会加大线下活动力度，一方面继续丰富线上内容，另一方面自己也举办形式多样、内容丰富的读书沙龙、读书分享会等活动。

　　樊登读书会除了自己的樊登读书会APP阵地以外，还进驻了抖音等短视频、微信视频号和小红书等平台，获得了很多新用户，也引发了一些争议，有网友说对此"无处不在"的营销模式有些反感。

思考题

你如何评价樊登读书会的分发渠道与推广策略？

本章小结

　　1. 文创产品的分发指的是文创产品在分发渠道及客户终端进行的分销与发售。

　　2. 我国文创产品有四大类，分别是文化艺术、创意设计、传媒产业和软件及计算机服务，各自分发渠道与推广策略有其自身的特点。

　　3. 文化艺术类文创产品包括表演艺术、视觉艺术、音乐创作等。表演艺术在剧院舞台或其他场地与观众见面。文化创意艺术品特别是文物类艺术品，逐渐受到国内外市场追捧。艺术工艺品博览会成为分销的一种方式，创业者需要考虑交通成本和布置展会的费用，这种分发渠道的优势是能够吸引到相关的目标顾客。

　　4. 贸易展是针对中间商的博览会，礼品类贸易展是比较适合文创产品创业者的分销活动，这种分发渠道有一定可能存在的问题就是中间商下单量通常较大，有可能超出某些文创工作者的产能。

　　5. 创意设计类文创产品包括服装设计、广告设计、建筑设计等类型。其中，服装设计包括平面绘图设计、配件设计、时尚摄影、时装模特塑造等；广告设计包括广告创意、促销活动、公关推动、媒体计划、广告素材制作等。不是每一个本土时装设计师品牌都有能力将直营店、购物中心、买手店、时装展、跨界店、生活体验店等各种渠道资源一网打尽，适合自己的品牌调性、实力、发展阶段和目标顾客定位很重要。

　　6. 现在也有一些创业者开辟新的分销模式，与画廊、文化餐厅等商业场所进行跨界合作，或与茶道、香道等艺术会所合作。随着各地文化活动的兴起，与地方文化部门合作机会也更多，如为其员工设计工作服。越来越多的时装展为创业者提供机会，举行文化沙龙、时尚论坛和专业洽谈等相关活动，帮助创业者对接资源、促进分发。

7. 传媒类文创产品包括出版、电影及录像带、电视与广播等方面产品。视频、音频产品可以上架到各种移动应用 App、智能硬件、电视端操作系统及一些微信公众号等，还可以进行联合制作。

8. 软件及计算机服务类文创产品包括软件开发、系统设计、动漫游戏设计、软件维护、信息服务研发等方面。动画片制作完成后，通常通过报纸刊物连载或单行本、电视台或其他视频媒介播放，再就是动画片出版物上市，后续可能还有动画片相关衍生产品上市。

9. 分发渠道可以大致分为付费渠道、自媒体渠道和口碑渠道。

10. 文创产品营销策略包括参与营销、游戏营销、社会化媒体营销、事件营销、体验营销、娱乐营销、精准营销和口碑营销等。

第八章

文化创意与品牌推广

 学习目标

1. 了解什么是品牌、品牌文化、品牌形象设计和品牌资产。
2. 了解什么是品牌策略，包括单一品牌策略、品牌延伸、多品牌策略和品牌特许经营策略。
3. 了解品牌定位的概念和定位策略的内容。
4. 了解品牌传播策略。

课前引例

香奈儿——梦寐以求的"双C"LOGO

香奈儿（Chanel）是家喻户晓的奢侈品品牌，于1910年在法国巴黎创立，创始人是Coco Chanel（原名是Gabrielle Bonheur Chanel，加布里埃·可可·香奈儿），该品牌产品种类繁多，有服装、珠宝饰品及其配件、化妆品、护肤品、香水等，在2018世界品牌500强排行榜中，位列第44位。

在20世纪，Coco Chanel设计了很多创新的款式，如针织水手裙（tricot sailor dress）、黑色迷你裙（little black dress）、樽领套衣等，从男装上取得灵感，为女装添上男士风格，一改当年女装过份艳丽的绮靡风尚，成功地将"五花大绑"的女装推向简单、舒适的设计，呈现高雅、简洁和精美的格调。在那个女性只会穿裙子的时代，推出女式裤装。香奈儿为现代时装史带来重大革命。

香奈尔以Chanel的品牌推出香水，并在瓶形设计上有着明显的天赋和卓越的见解："别人惟恐不足地往上加，而我一项项地减除。"于是在1921年，Chanel 5号香水问世，它的外形设计在同一个时期的香水作品里面，看起来是最奇怪的一支，因为其他香水瓶极尽繁复华美之能事，唯有香奈尔5号香水像一瓶光溜溜的药瓶。

> 可是这一种简单却形成了一股新的美学力量,成功地打进了人们的心房,在简洁有力的设计中,找到可贵的质感。
>
> 近10年,香奈儿选择了一些中国女明星作为Chanel girl,比如周迅、刘雯和林允儿等,周迅被称为是"年轻的可可·香奈儿与芭蕾名伶Zizi Jeanmaire的综合体"。

思考题

你认为香奈儿的品牌标志是怎样的?产品包装有什么样的风格?还有哪些元素你觉得是该品牌的特色?香奈儿选择代言人会考虑哪些因素?

8.1 品牌的概念

8.1.1 品牌的基本知识

1. 品牌的历史

公元前600年,巴比伦尼亚的商人在店外挂起了标记,以区别于他们的竞争者,这就是最早的品牌。1266年,英国法律规定,面包师要在每一块出售的面包上做出记号,目的是防止有人缺斤少两。15世纪,brand成为英文单词,意指点燃动物脂肪、打上烙印,来宣布其所有权。

到了17世纪,视觉符号已经广泛用于帮助那些不识字的人去识别产品。1760年,Josiah Wedgwood创建了第一家有品牌的企业。1910年,广告先驱克劳德·霍普金斯(Claude Hopkins)首次提出品牌形象概念。1931年,宝洁公司建立品牌管理系统。1955年,David Ogilvy提出品牌形象理论,他认为,品牌可以创造差异,强调品牌是一种资产。

1969年,杰克·特劳特和艾·里斯出版《定位》,带来品牌思想革命,他们认为,要在客户的心智中建立一种定位。20世纪90年代,专业化品牌管理和品牌与顾客之间的关系成为理论研究的焦点。21世纪,以"确定和建立品牌定位、计划和实施品牌营销、衡量和解释品牌性能、增长和保持品牌价值"为步骤的"战略品牌管理"被广泛用于商界。

2. 品牌的定义

品牌是一种名称、术语、标记、符号或设计,或是它们的组合运用,其目的是借以辨认某个或某群销售者的产品或服务,并使之同竞争对手区别开来。这是美国营销协会为品牌下的定义。

有人认为品牌就意味着质量，也有人把品牌看作是商标，或者认为品牌是产品的特点。那么，当一个品牌可用于多个产品，甚至不同品类的多个产品时，品牌又如何代表这些产品的特点呢？可见，品牌应该有其独特的内涵。

品牌的独特内涵在于品牌是买方认可的一种独特价值和形象，并由此表现出来的特定社会心理学含义。这种含义通常是抽象的。

品牌不只与产品特点、利益和服务允诺等有关，而且也不是产品性能特点、利益、服务和允诺的简单相加，品牌独特的价值和形象需要相应的产品特点、利益和服务允诺等来支撑和保障。品牌源于产品，又高于产品。

"品牌"的应用已不限于商业品牌，还包括城市品牌、院校品牌、团体品牌、个人品牌、区域品牌等社会品牌。

大卫·奥格威（David Ogilvy）指出，品牌是个错综复杂的象征，它是产品属性、名称、包装、价格、历史声誉、广告方式的无形总和，品牌同时也因消费者对其使用的印象及自身的经验而有所界定。

3. 品牌、商标与商号

（1）商标

商标是将某产品或服务标明是某个具体个人或企业所生产或提供的，经国家商标管理机构核准注册的显著标志，由文字、图形、字母、数字、三维标志、声音、颜色或这些要素的组合所构成的符号。

2014年，配合静态或动态图形的声音正式成为我国商标家族的独立成员。声音商标是非传统商标的一种，与其他可以作为商标的要素一样，要求具备能够将一个企业的产品或服务与其他企业区别开来的基本功能，即必须具有显著特征。在有些国家，气味也可以申请成为商标。

我国商标法规定，经商标局核准注册的商标，包括商品商标、服务商标和集体商标、证明商标，商标注册人享有商标专用权，受法律保护。如果是驰名商标，将会获得跨类别的商标专用权法律的保护。

可见，经商标局核准注册的商标是品牌最为显性的表现，这使一些人将商标与品牌等同。其实，商标只是一个法律概念，品牌因注册商标而获得独占权。当一个商标具备了某种市场价值时，其实是品牌建设的结果，而不是随着商标在工商注册而带来的。商标对品牌的意义在于两方面：品牌的法律保护和品牌传播的基本识别。

（2）商号

商号（Trade Names），又称企业标志、厂商标志，主要是指从事生产或经营活动的经营者，在进行登记注册时，用于表示自己营业名称的一部分，是工厂、商店、公司或集团等企业的特定名称和标志，依法享有专有使用权。

商号权属于《保护工业产权巴黎公约》所定义的工业产权范畴，经过依法登记而取得的商号，受法律的保护。

我国法律对商号权没有明确规定，但《民法通则》中对企业名称权的保护有具体规定。商号权，具有人身权属性，与特定的商业主体的人格与身份有密切联系，与主体资格同生同灭。商号权，又具有精神财产权属性。

依世界通例，都确认商号权的排他性、专用性。商号权人不仅可依法使用其商号，而且有权禁止他人重复登记或擅自冒用、盗用其商号，并有权对侵害其商号权的行为提起诉讼，要求赔偿。

关于商号权的转让，各国法律有不同的规定，我国《民法通则》的规定类似于法国的规定，都是允许对商号买卖、许可使用或设为抵押。

商号与商标的关系非常密切，经常同时出现在同一商品上，商号有的情况下可成为商标的一个组成部分或同一内容，但有时又不是。

商号和商标在作用和性质上是有区别的，主要表现为：

第一，商标主要是用来区别商品的，代表着商品的信誉，必须与其所依附的某些特定商品相联系而存在。商号主要是用来区别企业的，代表着厂商的信誉，必须与商品的生产者或经营者相联系而存在，商号权属名称权，所以商号权与人身或身份联系更紧密。

商标权属知识产权，而商号权属工业产权。

第二，商标按照《商标法》的规定进行注册和使用，具有专用权。其专用权在全国范围内有效，并有法定的时效性。商号按照《公司法》或《企业登记管理条例》登记注册，同样具有专用权。其专用权在所登记的工商行政管理机关管辖的地域范围内有效，并与企业同生同灭。

第三，在我国，商标权有专门的商标法保护；而商号权仅比照《民法通则》关于企业名称权的保护方法保护。

第四，带有某公司商号标记的含注册商标的商品销售到另一国家时，就有必要就其商标在另一国家注册，但可不必要就其商号再行注册。

当有些企业将自己的商号注册成商标使用，或将已注册的商标变更登记为企业的商号时，商标和商号就成为同一内容，或是其中的一个组成部分。这是《商标法》《公司法》《企业登记管理条例》所允许的。

4. 品牌的作用

品牌是一个全方位的架构，牵涉消费者与品牌沟通的方方面面，并且品牌更多地被视为一种体验，一种消费者能亲身参与的更深层次的关系，一种与消费者进行理性和感性互动的总和。

（1）识别价值

消费者往往把某个品牌名称当作信息标志，通过一个品牌名称，消费者可以回忆起大量的信息，如品质、可靠性、保证、广告等。因此，消费者视品牌为可凭借消费经验减少购物时间的工具。

现代产品、产业极其复杂，越来越多的生产商、越来越复杂的营销策略导致越来越激烈的市场竞争，消费者很难判断不同生产商提供的同一类产品之间的优劣，即使专家也需要借助各种仪器或模型等才能进行一定程度的判断。

于是人们在日常生活中需要一种简便的方式来帮助其购买决策，这时候品牌发挥了很大作用。品牌能为消费者提供其认为值得购买的功能利益或附加值的产品，因此品牌对消费者具备识别价值。

（2）代言价值

代言价值主要体现为品牌承载了产品的品质及其他功能特点，来源于产品的生产活动，顾客对代言价值的感受比较客观。

（3）符号价值

品牌还具有符号价值，符号体现了产品的社会心理学含义及其社会身份特征，这个符号价值来源于市场过程，消费者的感受是主观的，特定的社会心理学含义使产品满足了消费者精神需求，价值升华使产品品牌获得溢价。其由消费者长期反复地购买、使用品牌，并对品牌产生一定的信任、承诺、情感维系，乃至情感依赖而形成。

从构成品牌资产的角度来看，符号价值的财务价值最高，品牌价值主要来源于符号价值，代言价值次之，识别价值基本上不构成财务价值。符号价值必须建立在代言价值、识别价值的基础之上。这三者是相互联系、相互作用的。

品牌的识别、代言和符号价值对企业建立竞争优势的作用体现在获得稳定的目标市场和品牌溢价上。

当品牌在识别、代言的基础上逐渐深入人心后，品牌就具有了生活价值观、社会角色、文化品位等个性象征，品牌和顾客个性之间会建立起某种微妙而较为稳定的联系，这种联系会有效地阻止顾客转向其他品牌，产生一定的转换成本，并由此导致品牌忠诚，目标市场的稳定性得到强化。

品牌有了象征性的价值，满足了人们的精神需求，价值升华使产品有了在市场获得高于平均价格（溢价）的基础，品牌带来的差异化使企业获得了定价的相对自由。

5. 品牌命名

美国营销大师里斯认为，从长远来看，对于一个品牌来说，最重要的就是它的名字。一个好的品牌名称，要能体现产品核心价值，并激发消费者的联想，还能体现品牌文化。品牌命名中，要注意国际化，如中文品牌在命名的时候要考虑到今后在国际市场上的发展,因此英文的命名也会很重要,注意避免在国外市场中出现歧义和其他问题。

品牌名称的国际性,有两种情况:一种是该品牌名称直接通行全世界;另一种情况是,有的品牌在开拓国际市场时,根据不同国家的具体情况相应地调整品牌名称。一个有趣的名字也很重要,因为趣味性使得品牌名称便于记忆和传播,同样地,一个好念的名字也很重要,通俗和雅致兼具,会比较理想。

> **延伸阅读**
>
> 取一个好名字等于成功了一半
>
> "开心麻花"是北京开心麻花娱乐文化传媒股份有限公司的简称,从字面可以看出其喜剧和轻松特点,还能表达智慧与快乐拧成的舞台剧的意味。现在,开心麻花已经成为国内舞台剧领域最具市场号召力的民营机构,喜爱"开心麻花"已经成为一种社会现象。

8.1.2 品牌文化

1.品牌文化的概念

Grant McCracken(1988)认为,品牌有价值是因为它们能增加价值,它们能增加价值是因为它们给产品增加了意义。品牌蕴含了文化意义。

(1)品牌是意义的集合体或承载体

一个品牌能代表男性或女性,这是性别方面的意义;品牌还能代表人的社会地位,这是身份意义;还能代表传统观念、可信任度、真实性、爱国、家庭、兴奋、纯真、天性等方面的意义。

企业通过广告和营销过程的相关要素将意义注入品牌。品牌的文化意义是从大众文化中提取的,通过广告转移到品牌,然后转移到消费者。强势品牌为什么成功?因为它们拥有吸引人的品牌意义。

消费者需要这些意义就会选择这些品牌。强势品牌是意义的集合,消费者利用这些品牌意义去展示消费者现实的或渴望的身份。弱势品牌的意义通常是无意义的、冲突的、模糊的或有缺陷的,因而得不到消费者的认同。品牌意义和消费者的需要二者之间,是双方的需要和满足的过程。企业要决定品牌的意义,然后通过较好的营销活动去管理和传播这些意义,寻求消费者的认同,从而实现市场。

(2)品牌是表达自我的一种方式

消费者期望通过购买和消费产品与品牌所具有的意义来帮助他们建立、维持和重塑他们的社会身份。消费者具有多重自我，而不同的产品对应不同的自我。消费者寻求在品牌选择中描述自己，品牌成为表达自我的一种方式。消费者试图保持或者提高他们的自我意象，选择那些他们认为符合自己自我意象的产品和品牌，避免不一致的产品和品牌。消费者的财物或他们所购买的产品，能被看作"证实"或"扩展"他们的自我意象，是他们个人自我的扩展。

在消费者的消费动机中，有的消费者的消费是出于心理动机，而非物质动机，消费目的就是改变自我。品牌的社会身份价值能帮助个人改变社会身份，向社会展现新的消费者身份。譬如，汽车、时装、贵重饰品等高档商品，或一些个性特征非常明显的商品，能促进消费者身份的提升，或者穿改良汉服、去听音乐会，能表达消费者的某些主张。

商品的符号价值在于其示差性，即通过符号显示与其他同类商品的不同。商品使消费具有社会表现和社会交流的功能，消费者通过消费表现个性、品位、生活风格、社会地位和社会认同。

（3）品牌文化是品牌效用与价值的有机统一

传统的消费观念中，消费就是消费者的效用满足，无论是何种需求，只要能满足，消费活动就产生了。其实消费者不是简单地为产品用途而购买商品，消费者在消费同时，也在选择一种观念和态度。

消费者的需求是多重的，包括物质和精神的需求，在不同的阶段，需求的强度不同。消费者的心理需求是多方面的，社会需要、自我需要及自我实现等的满足受文化的影响，它是消费者对特定文化的需求反映。不同的文化背景产生不同的需求，这表明需求对文化具有强烈的依附。精神需求需要物质的寄托，商品自然成为有效的寄托方式，因此消费者对文化的依附转而成为对品牌的依附，品牌成为满足心理需求的实现方式。

品牌具有功能性、情感性和体验性三个方面的价值。功能性价值是指性能、质量、便利性、使用的容易程度等；情感性价值包括诚实、进取、欢乐和谨慎等；体验性价值是消费者的全面的品牌体验。

在品牌选择中，性能和经济因素最受重视，但与品牌选择关系最密切的还是文化、社会和心理因素。成功的品牌必须带领消费者进入一个更深层次的、普遍的情感层次。当品牌凝聚了以品质为基础的文化内涵后，品牌与消费者间不再只以价格、品质和服务等互为取舍条件，而是品牌与消费者之间建立了情感沟通，品牌效用会趋于最大化。

2. 品牌文化的价值效应

消费者品牌态度中，正面的评价往往形成顾客的品牌忠诚度，在消费转换风险不确定性和企业传播强化的影响下，消费者往往不愿意冒风险改变已形成的判断，于是会通过重复购买强化这种态度。消费者的积极消费经验，会使消费者产生路径依赖。

同时，消费者还会以不同的方式如广告、意见领袖等途径获取信息，进一步验证和强化自己消费决策的正确性，增强对其他品牌的潜意识的排除。品牌文化从多方面将品牌的个性和形象植根于消费者的意识中，并通过多种方式进行强化。品牌文化对消费者和市场的感召力，使品牌在营销过程中形成了品牌晕轮效应、品牌扩散效应、品牌同化效应和市场协同效应等，这是企业传播强化和消费者认知强化的结果。

（1）品牌文化的晕轮效应

品牌的晕轮效应（Brand Halo Effect）是指由品牌所具有的形象价值带来的消费者对品牌认识上的差异。

消费者对标明品牌和未标明品牌的相同产品得出不同的结论，主要是由于过去的经验、品牌营销活动等品牌的知识改变了消费者对产品的感受。消费者对产品性能的感觉，在很大程度上取决于他们对该产品品牌的印象。消费者既定的认知模式和已获得的品牌经验，使他们对品牌的评价成为模式化的程序，从而发挥作用。

品牌的晕轮效应可以表现为以下几种情况：消费者会夸大某品牌的利益，在功能、服务和使用价值等上；消费者会减少对某品牌的猜疑，即使品牌出现各种各样的问题，消费者也许会找到理由去原谅；品牌晕轮效应会提高消费者对某品牌的满意度。

（2）品牌文化的扩散效应

品牌具有良好的品牌文化，可以为消费者带来美好的品牌体验，形成正面的品牌印象，这有助于品牌的延伸。品牌延伸是指将现有品牌名称用于新产品。品牌延伸是企业品牌战略的内容，有利于企业发挥其品牌资产价值，是扩大品牌效应的策略。

品牌延伸有三种：产品线延伸，是指在现有产品线上推出新产品，并使用同一品牌名称，这种最常见；名称延伸，是指将现有品牌的名称用于不同类别的产品；概念延伸，即将品牌用于性质不同的产品。

（3）品牌文化的同化效应

品牌文化是品牌与消费者价值共融的结果。在品牌文化的塑造中，企业将理念通过产品、营销和服务传递给消费者，并接纳消费者的反馈意见，加以不断地修正和强化，最终与消费者达成和谐。在这个过程中，因为企业在产品和营销中的专业和优势地位，使消费者在双方的交换中更依赖企业。企业在持久的品牌传播中，潜移默化地改变了消费者对产品和品牌的某些认知，这一过程中就发生了品牌对消费者的同化过程。

（4）品牌文化的市场协同效应

品牌文化的构建除了协调品牌与消费者之间的关系外，还能协调品牌与供应链各环节如供应商、经销商等之间的关系。

强势品牌在获得市场认可的同时，企业的资金、收益和信誉也得到强化，能保持较大的市场优势，如在价格、付款、品质、运输、产品陈列、售点宣传和服务等方面，都能获得较多的利益，从而保持企业的良性循环。企业的良性发展也为供应商和经销商带来相应的机会与经济回报，促使供应链各环节关系更紧密。品牌出现某种突发危机事件时，也较容易获得供应链各环节的理解或支持，有助于品牌化解危机。供应链各环节协同，进一步提升了企业的竞争优势。

8.1.3 品牌形象设计

1. 品牌形象设计的概念

品牌形象设计（Brand Image Design）是设计以品牌核心价值为中心的品牌识别体系。品牌形象设计主要包括品牌的名称、标识物和标识语的设计，它们是该品牌区别于其他品牌的重要标志。品牌名称通常由文字、符号和图案三个要素组合而成。

品牌形象设计尽量涵盖品牌的特征，具有良好的宣传、沟通和交流的作用。品牌形象设计基于品牌定义下的符号沟通，包括品牌解读、品牌符号化、品牌符号的导入和品牌符号沟通系统的管理及适应调整的过程。品牌形象设计的任务就是通过美观的符号表达，来沟通企业的受众群，帮助受众群储存和提取品牌印记。

2. 品牌视觉识别

（1）企业形象设计的概念

企业形象识别系统（Corporate Identity System）是指企业形象设计，简称CIS系统。CI是指企业有意识、有计划地将自己的各种特征向社会公众主动地展示与传播，使公众在市场环境中对自己有一个标准化、差别化的印象和认识，以便更好地识别品牌并留下良好的印象。

20世纪60年代，美国人首先提出了CI的理念，CI要求企业先整合企业文化和经营理念，将生产系统管理系统和营销、包装、广告、促销形象做标准化设计、统一管理，从而调动企业员工的归属感、身份认同，并且通过符号形式的整合，形成独特的企业形象，以便消费者识别和认同企业形象，进而推广企业的产品或服务。

企业对CI的设计要运用创新意识，深入挖掘好的创意，引导大众价值取向，提升自身形象塑造，给消费者带来审美愉悦。

（2）企业形象设计的内容

CIS系统包括三个有机组成部分：MI（Mind Identity）、BI（Behaviour Identity）和VI（Visual Identity）。

MI即理念识别，称为C的"想法"：要做什么。以企业的经营理念为出发点，将其经营方针、宗旨、存在价值、外在利益、行为准则和精神标语予以明确化。这是企业形象定位与传播的原点,也是企业识别系统的中心架构,其中最关键的就是沟通。

BI 即行为识别,称为 C 的"做法":应该如何做。对内是建立完善的组织制度、管理、培训、福利制度与行为规范;对外是通过公共关系等各种营销活动的方式传达企业理念,获得消费大众识别与认同。这个过程中最重要的是寻找企业的价值,将隐藏的资源予以展现,并以此优势资源再开发成新的资源。

VI 即视觉识别,称为 C 的"看法":这就是我们。以视觉传播力为手段,将企业理念、文化特质和服务内容等抽象语意转换为具体符号形象,塑造企业独特的形象,通过标准化、系统化的统一手法应用在办公用品和各种宣传中。VI 设计往往是高度抽象的、高度凝练的,也通常是多重意义的整合,具有广泛的寓意或深层的内容。

(3)品牌视觉识别

视觉识别以具有视觉冲击力的符号及其具体的外观形象,由组织化、系统化、统一化的识别设计,形成整体的传达系统,以使公众识别和认知。在 CIS 系统中,视觉识别的传播力量最为直接和具体,它能够将企业的个性和差异性充分表达出来,并可让接受者一目了然,从而达到识别、认知的目的。事实上,对于绝大多数消费者而言,他们对企业形象的认识大都来自企业的产品、服务及宣传,其中,对企业形象最直观的认知来自企业视觉识别所传达的信息。

运用视觉设计来树立企业形象的方法早在 18 世纪的欧洲就开始了,那时候很多商品都用商标来区分。1907 年,德国设计奠基人彼得·贝伦斯为德国电器工业公司设计出最早的完整企业标志形象,这标志着企业形象设计系统化的开端。第二次世界大战后,美国的平面设计界奠定了现代企业形象设计的基础。

VI 视觉识别包括标志、标准字、标准色彩以及这些因素的标准运用规范。其中,品牌标志(LOGO)是核心,表现形式包括图形、文字和综合。优质的企业为企业标志形象的树立搭建了良好的平台,由此企业标志转化为品牌形象,也成为企业增值的无形资产。

企业标志是用抽象的视觉符号来传递企业的理念,通过图形、色彩、文字的组合,形成有效的、带有信息传递功能的图形符号,具有商业价值。图形标志有跨语言、跨国界的效果,包括具象和抽象两种。具象图形可以采用夸张、拟人手法,比如塑造喜闻乐见的卡通形象。抽象图形多元化,由不同形状创造出来,带来独特效果。

品牌标准字体包括中文、英文或其他文字字体,是根据企业名称、企业品牌名称和企业地址等来进行设计的。品牌标志字体的设计,属于规范字体设计范畴,要求有良好的阅读性,字体风格上不宜过多修饰,确保信息传递无误。标准字的造型要体现企业性质和商品特征。

> **延伸阅读**
>
> 印刷字体的设计
>
> 　　印刷字体的设计，是指对企业或品牌在各种不同应用载体上所表现出的印刷字体做出的统一的规定。印刷字体是从电脑自带的字库中选出来的。设计师在选择字体作为品牌的印刷字体的时候，应遵循以下原则：
>
> 　　第一，要包含中文及英文两套语言文字，字体风格上要形成对应的关系。如，中文字库中的"黑体"对应英文字库中的"Arial"，"大黑"对应"Arial Black"，"大宋"对应"Times New Roman"等。
>
> 　　第二，选用粗体、中粗体和细体。粗体一般用于标题和口号之类，中粗体一般用于大标题和小标题，细体一般用于正文和注解。
>
> 　　第三，印刷字体总体的风格要与品牌形象的整体风格相匹配。

　　品牌颜色管理包括标准色和辅助色。标准色的选用以国际标准色为准，使用不宜过多，通常不超过三个。标准色在应用中常常显得单调或不够用，需要一些相应的色彩作为补充，用于不同场合。辅助色的选择要注意与标准色的协调，以及与用色环境及对象的协调等。

　　品牌象征图案可以配合品牌标志，用作补充，在内涵上体现企业精神，使其意义更完整、更易识别和更具有幅度与深度。要与标志形成既有对比又保持协调的关系，也可用标志或组成标志的图形进行设计。变化多样的象征图案可补充企业标志等造型要素所缺乏的丰富和灵活。品牌象征图案常用在包装纸、购物袋以及企业所发送的各种礼品的设计上。

　　品牌代言吉祥物通常用动植物为基础造型，用于活跃企业形象，具有亲和力和趣味性。应用系统是基础系统的延伸，也是 VI 的载体，包括办公事务系统、广告系统、交通系统和服装系统。

　　企业辅助图像要与企业有所关联或者与产品关联，有助于企业形象个性化的建立，图 8-1 所示是阿里巴巴的天猫的新形象。

　　近年来，互联网、新媒体和电子终端的广泛运用，使得 VI 的载体和传播手段发生了变化。读图时代的到来使消费者获取信息的习惯发生了巨大的变化，消费群体获取的信息更加碎片化。图片不单指摄影，还包括漫画、卡通、地图、图示和表格等。泛视觉化包含了对文字的视觉化处理，包括色块、标志、线条、字体、网底和装饰等。

图 8-1 阿里巴巴的天猫的新形象

VI 也趋向于综合应用辅助图形、色彩基调、材质、版式构图等元素形成统一的视觉风格，而不仅仅停留在传统以标志为核心的标准组合复制的层面。VI 也衍生出了基于多媒体的识别部分，它将核心图形、色彩、环境等视觉元素进行动态多媒体化，如影视公司采用标准、形象的视频片头已经成为惯例。动态标志图形作为传统静态标志的重要补充，也越来越多地出现。

一个失败的 VI 设计，可能会是以下表现：企业定位模糊不清，令消费者费解或者是产生不正确的联想、不好的联想等；视觉效果与企业经营范围不一致或者与企业文化相悖；设计不能给人以审美享受，而是缺乏美感或者缺乏持久生命力；或者是抄袭其他企业的非原创。

（4）企业形象设计的方法

CI 创意的方法主要有三种：形态分析法、力行思考法和头脑风暴法。

形态分析法是把 CI 设计当作一个完整的系统，设计的创意就是将多种形态因素加以排列组合，先找到各种形态因素，然后用图解的方法进行各种排列组合，再从中做出选择。形态分析法的特点是把研究对象分为基本组成部分，然后对某一个基本组成部分单独处理，分别提供解决问题的方案，最后形成解决整个问题的总方案。这时会得到若干个总方案，因为通过不同的组合会得到不同的总方案。总方案中的任意一个是否可行，可以采用形态学方法进行分析。

力行思考法是美国罗伯特·奥尔森提出的，其操作程序分为四个阶段。第一个阶段，界定阶段，分为三部分：集中焦点，确定基本设计方针，然后对各个问题加以细化，便于集中精力；把握要点，找出设计的重点，用自己的语言精确表达出来；扩展重点，找出设计要素之间的关系，激发构思。第二个阶段，开放思考，分为三个部分：提出想法，通过沟通，寻找创意的火花；奇思妙想，打破常规，大胆地尝试；综合联想，发现各种奇思妙想之间的逻辑关系。第三个阶段，确定思考阶段，先做好奇思妙想的整理工作，将其中具有可行性的选出来，加以完善。

头脑风暴法，又称智力激励法，是由美国BBDO广告公司的经理奥斯本创造出来的。头脑风暴是一种通过小型会议的形式，引发集体智慧，启发灵感，最终产生创造性思维的方法。采用头脑风暴法组织创意设计时，要集中有关人员召开专题会议，主持人以明确的方式向所有参与者说明会议的规则，还要尽力创造轻松的会议气氛。

主持人一般不发表意见，以免影响会议的自由气氛，由设计师们自由提出尽可能多的方案。小组人数一般为10~15人，最好是由不同专业的人员或不同岗位者组成；时间一般为20~60分钟；设有主持人一名；设记录员1~2人。为使与会者畅所欲言，产生更多创意，达到较高效率，要禁止批评，也不必自谦。会议上要防止出现一些"扼杀性语句"和"自我扼杀性语句"。

同时，不强调个人的成绩，应以小组的整体利益为重，注意和理解别人的贡献，不以多数人的意见阻碍个人新的观点的产生，以便头脑风暴激发出更多、更好的创意。

（5）包装设计

包装（packaging）是在流通过程中保护产品、方便储运、促进销售，按一定的技术方法所用的容器、材料和辅助物等的总体名称；也指为达到上述目的在采用容器、材料和辅助物的过程中施加一定技术方法等的操作活动。

营销型包装侧重策划策略，成为广义的包装。包装的要素有包装对象、材料、造型、结构、防护技术和视觉传达等。一般来说，商品包装应该包括商标或品牌、形状、颜色、图案和材料等要素。

商标或品牌是包装中最主要的构成要素，应在包装整体上占据突出的位置。适宜的包装形状有利于储运和陈列，也有利于产品销售。颜色是包装中最具刺激销售作用的构成元素，突出商品特性的色调组合，其不仅能够加强品牌特征，而且对顾客有强烈的感召力。图案在包装中如同广告中的画面，其重要性、不可或缺性不言而喻。包装材料的选择不仅影响包装成本，而且也影响这商品的市场竞争力。在标签上一般都印有包装内容和产品所包含的主要成分、品牌标志、产品质量等级、产品厂家、生产日期、有效期和使用方法。通常，消费者进行购买决策时，会参考包装上的标签。

包装设计是为消费者服务的，从消费者使用、喜好的角度考虑是包装设计最基本的起点。因此，消费形态的变化对包装设计产生着重要的影响，如20世纪的POP式包装、便携式包装、易拉罐包装、压力喷雾包装、真空包装等形态的泛起，无一不是消费需求所导致的结果。

多数消费者更关注包装形式和设计，而购买动力要么直接与包装有关，要么与通过包装展现的产品沟通有关。

包装是品牌理念、产品特性、消费心理的综合反映，包装直接影响到消费者的购买动机和购买行为。包装作为实现商品价值和使用价值的手段，在生产、流通、销售和消费领域中，发挥着极其重要的作用，包装与商品已融为一体。

包装设计，是指选用合适的包装材料，运用巧妙的工艺手段，为包装商品进行的容器结构造型和包装的美化装饰设计。成功的包装设计应具备以下6个要点：外观图案、商标印象、可读性、货架印象、功能特点说明和提炼卖点及卖点图文化。

包装外形要素的形式美法则主要有以下八个方面：对称与均衡法则、安定与轻巧法则、对比与调和法则、比拟与联想法则、重复与呼应法则、比例与尺度法则、节奏与韵律法则、和统一与变化法则。

构图是将商品包装展示面的商标、图形、文字和组合排列在一起的完整画面。这四个方面的组合，构成了包装装潢的整体效果。商品设计构图要素商标、图形、文字和色彩运用得正确、适当、美观，才可称为优秀的设计作品。

不同的商品，根据运输过程与展示效果等，其使用材料也不尽相同。如纸包装、木包装、金属包装、陶瓷包装、塑料包装、玻璃包装、棉麻包装和布包装等。

包装设计方法多样，常运用变形、挤压、叠置、重组、装饰、附加等特定的处理手法来体现其文化内涵，其具体的形象特征在包装的风格、图形、色彩、样式、文字、材质等各方面都能反映出来。

包装设计风格各异，设计形式多样，有原始纯朴的民俗民族包装，也有先锋前卫的现代创意包装，有风格俭朴的传统包装，也有风格华丽甚至豪华的包装等。包装色彩（含图形、字体的组合与变化）上有低纯度的自然柔和色，也有高纯度的艳丽刺激色。有的设计是通过异想天开的互斥色彩来展现产品的生动活泼性和戏剧性。

此外，还可通过在材料上的层叠、组合、透明、肌理等设计处理，产生明暗有序渐变或是无序变幻，为包装增添各种不同的意趣，表达不同的品牌精神。有些设计师还创造性地运用变形、镂空和组合等处理手法来丰富材料的外观，赋予材料新的形象，给品牌增添独有的审美价值。

> **延伸阅读**

后现代主义包装

从现代包装设计的发展历程上看，无论是理论上，还是具体实践上，包装设计时刻都走在时代的前沿，表达设计新潮，体现设计主流。

由于受后现代主义设计思潮的影响，包装设计中一反现代主义设计简洁的原则，强调装饰性，大胆采用鲜艳的色彩及醒目的文字，追求一种或风趣、或幽默、或夸张之感。后现代主义风格的包装设计无统一的面貌，但融入了历史主义、折中主义、装饰主义和隐喻设计等元素。

后现代主义有以下几个方面特征：

第一，后现代主义的社会特征是，信息和科学技术膨胀与泛滥，科学技术取得了越来越重要的地位，通过高科技的力量符号化、复制化的人为的因素越来越压倒自然的因素。

第二，后现代主义的知识特征是，一切知识都被数字化、符号化及商品化，不能数字化、计算机化的知识，几乎不被看作知识。

第三，后现代主义的文化特征是，扬弃传统的普通化、同一性、总体化，而肯定零散化、边缘化、无深度，通过各种炫目的符号、色彩和光的组合去建构使人唤不起原物的幻想，满足感官的直接需要。

第四，后现代主义的心态和思维模式特征是，要表达的是一种不确定的、模糊的、偶然的、不可捉摸等精神状态。

第五，后现代主义的生活方式的特征是游戏式的生活，不强求协调和祥和，宁愿在突破传统的叛逆中尝试新的生活。

后现代对现代主义的"少就是多"的信条针锋相对地提出了"少就是乏味"。包装设计也呈现出从确定到不确定、从整体到多元的变化特征，向更富于个性化的、人情味的、多元化的方向发展。

在包装艺术领域内，出现了很多怪诞的包装样式，尽管其结构相互矛盾，材质和属性也呈现出毫不相关的混合，图形色彩文字也可能不协调，但这恰恰与后现代时期标新立异、追求广告效应的精神不谋而合，与现代人求新求变的心理相呼应，从而受到了很多人的喜爱。

后现代时期包装设计的思想，就在于重视大众多层次的精神需求和愿望，突出包装的人文和美学价值。

3. 品牌拟人化

品牌形象的打造过程是由广告人通过市场研究人员的研究，赋予品牌的一种关联事物形象特征，这种形象特征或是基于产品相关的特点，或是基于产品包装的特点、产品使用者特点和产品利益点等。通过拟人化，品牌与消费者之间的距离就缩短了，品牌变得更亲切，更容易被接受和喜爱。越来越多的企业在尝试将品牌拟人化用于各种使用场景。

> **延伸阅读**
>
> **一只发表就职演说的羊驼**
>
> 早在2016年11月7日，网易就宣布任命一只名为"王三三"的羊驼为网易新闻的内容官，并在当天晚上直播了它的就职演说。接下来，网易新闻还提出了"圈养不如野生"的观点，让来自遥远的南美、在荒蛮世界中打过滚的羊驼王三三上任主编，表示要提供更加多元的内容。打开网易新闻客户端，就会发现王三三基本每天都会发布一到两篇新闻内容，除了原来的《喂你药丸》《我去1990》《新闻脱水100秒》栏目以外，还增加了《三三有梗》的内容。

品牌个性是品牌争取消费者认可的重要因素。品牌个性的成功塑造是基于对行业属性、目标顾客特征、行业竞争环境和企业营销策略的全方位的准确把握。而品牌个性想要有效地传达给消费者，引起消费者对品牌的认可，需要一个载体，在通路模式、终端促销、广告宣传、公关活动等各个环节中，将品牌个性向目标顾客传达，品牌所选择或打造的代言人就是载体之一，可以使用名人、专家、普通人、动物、植物和虚拟卡通即虚拟代言人等。

品牌虚拟代言人能在很多方面弥补明星广告的不足。品牌虚拟代言人是指，广告商在综合分析竞争环境、竞争对手以及消费者心理的基础上，结合自身产品特点，虚构出一个产品的代言人，这个代言人或是一个卡通或漫画人物，或者是一个并不存在的和真人相似的人物。

国内市场上，运用虚拟代言人主要集中于快速消费品行业的饮料、食品、日化用品企业，耐用消费品行业的家电、服装企业，以及IT行业。一般来说，如果该品牌的目标顾客是儿童、青少年及年轻人，那么运用虚拟代言人的效果会比较好。但随着成年人卡通化，越来越多的成年人加入了喜爱虚拟代言人的行列。

虚拟代言人成功的关键是，要像一个真实的人一样，包括外形与个性双方面的协调,而外形与个性的创造则来源于消费者的心理情感需求,这样才能让虚拟代言人起到沟通作用,给产品与消费者搭起沟通桥梁。给虚拟代言人进行角色塑造,要为角色确立一个明确的、有深厚社会基础的价值观,对价值观念的认同是人们"角色确认"的依据和"角色实践"的思想动力,还要让角色具有亲和力的空间。

虚拟代言人可以采用单一虚拟代言人和多个虚拟代言人,还可以采用明星代言人与虚拟代言人配合。

市场上,一个品牌用一个虚拟代言人代言的居多。这主要是因为一个品牌的个性在一定时期是保持不变的,那么其导入的代言人自然是根据这一固定不变的个性而创造的。

多个虚拟代言人的导入有多方面的原因,如某品牌的个性不能由一个虚拟代言人全部涵盖,而需要两个代言人或多个代言人配合,或者是为了更深入地传达品牌个性,同一品牌同一产品的不同成分导入不同的虚拟代言人。

明星代言人与虚拟代言人配合的情况是:为了加强明星代言人对品牌代言的效果,企业创造了一个酷似明星的虚拟代言人或一个全新的、能够弥补明星代言人的某种缺陷的虚拟代言人。如美特斯·邦威,在聘请郭富城的同时,创造了一个"小郭",收效也不错。

延伸阅读

"花西子"采用虚拟代言人

"花西子"彩妆品牌于2017年3月8日诞生于中国的杭州,广告语是"东方彩妆,以花养妆"。"花西子"品牌探索中国千年古方养颜智慧,以花卉精华与中草药提取物为核心成分,运用现代彩妆研发制造工艺,打造适合东方女性使用的彩妆产品。

"花西子"品牌名称由来:花西子中的"花",是指"以花养妆"。西子指西湖,亦指西施,"欲把西湖比西子,淡妆浓抹总相宜。"花西子英文名为"Florasis",是"Flora"+"Sis",意为"花神"。

虚拟代言人是为企业的理念识别或行为识别及其产品推广而虚构的角色,这个角色可以是一个卡通或漫画人物,也可以是真实世界中并不存在的拟人化的物体。

近年来,随着AI、CGI等技术的不断发展,虚拟代言人作为新的意见领袖参与到品牌的推广活动中,逐渐成为品牌传播的新宠儿,如图8-2所示。越来越多的品牌在分析竞争对手以及消费者行为的基础上,结合产品特点,倾向于选择虚构一个符合自身品牌调性的代言人。

图8-2 花西子虚拟代言人

　　虚拟形象"花西子"诞生之前,花西子品牌先后与鞠婧祎、阿朵、杜鹃等一众明星达成代言合作,并通过李佳琦的直播带货成功打开销售市场。从品牌传播来看,虚拟形象大多是衍生于二次元,选取跨次元形象做品牌代言人有助于突破圈层壁垒,实现跨圈层传播;从产品推广来看,新的代言人意味着新的目标顾客群体,花西子与李佳琦等明星、网红之间的深度捆绑被冲淡,取而代之的是品牌自身享有更大的自主性与话语权;从品牌价值来看,虚拟形象有助于品牌 IP 孵化,产生附加效应。

8.1.4　品牌资产

1. 品牌资产的定义

　　美国市场营销协会(American Marketing Association,AMA)对品牌资产(brand equity)的定义是:一部分消费者、渠道成员对母公司的一组联想行为,品牌借此而获得比无品牌产品较大的收入和较大的边际利润,并借此而比竞争者获得强势、持续的差异化的优势。

　　品牌之所以对企业和经销商有价值,是因为其对消费者有价值,消费者最终决定了品牌资产价值。品牌资产价值是品牌所具有的影响消费者的力量,是消费者对品牌的综合评价,即对品牌进行人为量化的结果。公司总的市场价值减去有形资产部分,就是品牌等无形资产的价值。不同的品牌代表了不同的产品品质和服务,具有不同文化内涵和个性,因而具有不同的市场渗透力、感召力和辐射力,使得品牌的价值产生差别。

　　品牌专家大卫·艾克认为,品牌资产是这样一种资产,它能够为企业和消费者提供超越产品或服务本身利益之外的价值。品牌资产与某一特定的品牌紧密联系,因此品牌文字、图形做改变,则附属于品牌之上的财产将会部分或全部丧失。

2.品牌资产价值

品牌策划大师大卫·艾克的五星模型将品牌资产价值分为五个部分,即品牌忠诚度、品牌知名度、品质认知度、品牌联想和其他资产。

(1)品牌忠诚度

品牌忠诚度是消费者对品牌的情感量度,是对品牌的依恋程度,在遇到其他竞争对手品牌的选择和诱惑的时候,会产生排除的意志力,不轻易改变自己的购买习惯。

品牌忠诚度是品牌资产的核心,由多因素作用形成,其中最重要的是品牌产品使用经验。品牌忠诚度有利于降低企业营销成本,并帮助推广新顾客。

产品价值、品牌形象、便利性与易得性、消费满意度、服务和售后保证这几个方面都会影响品牌忠诚度。超出消费者的期待、加强客户关系管理如各种购买奖励计划、会员制、个性化定制营销等策略,都有利于提高品牌忠诚度。

品牌忠诚度包括两个方面的内容:行为忠诚度和情感忠诚度。

行为忠诚度,是指消费者在实际行动上能够持续购买某一品牌的产品,这种行为的产生可能是源于消费者对这种品牌内在的好感,也可能是由于购买冲动、促销活动、消费者惯性或者该品牌市场覆盖率高于竞争品牌等其他与情感无关的因素。

情感忠诚度,是指某一品牌的个性与消费者的生活方式、价值观念相吻合,消费者对该品牌已产生了感情甚至引以为豪,进而表现出持续购买的欲望和行为。消费者在较长时期内能否表现出持续的购买行为在很大程度上取决于情感忠诚。

品牌忠诚度高的顾客对价格的敏感度较低,愿意为高质量付出高价格,能够认识到品牌的价值并将其视为朋友与伙伴,也愿意为品牌做出贡献[1]。

高度的品牌忠诚和转换障碍简化了消费者的决策过程,并增加重复购买,因此降低了消费者购买的决策成本,也同时降低了企业的销售成本。

有一种说法,"对于企业来说,开发新顾客成本是维系老顾客的六倍以上",这种说法可能不是放之四海而皆准,但说明了一点,获客成本的确是企业要考量的。因此很多企业把维持客户关系、保持客户对品牌忠诚当作一个重要的营销战略。

品牌忠诚是广泛的认知活动、情感和意志活动以及决策的结果。品牌忠诚代表重复购买的意图,也会导致直接的购买行为。

品牌忠诚度可以分为五个程度:专一的品牌忠诚、偶尔改变的品牌忠诚、有改变的品牌忠诚、分散的品牌忠诚和品牌中立。

---

[1] 陆雄文.管理学大辞典[M].上海:上海辞书出版社,2013.

专一的品牌忠诚，是企业追求的理想状态。

偶尔改变的品牌忠诚，最为常见，此类消费者有固定的消费习惯和偏好，购买时决策程序简单，目标明确，偶尔转变选择的原因是惯用品牌断货、竞争者有明显的诱因，如价格优惠或某些创新形式等。

有改变的品牌忠诚，也比较常见，一段时间持续购买某品牌，过段时间换为持续购买另一个品牌。

分散的品牌忠诚，对两种以上品牌进行选购，有存在偏好的购买现象。

品牌中立，不存在明显重复购买特定品牌的行为，在许多低值易耗品、同质化行业和习惯性消费品中，常见这种消费者类型。

（2）品牌知名度

品牌知名度是指消费者想到某一种类别的产品时，辨识某一品牌的程度，以及品牌在消费者心智中的排序。品牌知名度是品名或符号的知名度。品牌知名度有助于品牌联想、由熟悉度引发好感，在购买决策时候会优先选择。

品牌知名度可以分为几个阶段：无知名度；提示知名度，消费者在购买的时候不主动选择该品牌，但是当被提及该品牌时，消费者能记起自己之前有所耳闻，可以考虑购买；未提示知名度，消费者对该品牌记忆犹新，在购买决策中存有对该品牌的考虑；第一未提及知名度，是消费者的首选，通常是市场领导者品牌或强势品牌。

（3）品质认知度

品质认知度是指消费者对某一品牌在品质上的整体印象。品质认知度代表着消费者对品牌认知水平的高低，对该品牌属性的基础认知。

影响消费者品质认知度的，有内在要素和外在要素。内在要素包括产品的物理性资产，如功能、可信赖度、适用性、耐用度、服务度和美感等，外在要素包括价格、品牌名称、广告表现及产品保证等，外在要素和内在要素共同构成完整的品质认知。

品质认知度是企业的长期资产，对消费者选购产生很大影响，对分销渠道也会产生一定吸引力，有利于品牌差异化定位、溢价以及品牌延伸。

提高品牌的品牌认知度，要注重以下几个方面：差异性，与竞争对手的差异性越大，那么市场同质化程度越低，越有溢价能力，差异性可以是产品特色，也可以是品牌形象方面；相关性，即品牌对消费者的适合程度，消费者接受度越高，市场渗透率越高；尊重度，这意味着消费者对品牌的感受，会影响消费者的复购以及口碑传播的发生；认知度，即消费者对该品牌的了解程度，关系到消费者体验的深度。

（4）品牌联想

品牌联想是一种心理现象和心理活动，事物之间的不同联系反映在人脑中，就会形成联系，联想是神经中已经形成的暂时联系的复活。品牌联想是指记忆中与品牌相连的一些事物。当消费者要做有关决策时，这些隐藏的信息就浮现出来，作为决策的影响因素。

品牌联想包括属性、利益和态度。产品属性确定产品的用途，界定产品的功效。利益是使用品牌可获得的功能满足及象征性的内容，包括物质的满足、精神的愉悦、利用的效率、使用的体验等多方面。态度是一种情感表露。品牌联想是种积极的态度，它为企业和产品在与消费者的沟通中提供了良好的沟通基础，更能形成长期的信任与合作。

品牌联想的集合构成了品牌形象（brand image），是消费者对品牌具有的一系列联想，由一些有意义的形式组织而成。品牌联想帮助消费者获得信息、帮助企业产生差异化，也是品牌延伸的基础。

品牌联想涉及产品特性、无形因素、消费者利益、价格、使用方式、使用对象、生活方式、产品类别、竞争者和国家与地域。

（5）其他资产

与品牌资产相关的还有其他资产，如专利、专有技术等。品牌拥有的专利，既是竞争的利器，又是防守的工具。

专利分为发明、实用新型和外观设计三种类型。

技术（technology），分为基础性技术、专有技术两大类。世界知识产权组织给技术下的定义是"制造一种产品的系统知识，所采用的一种工艺或提供的一项服务，不论该知识是否反映在一项发明、一项外形设计、一项实用新型或者一种植物新品种，或反映在技术情报或技能中，或反映在专家为设计、安装、开办或维修一个工厂或为管理一个工商业企业或其活动而提供的服务或协助等方面。"

知识产权组织把所有能带来经济效益的科学知识都定义为技术。根据功能，技术可分为生产技术和非生产技术。生产技术是技术中最基本的部分。非生产技术，如科学实验技术、公用技术、文化教育技术、医疗技术等。

8.2 品牌策略

品牌策略包括单一品牌策略、品牌延伸策略和多品牌策略。

8.2.1 单一品牌策略

单一品牌策略（integrated brand strategy），又称同一品牌策略、统一品牌策略，指企业将推出的品牌延伸至其他产品，将生产的多种产品都使用统一的品牌。单一品牌策略的类型，按照单一化程度和范围的不同，可划分为三种类型：线内单一品牌策略、跨类单一品牌策略和完全单一品牌策略。

1. 线内单一品牌策略

线内单一品牌策略，指企业把与原产品同属一个类别的产品使用统一品牌。常表现为在同一产品线内生产的不同口味、不同成分、不同型号、不同尺寸的产品，具有功能互补、目标市场相同等特征的情况，选择使用统一品牌。

使用统一品牌有助于维持品牌形象的一致性，加深品牌在消费者心中的印象，还可以增加新产品导入市场的机会。推出与原有品牌相同或相似功能的新产品并使用原品牌名称时，能使新产品增加被市场接受的机会，同时也可以降低促销费用，促进规模经济，提高促销效率。

线内单一品牌策略也具有局限性，如抑制新产品开发，采用线内单一品牌延伸策略，新产品的开发会受到产品线范围的制约，不利于新产品延伸至新领域，而且品牌延伸潜在价值空间会变小。由于受到产品线内其他产品的影响，企业在生产其他新产品时，得考虑新产品的某些特征与原有品牌要保持一致。

2. 跨类单一品牌策略

跨类单一品牌策略，又称范围品牌策略，是指企业把具有相同质量与能力但不同于已有品牌的类别的产品，使用统一品牌。

跨类单一品牌策略，有利于建立新产品在消费者心中统一的形象，加强消费者的品牌意识，可以丰富品牌内涵，扩大市场覆盖率。例如，很多时尚产业会采用这种策略，以某款产品起家，随后把该企业的产品品牌延伸至男装、女装、内衣和羽绒服等不同产品线上，甚至延伸至酒店、出版和零售等不同领域。

3. 完全单一品牌策略

完全单一品牌策略，指企业与品牌名称为同一名称，并且生产的所有产品都使用统一品牌。完全单一品牌策略的优点是加深了企业和产品印象，还能保护企业名称专有权。

企业名称专有权指企业对自己名称享有的专有使用及许可他人使用的权利。企业名称一般由所在地（注册地名称）、商号（字号）、所属行业（或经营特点）、承担财产责任的方式、组织形式这五个要素构成。企业名称专有权具有地域性特点，即企业名称专有权只在其工商注册登记范围内有效，超出此范围将不再享有专有权。

完全单一品牌策略会局限品牌的延伸，当延伸的新产品与原有品牌的核心价值不符时，则会影响整个品牌的传播；同时，也不利于单一品牌在不同档次产品上的垂直延伸。

8.2.2 品牌延伸策略

品牌延伸策略（brand extension）是指企业用已经取得成功的品牌名称来推出改良产品或新产品。品牌延伸有利于提高原有品牌形象、赋予品牌新内涵、扩大市场覆盖面。同时，战略性的品牌延伸，划分更多的细分市场，可以抑制竞争者占领目标市场，起到保护原有品牌的作用。品牌延伸还有利于提高经销商和消费者对新产品的可接受性，提高促销效率。品牌延伸也要注意品牌延伸失败带来的影响可能淡化并损害原有品牌的形象，也可能会导致原有品牌的定位变得模糊，带来原有消费者心理上的冲突而改变消费行为。

根据品牌延伸领域与原有品牌领域之间密切度来划分，可以把品牌延伸分为三个类型，包括专业化延伸、一体化延伸和多样化延伸。

1. 专业化延伸

专业化延伸（special extension）是指品牌延伸的新领域与其原有领域处于同一行业并有一定的关联，在专业技术、目标市场或销售渠道等方面具有共通性。企业可以充分利用原有品牌的品牌声誉吸引消费者接受新产品，从而节约新产品进入市场的成本。

2. 一体化延伸

一体化延伸（integration extension）是指品牌向原有领域的上游或下游延伸，品牌成长空间广阔。品牌沿产业链向上延伸，可进入较高端产品市场；沿产业链向下延伸，可填补较低端市场空白，扩大市场占有率。如，阿曼尼品牌最早推出乔治·阿玛尼高级时装，而后又推出厄普里奥·阿玛尼为二线成衣品牌。

3. 多样化延伸

多样化延伸（diversification extension）指品牌延伸的新领域与原有领域不相关的品牌延伸。多样化延伸的消费者群体有一定的重合度，借助原有品牌的品牌声誉，可在新的领域内快速获利。

8.2.3　多品牌策略

多品牌策略，也称产品品牌策略，是指企业对于其生产或经营的同一种产品使用两个或两个以上品牌的战略。多品牌策略一般适用于企业同时生产、经营两种或两种以上不同种类的产品，也适用于企业的产品在质量、性能上存在较大差异的情况。

多品牌策略相对于品牌延伸策略来说，具有很多优点，但并不是所有的企业都适合。需要具备一些条件，如目标消费群的需求差异大，并且有一定的市场容量；需要企业有实力、管理能力强，比如企业要具有合适的组织结构，如专门负责营销或品牌的高级副总裁，对整个品牌组合进行规划、协调，管理各个品牌经理以及监视整个行业环境等，还需要企业的人力资源管理和企业文化的支撑。

多品牌策略的优点是有利于企业占领市场，扩大市场覆盖面，满足不同消费群体的偏好，也有利于占有更大的货架空间，挤占竞争者的货架空间，因为零售商一般是按照品牌名称来确定其销售条码和货架陈列空间的，多品牌策略可以在零售货架上占有更大空间，增加销售的机会，还有利于分散风险和激发企业内部活力，还能在一定程度上防止因老顾客的品牌转换而带来的损失。多品牌策略的缺点是增大开支，不同品牌之间也会带来竞争，以及不利于企业树立整体形象。

国际品牌大师莱恩·凯勒教授建议把一个公司的品牌分为主力品牌与侧翼品牌、高端品牌与低端品牌进行分类管理，分别定位。多品牌策略有几种常见情况：独立品牌策略、分类品牌策略与复合品牌策略。

1. 独立品牌策略

独立品牌策略，是指企业为不同的产品建立不同的品牌。尽管这些产品可能具有相关性或存在重叠。独立品牌策略可以将企业的声誉和某个品牌的成败分开，即使某个品牌失败了，也不会影响到企业及其他品牌的声誉，而且既提高了营销的针对性，又可以全面锁定顾客，为其成功产品设置了外延防御阵线。独立品牌的劣势在于品牌推广费用的增加。独立品牌策略有时是因为几个企业重组或收购后对各方原有品牌的保留。

2. 分类品牌策略

分类品牌策略，是指企业按产品类别建立品牌，每个类别的产品采用一个品牌。分类品牌策略既化解了产品在功能性质、使用场合、消费行为等方面的冲突，又可将建立起来的品牌声誉尽可能地被同类产品所共享；既避免了传播的随机分散，又能强化传播产品线的独特承诺与优势。

3. 复合品牌策略

复合品牌策略，也称母子品牌策略，是指企业采用两个品牌相结合的方式进行品牌推广。由于运作多个品牌会稀释企业资源，而且这些品牌需要一个统一的支撑，以形成市场合力，因此采用主副品牌或母子品牌格局，以主品牌传递传统、历史和内涵，副品牌突出具体产品的特色与目标群体。如 Miu Miu 就是 Prada 的副品牌。

> **延伸阅读**
>
> 普拉达（PRADA）是意大利奢侈品牌，是由玛丽奥·普拉达于1913年在意大利的米兰创建的。1978年，缪西娅·普拉达（Miuccia Prada）开始接手 Prada 的设计，1989年举办了她的首次女装发布，一经推出，立刻就引起了轰动。缪西娅·普拉达于1992年创立了品牌 Miu Miu。缪西娅·普拉达的独特天赋在于对新创意的不懈追求，Miu Miu 率性且充满实验风格，与 Prada 是同一设计理念的另一种表达方式，注重优雅精致却不乏趣味，通过成衣、皮具、眼镜和具备突破意义的广告大片和女人的故事短片系列，使品牌呈现了现代女性的多面特质。

8.2.4 品牌特许经营策略

品牌特许经营，又称品牌特许加盟，是指特许经营者将自己所拥有的商标（包括服务商标）、商号、专利、专有技术、产品和经营模式等，以合同的形式，授予被特许者（受许人）使用，在合同约定的业务模式下，从事品牌的经营活动，并向特许经营者支付相应的费用。

特许经营是实现资本扩张的一种比较好的形式。特许人和受许人在保持其独立性的同时，通过合作，使双方获利。特许人可以按其经营模式顺利扩大业务，受许人可以减少某些市场风险。特许人对合同涉及的授权项拥有所有权及（或）专用权，而受许人通过合同获得相应使用权（或利用权）及基于该使用权的收益权。

特许人与受许人是相互独立的法律主体，两者之间不存在有形资产的关系，特许经营中的授权是指包括知识产权在内的无形资产使用权（或利用），而非有形资产或其使用权。

特许人拥有的经营资源一般都经过了较长时间的开发、积累，具有一定的商业价值，因此受许人向特许人支付相应的费用。特许经营是一种高度系统化、组织化的营销方式，统一的经营模式是其核心要求之一，也能保证服务的规范性、一致性以及有利于维护品牌形象。

特许经营的类型包括政府授权特许经营和商业特许经营。

1. 政府授权特许经营

政府特许权（concession），是指用特许权的方法开采国家的资源或承担政府监管的公共基础设施项目，即政府通过颁发授权书的形式，许可经营者从事社会公共资源的开发和利用，企业在获得政府特许的经营权后，即承担有关设施的修建、更新改造及经营责任等。费用由企业承担，企业从开发、利用资源中回收成本并获取利润。在特许合同期满后，企业应将所有设施交还政府有关部门。

现代的政府特许经营是本着综合、全面、高效、优质地开发利用资源这一原则来开发、利用资源。日益兴起的开发对象如石油和天然气、水资源、渔业资源、矿产资源、动物资源、电力、高速公路、铁路等实物资源以及政府的物资采购权、大型活动冠名权、国际汇兑业务专营权、海陆空线路经营权等无形资源。

目前国际上流行的政府特许经营是 BOT 方式。BOT 是 "建设"（build）、"经营"（operate）、"转让"（transfer）的英文缩写，指政府特许企业投资者从委托人（通常是政府）手中获得开发某社会公共资源的特许权，在一定期限内享有独立从事这个项目的投资建设、经营权，从中获得经济效益，经营期满后，该项目无条件地移交给国家。

近年来日渐兴盛的各种冠名权特许经营值得重视，如我国的大型运动会（亚运会、大运会和 2008 年的奥运会等)、特定政府机构使用的名称(比如人民大会堂指定专用产品)、博览会(昆明世博会等)、全国人大会议等。

2. 商业特许经营

商业特许经营,按照不同的类别,分为以下几类。

(1) 根据特许内容分类

产品和品牌特许经营,指的是受许人使用特许人的品牌和营销方法来批发、销售特许人的产品。作为加盟商的受许人仍保持其原有企业的商号,单一地或在销售其他商品的同时销售特许人生产并取得商标所有权的产品。常见于受许人为零售商的情况。产品和品牌特许经营又可细分为商标特许、产品特许和品牌特许。

生产特许经营,指的是受许人自己投资建厂,使用特许人的专利技术、设计和生产标准来加工或制造取得特许权的产品,然后向批发商或零售商出售,受许人不与最终用户(消费者)直接交易。特许人要求受许人按规定的技术和方法从事生产加工,保证产品的质量始终如一,以保护其商标及商号的信誉。该类型的特许经营往往涉及专利或专有技术诀窍的使用许可。同时,特许人有权过问受许人对产品的营销方法。

经营模式特许经营或特许加盟连锁,也称"公司特许经营"(corporation franchise),指加盟者按总部的经营模式进行经营,受许人有权使用特许人的商标、商号名称、企业标识及广告宣传,完全按照特许人的模式来经营,受许人在公众中完全以特许人企业的形象出现。

目前这种模式越来越成为当今主流模式。经营模式特许经营包括单店特许经营模式和区域特许经营模式。

单店特许经营模式,是指特许人,或称盟主,将自己成功的单店经营模式许可给某一个受许人,即加盟商,又称为单店加盟商来经营。

区域特许经营模式,是指由特许人将在指定区域内的独家特许经营权授予受许人,该受许人可将特许经营权再授予其他申请者,也可由自己在该地区开设特许经营点,从事经营活动。区域特许经营模式又分为区域直接特许经营模式和区域复合特许经营模式。

专利及商业秘密特许,指的是专利或商业秘密的所有者,收取一定费用,允许受许者在一定限制下运营该专利或商业秘密并从中获益。其特许人可以是组织,也可以是个人。

(2) 根据特许权授予方式分类

根据特许权授予方式的不同,特许经营可分为一般特许经营、委托特许经营、发展特许经营和复合特许经营。

一般特许经营,是指特许人向受许人授予产品、商标、店名、经营模式等特许权,受许人使用这些特许权进行经营,并为此支付一定的费用。这种形式最常见。

委托特许经营，是指特许人把自己的产品、商标、店名、经营模式等特许权出售给一个代理人，由该代理人代表特许人向其所负责地区内的加盟申请者授予特许权，或特许人授权代理人代表特许人在其所负责地区内为其招募受许人，并为受许人提供指导、培训、咨询、监督和支持。跨国的特许经营采取这种方式较多。

发展特许经营，是指受许人在向特许人购买特许经营权的同时，也购买了在一个区域内再建若干家分部的特许权。

复合特许经营，是指特许人将一定区域内的独占特许权授予受许人，受许人在该地区内可以独自经营，也可以授权给下一个受许人经营。受许人既是受许人身份，同时又是这个区域内的特许人身份。受许人支付给特许人的特许费，一般依据区域内的常住人口数量等而定。若受许人再将特许权转让给他人，那么，该受许人从他人手中收取的加盟费和权益金须按一定比例交给特许人。

（3）根据受许人可否再特许分类

按受许人可否将购买的特许权再特许进行分类，可分为直接特许和区域特许。

直接特许，指的是特许人将特许经营权直接授予特许经营申请者，获得特许经营权的受许人依据合同设立特许经营点开展经营活动，不得再行转让特许权。一般特许经营、发展特许经营和单店特许经营都属于这种类型。

区域特许，指的是由特许人将在指定区域内的独家特许经营权授予受许人，该受许人可自己在该地区开设特许经营点，从事经营活动，也可将特许经营权再授予其他申请者。区域直接特许经营、区域复合特许经营都属于这种类型。

8.3 品牌定位

20 世纪 50 年代初，美国人罗瑟·里夫斯（Rosser Reeves）提出 USP（unique selling proposition）理论，即独特的销售主张，20 世纪 60 年代末，艾·里斯（Al Ries）与杰克·特劳特（Jack Trout）提出定位理念，定位将独特的销售主张升华为品牌的社会心理学含义。

8.3.1 品牌定位的概念

品牌定位，是通过对品牌的整体设计与传播，从而有效建立起该品牌与竞争品牌的区别，使其在消费者心智中占据一个清晰而有利的位置的过程或行动。在这个过程中，企业除了要使品牌与竞争品牌形成差异化以外，还要让顾客相信并接受这种差异化所带来的价值。品牌定位的过程，是企业选择、塑造和传递品牌差异化，并使目标顾客形成独特品牌印象的过程。

差异化是指不同的品牌有不同的社会心理学含义,品牌定位的目标是使顾客对该品牌形成偏好与忠诚,品牌定位强调的是企业对顾客偏好的争夺,这是一种偏好层次上的竞争。由于偏好一旦形成,就不易改变,因此,顾客一旦对某品牌形成了良好认知,竞争对手就很难改变。

尽管竞争者可以复制生产过程和产品设计,但很难模仿其经过多年体验、使用和各种营销活动在顾客心目中所形成的形象。因此,与质量竞争、价格竞争相比,作为偏好竞争的品牌定位有独特意义,更具有可持续性。

8.3.2 品牌定位策略

1. 领导者定位

领导者定位,也称领先者定位、首席定位,就是追求成为行业或某一方面第一的市场定位。品牌一旦在消费者心目中确立了领导者地位,那么当消费者购买产品时,他们首先想到的是领导者品牌。品牌一旦占据了领导地位,便会拥有很多优势。特劳特先生曾说,在任何品类中,第一品牌的销量总是大大超过排名第二的品牌。但是,运用领导者定位策略是需要条件的,即要在某个品类抢先成为第一,并保持领先战略,警惕竞争对手的行为,必要时候拦截竞争对手。

2. 比附定位

比附定位,是指通过与竞争品牌的攀附、比拟或比较来确定自身市场地位的一种定位策略。比附定位的目的就是通过品牌竞争提升自身品牌的价值和知名度。有时候采用自称第二或借助群体声望将自己跻身于群体俱乐部成员之一的方法。

3. 空当定位

空当定位,又称填补空隙定位,在市场中发掘还未被满足的消费者需要,提供相应的产品,填补市场空缺。包括尺寸空位、高价空位、低价空位、性别空位和其他空位。

4. 文化定位

将文化内涵融入品牌,形成文化上的品牌差异,这种文化定位不仅可以大大提高品牌的品位,而且可以使品牌形象更加独具特色。

> **延伸阅读**
>
> **兰玉——中国时尚潮流的"婚纱精灵"**
>
> LAN-YU 公司 CEO 兰玉,1986 年出生,北京服装学院的服装设计专业毕业,2005 年成立兰玉私人定制工作室,于 2006 年获民族风礼服设计大赛金奖。2008

年，兰玉工作室被中纺集团收购。2009年9月收回兰玉工作室，联合股东创立服装公司，创立了个人高级定制婚纱礼服品牌IN LOVE·LAN和成衣品牌LAN BY LAN。2009年获中国设计师协会全国十佳时装设计师称号，被中国设计师协会评为最受媒体关注设计师。

兰玉执着于手工，打造独一无二的华服，她致力于宣传中国传统苏绣手工技艺，穿插中国传统布料绡、真丝，装饰以镶、嵌、滚、盘、绣等中国传统工艺手工精制，另外，也会采用施华洛世奇水晶与蕾丝进行华丽交融，剪裁中加入了芭蕾的华美精致、高贵优雅的元素。

兰玉大胆地把中国古老的珠绣、苏绣等工艺巧妙地运用在西式礼服婚纱中。IN LOVE·LAN的品牌标识是非暴露式性感、立体多变的面料肌理、细密自然褶皱和女神式单肩等。她的设计得到了很多时尚专业人士的认可，很多明星如张雨绮、张梓琳、黄圣依等都成为她的顾客。

5. 产品属性定位

产品属性定位包括利益定位、用途定位等多种方法。

利益定位，是根据产品或者所能为消费者提供的利益、解决问题的程度来定位。由于消费者能记住的信息是有限的，往往只对某一利益进行强烈诉求，容易产生较深的印象。

延伸阅读

好看视频品牌升级：定位视频知识图谱

2020年12月22日，好看视频"定义新视界"品牌焕新发布会在北京举行，好看视频发布了全新Slogan，即"轻松有收获"。好看视频结合用户主动搜索、知识探索带来的"主动流量"构建视频知识图谱，坚持做一个"为用户解决问题"的短视频平台。

在各大平台抢夺用户时间时，好看视频已经洞察到内容消费升级对行业的深远影响，用户在娱乐之外，需要更具价值的内容来满足求知等深层次需求。好看视频长期以来坚持泛知识内容布局和创作生态，致力于让短视频从"Kill Time"转向"Save Time"。

有别于其他短视频平台的算法逻辑，好看视频的视频知识图谱基于强大的智能交互、智能字幕、多模态知识理解等技术，联合百度系的百科、贴吧等，在一屏之下，为用户提供最大的知识信息增量，把内容的选择权交给用户。

用途定位，又称情境定位，是指将品牌与一定的环境、场合下产品的使用情况联系起来，唤起消费者在特定情境下使用该产品的定位策略。

> **延伸阅读**
>
> **每日的财经"早餐"在哪里？**
>
> 喜欢看微博的用户可以关注这类财经早餐的官方微博；喜欢听语音的用户可以在喜马拉雅APP收听；喜欢看视频的用户可以在爱奇艺观看高清视频；每天上班开车的用户，可以关注财经早餐的节目电台等。
>
> 取名为某"财经早餐"的财经资讯类新闻还是比较多的，每天早上会定时推送每天最"新鲜"的财经资讯，从宏观到行业、从国内到国际，包括股市、房产、外汇、黄金、石油、美股等众多领域的资讯，节约了人们的搜索时间。

8.4 品牌传播

品牌传播的目标是最优化地提高品牌在目标受众心智中的认知度、美誉度、和谐度等，塑造品牌形象，提升品牌资产，是一系列操作性的实务。品牌传播是指企业以品牌的核心价值为原则，通过广告、公共关系和营业推广等策略，将企业的品牌形象传递给目标受众的过程。

8.4.1 品牌广告

1. 广告语

广告语，又称广告词，是指通过各种传播媒体和招贴形式等向公众介绍商品、服务的内容、特点或文化的一种宣传用语，包括广告的标题和广告的正文两部分。有时候指品牌口号（slogan）。

广告的标题是广告正文的高度概括，它所概括的广告主体和信息必须简洁明了、语句通畅，避免冷僻词以及容易产生歧义的内容。

广告语类型一般有以下几种：功效型，反映商品的功效、性能好等；情感型，如励志、正能量和吉祥言词等；还有号召型，促成受众采取行动。如小红书移动应用的广告词是"分享全世界的好东西"，新浪微博的广告词是"随时随地发现新鲜事"，百度的广告词是"百度一下，你就知道"，酷我音乐是"好音质，用酷我"等，这些都言简意赅地概括了产品功能及其特色。有时会采用双关的修辞，达到喜闻乐见和事半功倍的效果。

2. 品牌广告片

广告片主要包括品牌形象广告片和产品广告片两大类，通常是以实拍视频或者动画制作为主，经配音配乐而成。传统广告片投放的媒体主要是电视，所以广告片也叫TVC（Television Commercial）。电视台播出的广告片的常见时长为5秒、10秒、15秒、30秒等。互联网时代的广告片已经被投放在各式各样的媒体上。

广告片的类型主要有产品广告片、品牌形象广告片、企业宣传片、品牌微电影和短视频平台广告片等。

产品广告片以传播某特定产品的特性为主。

品牌形象广告片以强调品牌定位、提升品牌美誉度为主。

企业宣传片以全面或侧重某一视角介绍企业的状况和理念等为主，时长较长，一般为3~30分钟。

品牌微电影于2010年开始盛行，主要以凸显品牌价值为主，采用电影的语言，有一定的观赏性，但后期的推广成本一般较高。

短视频平台广告片通常侧重于产品销售，在有限的时间内，如何快速地将产品利益进行传播，已成为短视频平台广告的创作要点。

随着移动互联网的发展、智能手机的普及和5G时代的来临，浏览各种短视频越来越成为消费者的媒体习惯，如快手、抖音的迅速崛起，小红书和拼多多也正在抢占短视频赛道。短视频平台广告片的拍摄逻辑与传统的产品广告片和品牌形象广告片不同，要迎合消费者碎片化时间、轻量级的内容消费需求，只有这样才能带来流量，达到品牌传播的目的。

> **延伸阅读**
>
> **来《LESS迅雅树洞》听影后讲述你心底的故事**
>
> 2011年，时装品牌LESS与其品牌代言人影后周迅开启了《LESS迅雅树洞》，在短视频平台征集和讲述女性的成长故事。其中有一期讲的是，父母把对孩子的爱藏进一碗面里，却不曾说出口，孩子为了让父母放心，也把爱藏进了面里。
>
> 有网友说道："周迅的共情能力绝了，把自己说难过了，看得人听难过了，本来就觉得挺感人的，可那个停顿真的太戳人了，这不就是成年人么？不管遇到难过、委屈、感动，都要自己消化，深呼吸，调整后再出发。"
>
> 很多人由此回忆起自己的往事，感慨万千，也有网友留言中直言不讳周迅这次的化妆造型不美，引发后面的跟帖和讨论。还有网友说，以往的广告都很不接地气，这个广告接地气。这种充满创意的广告形式受到了广大网友的关注以及喜爱，也能从中看出品牌的实力以及用心。

3. 品牌故事

品牌故事是企业以企业品牌成长经历为主线、以历史资料为依托的、由与品牌价值最具关键的事件构成的故事，记录着一段历史，展现了企业核心价值观和创始人理念。品牌故事中，融入了企业的独特性与美誉度，也融合了事实和思想。讲好品牌故事，已经成为塑造品牌和传播品牌的重要途径。

从百年老字号，到中华人民共和国成立后计划经济的红色品牌，到改革开放后涌现出的行业品牌，再到国际化的民族品牌，品牌故事带着时代的印记，讲述了品牌溯源或发展故事，揭示品牌价值，助推品牌建设和传播品牌理念。

8.4.2 公关

从顾客最终做出购买决策的顺序看，顾客首先接受的是企业形象即品牌，然后是企业工作人员，最后才是企业的产品，顾客接受产品是接受企业品牌的逻辑结果。好的品牌形象能够建立起高度的顾客心智价值和心理转换壁垒，因此，企业必须建立良好形象和公共关系。

公共关系是指为塑造、传播和提升企业品牌形象，与供应商、消费者、内部员工、股东和社会公众之间建立良好关系的活动。

它的形式有时候是新闻报道或故事特写，具有高度的可信性，比广告更真实和令人接受。有时候还是富有戏剧性的，容易引发热议，带来传播力。

公共关系的具体形式主要包括演讲、主题活动、公益活动、公益广告、企业刊物以及危机公关等。

演讲是指企业领导人或其高级职员参与各种社会公益活动并发表间接有利于企业的演说。

主题活动是指企业为吸引新闻媒体报道、传播企业希望扩散出去的信息而主动安排的有特定目的和目标的特殊事件或活动，如新品发布会、纪念或庆功活动等。

公益活动是指企业对公益事业提供赞助及捐赠。公益广告不同于商业广告，直接目的不是商业宣传，而是向社会公众传播某种文明道德观念和公益主张等，强调社会责任感。

企业刊物是指企业印制发行的，以企业创业故事、企业产品技术进展或企业公益活动等信息为主的内部刊物等。

危机公关是指企业在危机意识下，依据危机管理计划，对可能发生或已经发生的公共关系危机事件进行预测、监督、控制以及协调和处理的过程。

若企业能够及时回应不利事件、采取积极的补救措施，就可能不会引起大量的负面报道，甚至可能"转危为机"，成为塑造企业诚信可靠形象的契机。

> **延伸阅读**

钉钉的危机公关力挽狂澜于即倒

钉钉是阿里巴巴集团专为企业打造的一个工作商务沟通、协同的移动办公平台，不仅界面友好，功能强大，而且大部分功能免费，是中小企业的不二选择，因此钉钉在老板眼中是办公神器。

由于2020年新冠疫情影响，全国大中小学校均推迟开学，但是停课不停学，阿里巴巴就发起了"在家上课"计划，免费向全国大中小学开放钉钉"在线课堂"，已覆盖超过1万所大中小学、500万学生。

由于功能设计太完善，后天仇恨值拉满，首先是"已读未读"功能，使得"我没看到"这种理由再也不能成为不写作业的理由，老师发出的每一条消息都会显示你有没有读；其次是"ding"功能，即100%消息必达，让重要的事ding一下，将以电话或短信方式送达，老年机也能收到，这又一次让人无法逃避；最后是"签到"功能，谁睡过头或逃课，老师一目了然。

最核心的一点是钉钉的视频会议机制，双方互相都可以看到，每当有学生想要"挂机"学习，老师立刻会发现。结果没想到，小学生集体怒了，他们想要通过给钉钉一星评价来使其下架。

真的做梦都没想到，一个APP能做到11亿次安装，然后评分只有一星半。这使得积攒了很多年功力才做到4.9分的钉钉就要毁于一旦。2月，钉钉在官微上向小学生求饶，直呼"我还是个5岁的孩子，求求手下留情""我知道，你们只是不爱上课，但别伤害我，拜托拜托""给我在阿里粑粑家留点面子吧"，并称"相识是一场缘，不爱请别伤害"，如图8-3所示。

图8-3 钉钉公关截图

钉钉的这一波操作很快就有了效果，钉钉的"高分"保住了。甚至也有一些网友表示心疼钉钉，为了打5星支持，特意去下载钉钉。

8.4.3 品牌终端形象

销售终端是产品到达消费者处并可在此完成交易的最终端口,通俗地讲,终端就是消费者能够买到产品的场所。在线下,可能是商场的专柜或商业街的品牌专门店等;在线上,可能是电商商城平台,或者有赞、微店等,甚至可能包括微信朋友圈。

1. 线上

品牌终端形象建设,在线上的展现渠道主要有官方网站、网店和线上公共传播平台。

很多中小微企业入驻网上销售平台,其中有的企业会选择自建一个官方网站,因为官方网站是互联网上一切信息的归口单元,是品牌的核心的"门面",职能不是电商销售平台所能概括和替代的。

官方网站可以让消费者查看产品信息,同时,相关主管部门以及上游供应商也需要通过官网了解企业。企业在建设官网时,要遵循品牌 VI 来设计,还要能充分展示实力或特色,做到及时更新等,这都需要专门的部门和人员来管理。

官方网站需要考虑网店和其他端口的连接通道,如微信订阅号的入口、淘宝或天猫店的连接入口等。官方网站的建设尽可能采用自适应屏幕分辨率技术,从而使网站的页面在 PC 端与移动端之间自行适应其分辨率。

在线上网店如电商平台、移动端网店等,都需要纳入品牌形象管理体系,注重消费体验,而且在组织可视化素材时,包括 LOGO 的使用规范、图片、文字、版面的编排等,都需要遵照品牌手册规定的要求进行。

线上公共传播平台,包括信息平台,如新浪微博、百度百家号和微信公众号等,各种视频分享平台,如抖音等,以及各种门户网站,如新浪网和搜狐网等,还有行业门户网站等。企业要利用好这些平台进行品牌形象传播。

延伸阅读

抢手的 UI 设计师

UI 设计师,又称 UID(User Interface Designer),是指从事对软件的人机交互、操作逻辑、界面美观的整体设计工作的人。"UI"的本义是用户界面,是英文 User Interface 的缩写。

UI 设计师涉及的范围有高级网页设计和移动应用界面设计,是中国信息产业中最为抢手的人才之一。UI 设计师的工作具体包括可用性分析、GUI(Graphic User Interface,即图形用户界面)设计和用户测试等。

好的 UI 设计不仅要让软件变得有个性和有品位，还要让软件的操作变得舒适、简单、易用，以及充分体现出软件的定位与特点。UI 设计师的工作集科学性与艺术性于一身，不断地为用户设计提升视觉效果而努力。

设计从工作内容上来说分为研究工具、研究人与界面的关系和研究人三大方面。因此 UI 设计师的职能包括三大方面：一是图形设计，即人们常说的"美工"，这不是单纯意义上美术工人的工作，而是软件产品的产品"外形"设计。二是交互设计，主要包括设计软件的操作流程、树状结构和操作规范等。一个软件产品在编码之前需要做的就是交互设计、确立交互模型和交互规范。三是用户测试，测试交互设计的合理性、图形设计的美观性，主要通过目标用户问卷形式来衡量 UI 设计的合理性。

2. 线下

线下销售终端，主要包括门店和专柜。门店与专柜的形象就是品牌线下终端形象，是品牌定位的具体呈现，是展现品牌文化的载体。品牌形象的线下终端的展现，主要通过橱窗设计、装修设计和空间规划、光线设计、陈列和服务等，如果终端促销设计得不合理，不仅影响客户体验，还会破坏品牌形象。

橱窗的设计效果对消费者购买行为产生重要影响。橱窗的设计，首先要突出商品的特性，同时还要让消费者产生审美愉悦。很多时尚服装店的"橱窗大片"能构成消费者出来逛街的理由。

门店和专柜的装修设计应将该品牌的 LOGO、字体、颜色等品牌形象元素，在墙面装饰、陈列装置和设施设备等地方适当地展露。其中，装修材料也是品牌气质的载体，需要根据品牌定位进行选择，有些品牌在升级过程中就会把店面装修进行升级。灯光、陈列和动线的设计与选择也很重要，能方便顾客购物，也能形成品牌调性。

延伸阅读

橱窗设计师

橱窗设计师（Window Designers）作为一个在国内正在兴起的时尚职业，目前大多由相关行业人员转行而来，如陈列设计师、室内设计师、软装设计师和花艺设计师等；或者来自设计公司、设计事务所、工作室经营者、道具开发商和展览展示公司等。

早在 20 世纪初，欧洲最开始出现橱窗时，就已经有了橱窗设计师的职位，后来随着百货商场的发展需求，橱窗设计师的工作延伸到店内陈列，因此甚至可以说，橱窗设计师的起源要早于陈列设计师。如今，随着国内时尚产业的细分，继服装陈列、陈列管理等门类从陈列产业链中独立之后，橱窗设计也逐渐自立门庭。

传统百货商场为了与电商竞争客户，纷纷开始在顾客体验上"大做文章"，而橱窗是首先要投资的领域，一个设计独到的橱窗可以大幅提高进店率和销售额，橱窗的设计创意和施工技术也越来越精细考究。

橱窗设计师的职能包括：在深入了解品牌文化的基础上，进行橱窗的主题布置；画设计草图，并在装饰期间内不断修改完善；进行商品、模特和各种道具的搭配；对橱窗玻璃的单双面进行封闭或半封闭、透明、敞开等各种结构设计；分析橱窗设计与视觉中心、视线流动、视觉语言和视觉流程的心理效应；分析橱窗的色彩对比，以及色彩对人的生理和心理影响；充分利用灯光的性质，用照明技术对橱窗陈列营造合适的氛围；还要根据各项规划寻找合适的材质，综合考虑创新性、低成本以及表现效果的因素。

8.4.4 品牌合作

品牌与品牌之间的合作有多种形式，包括二者合作推出新品牌产品，或在广告和销售促进的营销活动上进行合作推广，如品牌联名的快闪店等形式。跨界合作的运用越来越多，尤其在文创领域。

快闪店（Pop-up Shop 或 Temporary Store）是指在商业发达的地区设置的临时性的店铺，在比较短的时间内（如若干个星期）推销其品牌，抓住一些季节性的消费者。

这是一种不在同一地久驻的品牌游击店（Guerrilla Store），在英语中有"突然弹出"之意，之所以这种业态被冠以此名，很大程度是因为它的经营方式：突然出现在街头某处，快速吸引消费者，经营短暂时间，随即又消失不见。快闪店可以理解为是一种短期经营的创意潮店。

很多店铺缺少令消费者悸动的元素，大同小异的卖场布置和老生常谈的促销模式已使消费者审美疲劳，快闪店讲究的是一种娱乐精神，用意外惊喜刺激消费者。目前很多国际一线奢侈品牌会选择在时尚前端的城市开设快闪店，快闪店逐渐成为零售新业态。

而品牌跨界合作的快闪店，无疑会因为"跨界"而带来很多出其不意的新鲜元素，吸引了很多消费者的围观和消费行为。

> **延伸阅读**
>
> "知有趣·食不同"知乎与饿了么跨界合作开快闪店
>
> 　　2017年9月22日，北京三里屯一家新开张的"知食堂"餐厅，限时开业三天，人气爆满，是知乎和饿了么合作开的快闪店。
>
> 　　知乎，作为中文互联网最大的知识平台，拥有1亿以上注册用户，平均日活跃用户量达几千万，其中，超过2 000万人关注了与"吃"有关的话题，近万个有趣的精华问答。而饿了么平台已经覆盖全国2 000个城市，100多万个加盟餐饮商户，超过2亿人每天使用"饿了么"来解决吃饭问题。
>
> 　　知食堂可不是普通的餐厅，从菜品到文案再到包装，能颠覆消费者对食物的认知。它主张"知有趣·食不同"，供应各种有趣好吃的"知食"，让你涨知识。
>
> 　　点菜是未知的尝试，"可以喝的墨水""切开十万个为什么""一口就够的干货""芝士就是力量"。顾客只需要扫描包装上的二维码，就会自动跳转到知乎的平台，查看相关的精选问答。知食堂还有特色主题展，主要包括"视觉放大器""味觉实验室""嗅觉交响曲""感觉剧情片"四大主题板块。
>
> 　　为配合知食堂的开业，知乎提前展开了一系列的推广活动，比如在此前上线了一期主题为"吃"的《知乎周刊》，与支付宝口碑一起拍摄视频，是关于"一个人吃饭是什么心情？"的知乎问答。

　　近几年的品牌跨界合作出现很多成功案例，不断有新意来冲击消费者的注意力。对品牌而言，"跨界"试图将消费者的生活态度与审美方式进行融合。跨界合作让原本毫不相干的元素相互融合，从而给品牌带来一种立体感和纵深感。成功的跨界合作营销，不仅带来话题和流量，提高了品牌美誉度，还通过用户体验上的互补，让消费者成功转化和成交。

> **延伸阅读**
>
> 网易云音乐+农夫山泉="乐瓶"
>
> 　　万物都是媒介，用来承载文字及心情。网易云音乐先是让那些心动的文字在地铁刷屏，后又和农夫山泉来了一次跨界合作，在"乐瓶"瓶身上抒写文字，首发全国69个城市4亿瓶限量款农夫山泉，如图8-4所示。

图 8-4　网易云音乐 + 农夫山泉跨界合作宣传图

你买到的，恰好是怎样的心情？

在消费升级背景下，为了让消费者保持对品牌持久的需求并不断创造新的需求，很多品牌跨出各自的行业领域，寻求品牌之间的融合。原本是一种营销策略，因其叙事载体的可多元化以及定位受众年轻，从跨行业到跨文化（Cross Cultural），逐步演变成了一种表达新锐生活态度和审美方式的媒介，一种文化符号。

市场对品牌联名合作也不断地提高了要求，如何达到一种更圆融的效果，以及如何在年轻消费者群体中形成亚文化社群的传播与扩散等，都成为品牌要面对的共同课题。

延伸阅读

中国国家博物馆与肯德基合作，在 18 个城市成立了不同主题的"线下博物馆"主题店，"吃"的主题使得博物馆变得尤为平易近人。

敦煌博物馆与良品铺子联名推出的中秋礼盒"良辰月舞金樽"，将富有历史特色的敦煌元素层叠设计，别具一格，让众多良品铺子的消费者转化为敦煌的粉丝。

《中国国家地理》与完美日记品牌合作，推出联名款眼影，"赤彤丹霞""粉黛高原""碧蓝湖泊""焕彩梯田"的眼影命名也富有创意和诗意，该活动的话题在微博上获得了一个亿的阅读量。

泰迪熊与中百罗森成立樱花主题店，店铺从外招到内饰都以梦幻的粉色为主，加以香槟金点缀，还有泰迪珍藏坐镇，成为网友打卡新去处。与泰迪的合影也会出现在各种社交媒体上，达到了良好的传播效果。

课后思考

找一个品牌跨界合作的案例，提出你的看法。

案例分析

不想做健身的零食不是好网红

Keep 是国内比较知名的健身平台之一，拥有较大的健身用户数量。2015 年诞生的 Keep，已突破"工具＋社交"的基础平台属性，尝试了很多种盈利方式，包括售卖课程、跑步机、智能动感单车、健身服饰以及瑜伽用品，还延伸到户外用品等，主要目标顾客人群聚焦健身人群，Keep 推出的产品基本是针对健身人群的刚需。

后来 Keep 宣布，要进军零食圈。这个品类市场早就已经竞争激烈了，Keep 认为自己在客户品牌端具有优势，而且目标顾客依然很清晰，Keep 并没有忘记自己是谁。来看看它推出的产品，其实都还是针对健身人群的，主要围绕着低热量、高蛋白、低碳水的维度，推出的品类包括蛋白棒、威化、牛肉、鸡肉、全麦面包、魔芋粉等。

整合营销公司时趣互动（北京）科技认为，品牌在产品端做到了口感的升级，在营销端其实应该把"低热量"的卖点进一步往"零食"的方向转移，去强化突出其"好吃"的属性。于是时趣与品牌推出了"好吃到吃惊"的传播主题，并推出了三支创意片，在传递产品口感优势的同时，以一些核心场景，帮助品牌与特定人群沟通，推动产品成为网红。

这三支创意片切准三个不同场景，以不同的产品优势做沟通，帮助产品做到了人群扩散与产品种草。在视频中，创意也通过融入大量的二次元的"吃惊脸"，去强化输出主题概念。"每日蛋白棒"虽做到了口感升级，但以往的同类型产品的营销太过集中在"吃了不胖"的利益点上，这使得大众认知不到其作为"零食"的属性。"每日蛋白棒"传播的任务，就是塑造用户对蛋白棒的新认知，可以把它也归类到日常零食的选择中去。

（参考资料来源：时趣研究院，2021 年 8 月 17 日）

思考题

你认为 Keep 品牌传播有哪些可取之处？

本章小结

1. 品牌是一种名称、术语、标记、符号或设计，或是它们的组合运用，其目的是借以辨认某个或某群销售者的产品或服务，并使之同竞争对手区别开来。

2. 品牌独特的价值和形象需要相应的产品特点、利益和服务允诺等来支撑和保障。品牌源于产品，又高于产品。

3. 商标是将某产品或服务标明是某个具体个人或企业所生产或提供的，经国家商标管理机构核准注册的显著标志，由文字、图形、字母、数字、三维标志、声音、颜色或这些要素的组合所构成的符号。

4. 商号，又称企业标志、厂商标志，主要是指从事生产或经营活动的经营者，在进行登记注册时，用于表示自己营业名称的一部分，是工厂、商店、公司或集团等企业的特定名称和标志，依法享有专有使用权。

5. 品牌的作用有识别价值、代言价值和符号价值。

6. 一个好的品牌名称，要能体现产品核心价值，并激发消费者的联想，还能体现品牌文化。品牌命名中，要注意国际化。

7. 品牌有价值是因为它们能增加价值，它们能增加价值是因为它们给产品增加了意义。品牌蕴含了文化意义。品牌是意义的集合体或承载体。品牌是表达自我的一种方式。品牌文化是品牌效用与价值的有机统一。

8. 品牌文化对消费者和市场的感召力，使品牌在营销过程中形成了品牌晕轮效应、品牌扩散效应、品牌同化效应和市场协同效应等，这是企业传播强化和消费者认知强化的结果。

9. 品牌形象设计是设计以品牌核心价值为中心的品牌识别体系。品牌形象设计主要包括品牌的名称、标识物和标识语的设计，它们是该品牌区别于其他品牌的重要标志。品牌名称通常由文字、符号和图案三个要素组合而成。

10. "企业形象识别系统"是指企业形象设计，简称 CIS 系统。CI 是指企业有意识、有计划地将自己的各种特征向社会公众主动地展示与传播，使公众在市场环境中对自己有一个标准化、差别化的印象和认识，以便更好地识别品牌并留下良好的印象。

11. CIS 系统包括三个有机组成的部分：MI（Mind Identity）、BI（Behaviour Identity）和 VI（Visual Identity）。

12. MI 即理念识别，称为 C 的"想法"：要做什么。以企业的经营理念为出发点，将其经营方针、宗旨、存在价值、外在利益、行为准则和精神标语予以明确化。

13. BI 即行为识别，称为 C 的"做法"：应该如何做。对内是建立完善的组织制度、管理、培训、福利制度与行为规范；对外是通过公共关系等各种营销活动的方式传达企业理念，获得消费大众识别与认同。

14. VI 即视觉识别，称为 C 的"看法"：这就是我们。以视觉传播力为手段，将企业理念、文化特质和服务内容等抽象语意，转换为具体符号形象，塑造企业独特的形象，通过标准化、系统化的统一手法，应用在办公用品和各种宣传中。

15. VI 视觉识别包括标志、标准字、标准色彩以及这些因素的标准运用规范。其中，品牌标志（LOGO）是核心，表现形式包括图形、文字和综合。优质的企业为企业标志形象的树立搭建了良好的平台，由此企业标志转化为品牌形象，也成为企业增值的无形资产。

16. CI 创意的方法主要有三种：形态分析法、力行思考法和头脑风暴法。

17. 包装是在流通过程中保护产品、方便储运、促进销售，按一定的技术方法所用的容器、材料和辅助物等的总体名称；也指为达到上述目的在采用容器、材料和辅助物的过程中施加一定技术方法等的操作活动。

18. 品牌形象的打造过程是由广告人通过市场研究人员的研究，赋予品牌的一种关联事物形象特征，这种形象特征或是基于产品相关的特点，或是基于产品包装的特点、产品使用者特点和产品利益点等。通过拟人化，品牌与消费者之间的距离就缩短了，品牌变得更亲切，更容易被接受和喜爱。

19. 品牌资产是一部分消费者、渠道成员对母公司的一组联想行为，品牌借此而获得比无品牌产品较大的收入和较大的边际利润，并借此而比竞争者获得强势、持续的差异化的优势。

20. 品牌资产价值分为五个部分，即品牌忠诚度、品牌知名度、品质认知度、品牌联想和其他资产。

21. 品牌策略包括单一品牌策略、品牌延伸策略和多品牌策略。

22. 单一品牌策略的类型，按照单一化程度和范围的不同，可划分为三种：线内单一品牌策略、跨类单一品牌策略和完全单一品牌策略。

23. 品牌延伸分为三个类型，包括专业化延伸、一体化延伸和多样化延伸。

24. 多品牌策略，也称产品品牌策略，是指企业对于其生产或经营的同一种产品使用两个或两个以上品牌的战略。多品牌策略一般适用于企业同时生产、经营两种或两种以上不同种类的产品，也适用于企业的产品在质量、性能上存在较大差异的情况。

25. 多品牌策略有几种常见情况：独立品牌策略、分类品牌策略与复合品牌策略。

26. 品牌特许经营，又称品牌特许加盟，是指特许经营者将自己所拥有的商标（包括服务商标）、商号、专利、专有技术、产品和经营模式等，以合同的形式授予被特许者（受许人）使用，在合同约定的业务模式下，从事品牌的经营活动，并向特许经营者支付相应的费用。

27. 特许经营的类型包括政府授权特许经营和商业特许经营。

28. 品牌定位，是通过对品牌的整体设计与传播，从而有效建立起该品牌与竞争品牌的区别，使其在消费者心智中占据一个清晰而有利的位置的过程或行动。在这个过程中，企业除了要使品牌与竞争品牌形成差异化以外，还要让顾客相信并接受这种差异化所带来的价值。品牌定位的过程，是企业选择、塑造和传递品牌差异化，并使目标顾客形成独特品牌印象的过程。

29. 品牌定位策略分为领导者定位、比附定位、空当定位、文化定位、产品属性定位等。

30. 品牌传播是指企业以品牌的核心价值为原则，通过广告、公共关系和营业推广等策略，将企业的品牌形象传递给目标受众的过程。

31. 销售终端是产品到达消费者处并可在此完成交易的最终端口，通俗地讲，终端就是消费者能够买到产品的场所。在线下，可能是商场的专柜或商业街的品牌专门店等；在线上，可能是电商商城平台，或者有赞、微店等，甚至可能包括微信朋友圈。

32. 品牌与品牌之间的合作有多种形式，包括二者合作推出新品牌产品，或在广告和销售促进的营销活动上进行合作推广，如品牌联名的快闪店等形式。跨界合作的运用越来越多，尤其在文创领域。